初学者の建築講座

建築のための不動産学

－住まいとまちのマネジメント－

齋藤広子　編著

大島祥子・加藤悠介・関川　華・山根聡子　著

市ケ谷出版社

ま え が き

　現代はストック時代である。建築をつくるよりも，ストックとして使いこなすことが必要である。だから，不動産学が必要となる。

　つまり，建築の工学的知識だけでは，解けない課題が増えている。例えば，空き地や空き家の予防や利用・活用，大規模な建物の再生や用途転用，これは，建築の知識や建設の技術だけでは実現できない。そのためには次の2つが必要なこととなる。

　1つめは，建築とそれを支える土地の権利関係を考える必要がある。どのような所有形態にするのか。どのような利用期間や利用制限にするのか。これらを一緒に考えることで，合理的かつ魅力的で，持続可能な空間を実現することができる。

　2つめは，建築とそれを支える土地の市場を考える必要がある。市場のメカニズムの利用である。建築生産の場でつくられたあと，市場を通じて使い手に提供される住まい・建築は，経済・金融・経営の論理を理解しなければ，再生はもとより，市場で評価される良質な住まいや建築は提供できない。建築生産〈コスト〉と不動産市場〈プライス〉の連携である。

　不動産に関する国家資格として，「宅地建物取引士」にチャレンジする人は毎年増え，その数は30万人以上である。多くの人が，私たちの身近にあり，私たちの生活や仕事を大きく取り巻く不動産に関心がある。むしろ，知らないと生きていけない知識であると感じている。

　しかし，単なる知識では，社会では使えない。知識を知恵に変える必要がある。だが，そのためには多くの経験と時間がいる。それでは，必要な時に間に合わない。だから，学問として学ぶことが必要である。社会で生きる学問「不動産学」がいままさに求められている。

　私たちは，いま，大きなターニングポイントを迎えている。これをどう乗り切るかによって，次の時代の明暗を分ける。つまり，ここできちんと不動産学を理解し，本当の意味で，ストック重視，市場重視に転換していけるのか，次世代に誇れる，住まい・建築・まちをつくれるのかを考えていかなければならない。

　読者・学生の方々にぜひ楽しんでお読みいただき，明るい次世代に向けて実践してほしいと願っている。

　最後に，本書を執筆できる環境を与えてくださいました，横浜市立大学の皆様，今回の新版発行に参加いただきました執筆者の皆様，市ケ谷出版社に心からお礼を申し上げます。

2025年2月　　　　　　　　　　　　　　　　　　　　　編著者　齊藤広子

目　次

序章　住まいやまちのマネジメントに必要な不動産学

まえがき

序・1　不動産学を学ぶ意味⋯⋯⋯⋯⋯⋯⋯⋯⋯⋯⋯⋯⋯⋯⋯⋯⋯⋯⋯1
　　1・1　これからより一層求められる不動産学
　　1・2　不動産に関する仕事
　　1・3　不動産に関する資格

序・2　不動産，不動産学として捉えるとは？⋯⋯⋯⋯⋯⋯⋯⋯⋯⋯⋯4
　　2・1　フローからストックへ
　　2・2　不動産とは
　　2・3　不動産の特性
　　2・4　不動産学として捉えるとは

序・3　不動産学に必要な基礎知識⋯⋯⋯⋯⋯⋯⋯⋯⋯⋯⋯⋯⋯⋯⋯7
　　3・1　法律の基礎知識
　　3・2　住まいとまちのマネジメントを不動産学として学ぶ

第1部　住まいとまち（不動産）の仕組みを知る

第1章　土地のはなし ⋯⋯⋯⋯⋯⋯⋯⋯⋯⋯⋯⋯⋯⋯⋯⋯⋯⋯⋯⋯⋯11
　　1・1　不動産は土地と建物（住宅）⋯⋯⋯⋯⋯⋯⋯⋯⋯⋯⋯⋯⋯⋯⋯11
　　　　1・1・1　土地と建物の関係　　　｜　1・1・2　不動産の概要と所有者
　　1・2　土地の境界と大きさ⋯⋯⋯⋯⋯⋯⋯⋯⋯⋯⋯⋯⋯⋯⋯⋯⋯⋯12
　　　　1・2・1　境界　　　　　　　　｜　1・2・2　土地の大きさ
　　1・3　土地の種類と利用の制限⋯⋯⋯⋯⋯⋯⋯⋯⋯⋯⋯⋯⋯⋯⋯⋯13
　　　　1・3・1　土地の種類　　　　　｜　1・3・2　利用の制限
　　1・4　土地利用の権利⋯⋯⋯⋯⋯⋯⋯⋯⋯⋯⋯⋯⋯⋯⋯⋯⋯⋯⋯⋯15
　　　　1・4・1　所有権と借地権　　　｜　1・4・2　借地権の種類
　　1・5　土地の価値（地価）⋯⋯⋯⋯⋯⋯⋯⋯⋯⋯⋯⋯⋯⋯⋯⋯⋯⋯16

ii 目　次

　　　1・5・1　価格の算出の仕方　　　｜　1・5・3　借りる場合の対価
　　　1・5・2　土地の価格形成要因と鑑定方法｜

第2章　住まいのはなし …………………………………………………………21
　2・1　住まいの数と種類………………………………………………………21
　　　2・1・1　住宅の数　　　　　　　　｜　2・1・3　住宅の種類
　　　2・1・2　利用の状態・空き家　　　｜
　2・2　住まいの権利（住宅の所有形態）………………………………………24
　　　2・2・1　持家と借家　　　　　　　｜　2・2・2　借家の種類
　2・3　住まいの質………………………………………………………………24
　　　2・3・1　住宅の面積　　　　　　　｜　2・3・4　住宅の省エネルギー性能
　　　2・3・2　住宅の耐震性　　　　　　｜　2・3・5　住宅の築年数と寿命
　　　2・3・3　住宅のバリアフリー　　　｜　2・3・6　その他の住宅性能
　2・4　住まいの価格……………………………………………………………28
　　　2・4・1　住宅取得方法　　　　　　｜　2・4・2　住宅価格
　2・5　住まいの環境……………………………………………………………28
　　　2・5・1　通勤時間　　　　　　　　｜　2・5・3　新たな働き方・暮らし方
　　　2・5・2　住宅や住環境の満足度　　｜
　コラム1　省エネ性能の見える化 ……………………………………………30

第3章　住まいとまちのマネジメント政策………………………………………31
　3・1　不動産の政策……………………………………………………………31
　　　3・1・1　不動産政策とは　　　　　｜　3・1・2　なぜ政策が必要か
　3・2　住まいの政策……………………………………………………………32
　　　3・2・1　戦後の住宅政策①　　　　｜　3・2・2　戦後の住宅政策②
　　　　　　　　住宅建設5箇年計画　　　｜　　　　　　　　3本柱の政策
　　　　　　　　　　　　　　　　　　　　｜　3・2・3　大転換の住まいの政策
　3・3　住まいのマネジメント政策……………………………………………36
　　　3・3・1　長寿命化への配慮　　　　｜　3・3・2　中古住宅流通促進
　3・4　まちのマネジメント施策………………………………………………37
　　　3・4・1　土地政策・都市計画　　　｜　3・4・3　まちのマネジメント施策
　　　3・4・2　都市計画からまちづくりへ｜
　コラム2　公営住宅の再生 ……………………………………………………40

目　　次　iii

第4章　住まいとまちのマーケット・金融 ……………………………41

4・1　住宅市場 ………………………………………………………41
　4・1・1　住宅市場とは　　　　　　4・1・3　住宅の探し方
　4・1・2　住宅情報と住情報

4・2　住宅金融 ………………………………………………………42
　4・2・1　住宅金融とは　　　　　　4・2・3　住宅金融公庫の役割と変遷
　4・2・2　住宅金融のリスク　　　　4・2・4　住宅ローンの種類

4・3　住宅購入に伴う費用と税金 …………………………………45
　4・3・1　税の仕組み　　　　　　　4・3・3　登記の手続きと税
　4・3・2　契約書の作成と税　　　　4・3・4　不動産の取得と税

4・4　住宅金融による経済影響 ……………………………………48
　4・4・1　住宅投資による経済への影響　　4・4・3　不動産の証券化・ファンド
　4・4・2　住宅金融による経済への影響

コラム3　金利・返済期間等の違いによる返済額の違い ……………………52
コラム4　DX化が進む不動産取引 ……………………………………………52
コラム5　アメリカのマンションの監査制度 ………………………………52

第5章　住まいとまちのマネジメントに係わる専門家 …………………53

5・1　住まいの供給と不動産業 ……………………………………53
　5・1・1　戸建住宅の供給　　　　　5・1・3　賃貸住宅の管理
　5・1・2　マンションの供給　　　　5・1・4　不動産に係わる専門家

5・2　中古住宅流通の専門家 ………………………………………58
　5・2・1　中古住宅の取引における専門家　　5・2・2　専門家による情報の生成と開示

5・3　多様な不動産業 ………………………………………………60
　5・3・1　不動産業の歴史　　　　　5・3・2　不動産に関する多様な業態の登場

コラム6　アメリカのマンションのオンサイト・マネージャー ……………61
コラム7　不動産業への期待 …………………………………………………62

第6章　住まいを借りる ……………………………………………………63

6・1　賃貸住宅の種類 ………………………………………………63
　6・1・1　賃貸住宅の種類

6・2　賃貸住宅の広告 ………………………………………………64
　6・2・1　間取り・立地　　　　　　6・2・2　広告表示のルール

6・3　賃貸人・賃借人の義務 ………………………………………65
　6・3・1　賃貸住宅契約の当事者　　6・3・4　賃貸借契約の種類
　6・3・2　原状回復義務　　　　　　6・3・5　賃料の支払い
　6・3・3　善管注意義務

6・4　賃貸住宅管理会社の役割 ……………………………………69
　6・4・1　管理会社の業務　　　　　6・4・2　サブリース方式

iv 目　次

　　6・5　新たな賃貸借方式………………………………………………………70
　　　6・5・1　間取りや内装を自由にできる方　｜　6・5・2　諸外国における所有形態
　　　　　　　　式
　　コラム8　多世代ホームシェア・異世代ホームシェア…………………………71
　　コラム9　かぼちゃの馬車事件………………………………………………72

第7章　住まいを購入する………………………………………………………73
　　7・1　住宅選びと情報………………………………………………………73
　　　7・1・1　住宅選びのフローと情報　　｜　7・1・3　契約時の情報
　　　7・1・2　不動産広告　　　　　　　　｜　7・1・4　住宅の性能情報
　　7・2　購入の契約…………………………………………………………75
　　　7・2・1　購入のプロセス　　　　　　｜　7・2・2　購入に関する諸手続き
　　7・3　契約の解除と契約不適合責任………………………………………78
　　　7・3・1　契約解除に関する制度　　　｜　7・3・2　契約不適合責任とアフターサービス
　　コラム10　家を買ったのに…こんなときどうする？？…………………………81

第8章　資産を活用し高齢期を暮らす…………………………………………83
　　8・1　超高齢社会の住まい・まち，暮らし………………………………83
　　　8・1・1　超高齢社会　　　　　　　　｜　8・1・3　高齢者の住まいとまち，暮らしの課
　　　8・1・2　高齢者の特徴　　　　　　　｜　　　　　　題
　　8・2　超高齢社会の居住，福祉政策………………………………………85
　　　8・2・1　高齢化の進行　　　　　　　｜　8・2・2　高齢者のための居住，福祉政策
　　8・3　高齢期の住まいとまち，暮らし……………………………………88
　　　8・3・1　高齢期の住まい　　　　　　｜　8・3・3　高齢者の居住支援によるまちづくり
　　　8・3・2　資産を活用した暮らし　　　｜　8・3・4　高齢期の資産のマネジメント
　　コラム11　アメリカのCCRCへの行政の関与……………………………………92

目　次　v

第2部　住まいとまちのマネジメントを実践する

第1章　集合住宅の歴史を知る …………………………………95
1・1　近世までの集合住宅 …………………………………95
1・1・1　集住のためのマネジメントルール　│　1・1・2　長屋

1・2　近代の集合住宅 …………………………………96
1・2・1　御茶ノ水文化アパート　│　1・2・4　住宅地の登場
1・2・2　同潤会アパート　│　1・2・5　建売住宅
1・2・3　木賃アパート

1・3　現代以降の集合住宅 …………………………………99
1・3・1　戦後の建売住宅と住宅地開発　│　1・3・3　公的住宅と積層集住のライフスタイル
1・3・2　住宅地におけるマネジメント　│　1・3・4　マンションの登場

コラム12　再生・保存された同潤会アパート −表参道ヒルズ− …………103
コラム13　昔からあった地域のマネジメントルール …………104

第2章　マンションを所有する …………………………………105
2・1　マンションの所有形態 …………………………………105
2・1・1　区分所有とは　│　2・1・4　専有部分の考え方
2・1・2　専有部分と共用部分　│　2・1・5　法定共用部分と規約共用部分
2・1・3　住戸と共用部分の持分と敷地の権利がセット，区分所有法で規定　│　2・1・6　専用使用，マンションにおける専有部分と共用部分の設定

2・2　マンションの敷地利用権 …………………………………108
2・2・1　敷地権化　│　2・2・3　敷地利用権，法定敷地と規約敷地
2・2・2　土地の持分

2・3　団地型マンションの所有形態 …………………………………110

第3章　マンションを管理する …………………………………111
3・1　マンション管理の基本的な仕組み …………………………………111
3・1・1　管理組合　│　3・1・3　管理費・修繕積立金
3・1・2　マンション管理の基本3本柱

3・2　専門家の支援 …………………………………115
3・2・1　マンション管理会社の仕事　│　3・2・3　第三者（外部）管理者方式
3・2・2　マンション管理士

3・3　住戸内の利用のルール …………………………………117
3・3・1　用途転用のルール　│　3・3・2　そのほかのルール

3・4　マンションの管理の適正化 …………………………………118
3・4・1　マンション管理適正化法　│　3・4・2　マンション管理条例および施策

vi　目　　次

コラム14　マンションを経営する　……………………………………………………120
コラム15　マンションを地域に開く　………………………………………………120
コラム16　マンション管理適正化法の整備　………………………………………121
コラム17　マンション管理適正化法の改正（2020年の改正）　…………………121

第4章　マンションを維持管理する……………………………………………123
4・1　マンションのメンテナンス　…………………………………………………123
　4・1・1　マンションの修繕　　　　　｜　4・1・3　向上型メンテナンス
　4・1・2　大規模修繕の進め方　　　　｜
4・2　マンションの耐震改修　………………………………………………………129
　4・2・1　耐震診断　　　　　　　　　｜　4・2・2　耐震改修工事実施と合意形成
4・3　長期マネジメント計画　………………………………………………………131
　4・3・1　長期マネジメント計画　　　｜　4・3・2　長期マネジメント計画の内容
コラム18　価値を上げる取組み　……………………………………………………132

第5章　マンションを建て替える……………………………………………133
5・1　マンションの建替え　…………………………………………………………133
　5・1・1　建替え決議までのプロセス　｜　5・1・3　団地型マンションの建替え決議
　5・1・2　マンションの建替え決議　　｜　5・1・4　建替え決議後の手続き
5・2　賃貸借の終了　…………………………………………………………………137
5・3　マンション建替え決議後の事業の課題と円滑化　…………………………138
コラム19　マンションの建替えの合意形成　………………………………………140
コラム20　マンション建替えの実態　………………………………………………140

第6章　マンションを解消・1棟リノベ・コンバージョンする……………141
6・1　マンションの解消　……………………………………………………………141
　6・1・1　再生の新たなメニュー：解消　｜　6・1・2　解消のタイプ
6・2　1棟リノベーション　…………………………………………………………145
6・3　コンバージョン　………………………………………………………………146
6・4　敷地分割　………………………………………………………………………146
コラム21　空家対策法で特定空家に認定され行政代執行等で解体された事例　………147
コラム22　マンションの自主建替え　………………………………………………147

第7章　マンションで暮らす……………………………………………………149
7・1　生活管理とは　…………………………………………………………………149
　7・1・1　生活管理とは何だろう　　　｜　7・1・2　生活管理の必要性
7・2　居住者が管理に係わる意義　…………………………………………………149
　7・2・1　住みやすさは建物の価値の1つ｜　7・2・2　居住価値を上げるには？

目　次　vii

7・3　居住者が係わる管理と住教育 ……………………………………………151
　　7・3・1　身近にある居住者が係わる管理　│　7・3・3　オクタヴィア・ヒル
　　7・3・2　空間の使い方を見直す機会　│

7・4　維持管理とコミュニティ ……………………………………………152
　　7・4・1　維持管理の2つの要素　│　7・4・2　地域一斉清掃の歴史

7・5　フランスの住宅管理システム－フランスのガルディアン－ …………153
　　7・5・1　管理への参加の限界　│　7・5・3　人による管理を公的住宅に展開する
　　7・5・2　フランスのマンションの現地管　│　　　　　　フランス
　　　　　　理員　│

コラム23　住宅の価値 …………………………………………………………156
コラム24　オクタヴィア・ヒル …………………………………………………157

第8章　まちをマネジメントする1 ……………………………………159
8・1　エリアマネジメント ……………………………………………………159
　　8・1・1　人口・世帯減少時代に求められるまちづくり
8・2　まちづくりの課題 ………………………………………………………160
　　8・2・1　道路を安全で魅力的に　│　8・2・6　景観やコミュニティの維持・管理方
　　8・2・2　公園は楽しく魅力的に　│　　　　　　法の設定
　　8・2・3　コミュニティ形成の拠点整備　│　8・2・7　地域に必要なサービスの提供
　　8・2・4　互いを思いやる住宅・外構デザ　│　8・2・8　専門家による支援体制
　　　　　　イン　│　8・2・9　新たな開発事業者の役割
　　8・2・5　コミュニティ形成を促すイベン　│　8・2・10　経済的なマネジメントシステムの設定
　　　　　　トやスペース　│
8・3　これからの住宅地のマネジメント ……………………………………168
8・4　これからのまちづくり …………………………………………………169

第9章　まちをマネジメントする2 ……………………………………171
9・1　空き家問題と発生要因 …………………………………………………171
　　9・1・1　空き家の問題　│　9・1・3　空き家の利活用が困難
　　9・1・2　空き家が発生する原因　│　9・1・4　空き家対策
9・2　予防・利活用のための施策 ……………………………………………174
　　9・2・1　不動産管理施策との連携　│　9・2・4　居住施策との連携
　　9・2・2　都市計画との連携　│　9・2・5　まちづくりとの連携
　　9・2・3　福祉施策との連携　│
9・3　空き家によるまちづくり ………………………………………………178
　　9・3・1　利活用の仕方と再生　│　9・3・2　不動産業態を再生
9・4　空き地の利活用とまちづくり …………………………………………179
　　9・4・1　空き家の実態　│　9・4・2　空き地の利活用
コラム25　廃校を活用したまちづくり ………………………………………180

viii　目　次

第3部　住まいとまちのマネジメント・実践事例集

エリアマネジメントの導入事例
　　事例1　新規開発時の導入：ブルームガーデンのぞみ野（姫路市）‥‥‥‥‥‥‥‥182
　　事例2　団地再生：ふじたまちかど保健室（愛知県豊明市）‥‥‥‥‥‥‥‥‥‥185
　　事例3　地域再生：地域共生ステーション（愛知県長久手市）‥‥‥‥‥‥‥‥‥186
　　事例4　団地再生：大曽根併存住宅（名古屋市）‥‥‥‥‥‥‥‥‥‥‥‥‥‥187
　　事例5　団地再生：鳩山ニュータウン（埼玉県鳩山町）‥‥‥‥‥‥‥‥‥‥‥188
　　事例6　団地再生：廃校を利用した住宅地再生（埼玉県小川町）‥‥‥‥‥‥‥188
　　事例7　団地再生：公営住宅の建替えを契機に morineki（大阪府大東市）‥‥‥‥189
　　事例8　団地再生：自治会を発展させ NPO に‐今泉台（神奈川県鎌倉市）‥‥‥189
　　事例9　団地再生：再開発を契機に‐日の里団地（福岡県宗像市）‥‥‥‥‥‥190

管理不全マンションが市場のなかで再生した事例
　　事例10　築約45年・18戸のファミリータイプのマンション（静岡市）‥‥‥‥‥191
　　事例11　築約50年・24戸のワンルームタイプのマンション（静岡市）‥‥‥‥‥191
　　事例12　築約40年・19戸のマンション（福岡市）‥‥‥‥‥‥‥‥‥‥‥‥‥191
　　事例13　築約40年・25戸のマンション（那覇市）‥‥‥‥‥‥‥‥‥‥‥‥‥191

空き家の利活用によるまちづくり事例
　　事例14　MYROOM の取組み（長野市）‥‥‥‥‥‥‥‥‥‥‥‥‥‥‥‥‥192
　　事例15　まちづクリエイティブの取組み：MAD City（千葉県松戸市）‥‥‥‥‥193
　　事例16　エンジョイワークスの取組み（鎌倉市）‥‥‥‥‥‥‥‥‥‥‥‥‥194
　　事例17　吉原住宅・スペース R デザインの取組み（福岡市）‥‥‥‥‥‥‥‥197

［執筆担当］

序　章　齊藤広子

第1部

第1章〜第3章　齊藤広子
第4章　齊藤広子・大島祥子
第5章〜第8章　齊藤広子

第2部

第1章　関川　華
第2章　齊藤広子
第3章　齊藤広子
第4章　齊藤広子
第5章　齊藤広子
第6章　齊藤広子
第7章　関川　華
第8章　齊藤広子
第9章　齊藤広子

第3部

事例 1, 5, 6, 7, 8, 9,
　　 10, 11, 12, 13,
　　 14, 15, 16, 17　　齊藤広子
事例 2, 3, 4　　　　　加藤悠介

コラム

コラム1 （p.30）	齊藤広子	コラム13 （p.104）	関川　華
コラム2 （p.40）	山根聡子	コラム14 （p.120）	齊藤広子
コラム3 （p.52）	齊藤広子	コラム15 （p.120）	齊藤広子
コラム4 （p.52）	大島祥子	コラム16 （p.121）	齊藤広子
コラム5 （p.52）	齊藤広子	コラム17 （p.121）	齊藤広子
コラム6 （p.61）	山根聡子	コラム18 （p.132）	大島祥子
	齊藤広子	コラム19 （p.140）	齊藤広子
コラム7 （p.62）	大島祥子	コラム20 （p.140）	齊藤広子
コラム8 （p.71）	齊藤広子	コラム21 （p.147）	齊藤広子
コラム9 （p.72）	齊藤広子	コラム22 （p.147）	齊藤広子
コラム10 （p.81）	齊藤広子	コラム23 （p.156）	関川　華
コラム11 （p.92）	齊藤広子	コラム24 （p.157）	関川　華
コラム12 （p.103）	関川　華	コラム25 （p.180）	大島祥子

表紙写真の施設解説

民家一棟貸しの例（三浦郡葉山町） 資料提供エンジョイワークス

上　：築90年の古民家を再生した
　　　「平野邸 Hayama」
中上：地域住民等がワークショップ
　　　に参加
中下：「公民館ホテル」として
　　　地域住民にも開放される施設
下左：縁側や座敷はそのまま活かした
　　　リノベーション
下右：キッチンはみんなで作業できる
　　　コミュニケーションスペースに

- 地域住民や関係者が一緒に事業をつくっていく参加型まちづくり
- コンセプトは「日本の暮らしを楽しむみんなの実家」
- 事業に必要な資金はファンドを活用し，78名が投資で参加
- 地域コミュニティ施設＋1棟貸しの宿として事業運営
- 地域のみなさんに愛され活用されることで，登録有形文化財に指定

序章
住まいやまちのマネジメントに必要な不動産学

はじめに

　昨今，住まいや建築，まちづくりなどに，マネジメントがとても重要になっています。それは，人口・世帯減少時代，成熟社会となり，住まい・建築・まちを新たにつくるよりも，長く使い，有効にかつ魅力的に利用し続けること，さらには再生，縮小，消滅が求められるからです。そのため，これからの時代は，住まいやまちを不動産あるいは不動産の集合として捉えることがとても大事になります。

　不動産をあまり硬く考えないでください。不動産は私たちの生活や暮らしの身近なところにあるものです。

図序-1　表参道ヒルズ（東京都渋谷区）
　表参道ヒルズは，地域に配慮したデザイン等の建築としての評価がある。さらにその空間を価値あるものにしているのは，適正な所有と管理・経営体制による。表参道と同じ傾斜であるスロープ「第2の表参道」を含む大空間は，区分所有の一つの専有部分であり，元地権者の個別の権利等を集めた共有の空間である。共有の不安定さは民事信託により担保される。区分所有による管理や経営の不安定を予防するために第三者（外部）管理者方式が採用され，互いの店が価値を高め合うブランド化が実現している。不動産学を使いこなすからこそ実現している。

序・1　不動産学を学ぶ意味

1・1　これからより一層求められる不動産学

　私たちの生活やビジネスを支えている不動産の基本を学ぶことの意義は大きいです。

　1つには住まい，建築，まちを不動産として捉えることで，市場性としての経済・経営学，所有や管理の法律学，建築・都市の工学の基本的な考え方が身につきます。基本的な考え方が身につけば，実践のなかで時代の変化とその文脈を読み取る力が形成されます。

　2つめには，生活やビジネスに役立ちます。消費者が安心して住まいを借りる，買う，マンションを買って管理する，などのために必要な知識が身につきます。

　また，どのような分野で仕事をする場合にも役に立ちます。それは，どのような会社・役所でも不動産を活用しているからです。オフィスを借りる，買う，店舗を構えるなど，すべて不動産を利用してビジネスを行っているのです（図序-1）。

　3つめには，多くの企業や役所が使わなくなった工場や社宅，公共施設などの不動産を保有し，有効活用をする方法がわからず，悩んでいます。不動産の活用が，その企業等にとって大事な経営の根幹に関わってきます。企業の業種を問わず，不動産への関心が高まっています（図序-2）。

　4つめには，インテリアや建築に関心がある人も不動産を学ぶ必要があります。例えば，分譲マンションのリフォームは，マンション所有の仕組みがわかっていないと大変なことになりかねません。風呂場をリフォームしようとして

間違って共用部分を傷め，多額の弁償をしたケースもあります。「共用部分ってどこ？」といった不動産の基礎知識が必要です。

建築・建設の世界も大きく変わってきています。今後，新築工事は大きく減っていくでしょう。そのなかで，不動産学を身につけることで，再開発事業やマンションの大規模修繕やリフォームなど，新たなビジネスチャンスも生まれてきます。

5つめには，まちづくりの世界にも，不動産の考え方が大きく求められています。魅力的な住宅地や商店街，オフィス街を持続可能につくるのにも，再生するのにも金融をはじめとした，不動産の知識が必要となります（図序-3）。

さらにいえば，不動産は暮らしやまちに与える影響が大きいことから"ワクワク"を創り上げる力が大きいことがあります。

1・2　不動産に関する仕事

不動産を直接扱う仕事は，不動産業と呼ばれています。不動産業は大きく，開発，流通，賃貸，管理に分かれています。

不動産開発とは，大きな山を造成して住宅地をつくる，海を埋め立てて工場などをつくる，土地を買って，マンションを建設し，分譲するなど，不動産を開発（development，ディベロップメント）する仕事で，こうした会社をdeveloper（ディベロッパー），あるいは短縮してデベと呼んでいます。

つくった住宅などを販売する，あるいは，一度つくった住宅などを市場で循環させるのは**不動産流通**の仕事になります。中古住宅の売買を仲介する，ビル1棟ごとの売買を仲介するなどがあります。売りたい人と買いたい人を結びつけ，売買契約を締結し，建物・土地を引き渡すまでの業務を行うのが不動産流通の仕事です。

不動産は売買だけでなく，賃貸としても利用されます。会社は自社ビルを持つ場合もありますが，多くはビルの一部を借りて利用しています。住宅を借りることもあります。こうした不動産を貸したい，借りたい人を結びつけ，入居者を募集・選定し，賃貸借契約を結びつけるのも不動産流通の仕事です。

賃貸不動産の家賃徴収や，問題が起こった場合の対処は，**不動産賃貸**の仕事です。

不動産管理は，プロパティマネジメントと

図序-2　廃校の活用（大阪市）
少子化により統合された旧小学校の建物を利用し，民間企業・NPOの連携により地域に根差したまちづくりの拠点等に利用されている。

図序-3　使われていなかった蔵をホテルに（神奈川県葉山町）
資金の調達はクラウドファンディングで。

も呼ばれる仕事で，建物全体の維持，不動産の有効利用の提案などを行います（図序-4）。また，その建物のスペースの有効利用にはファシリティマネジメント（FM，Facility management）と呼ばれる仕事があります。FMとは，官公庁や企業が保有又は使用する施設やそれらの利用環境を経営戦略的視点から総合的かつ統括的に管理・運用することです。

分譲したマンションの管理を専門的に行うのは，マンション管理業になります。

以上が不動産に関する基本的な4分野ですが，経済活動や生活の基盤となる不動産への投資は関係法の整備により，市場が増大し，多様な投資家の参入を得てリスク分散が図られるようになってきています。

さらに，不動産業が建築・建設業と連携し，新たな仕事へと広がっています（図序-5）。社宅を1棟丸々リノベーションして，分譲マンションとして売り出す，空き家を再生して賃貸や宿泊施設にするなどです（図序-6）。

このように不動産を取り扱う仕事の幅は広く，上記の分野の仕事を総合的に行う企業，専門的に行う企業があります。

図序-5 各家の敷地境界をわからないようにした戸建て住宅地（神奈川県葉山町）
20坪ほどの敷地に4件の住まい。お互いが土地を出し合って共同の庭のスペースとし，塀や垣根がない暮らし。

図序-6 民家を1棟貸しの宿泊施設と地域拠点（神奈川県葉山町）
地域で何に使いたいかのワークショップを開催。地域が使う拠点，実家のような「みんなの家」としての利用と宿泊施設としての利用。改修費はクラウドファンディング。

図序-4 集合住宅を事務所ビル（福岡市）
築60年の賃貸集合住宅「冷泉荘」を，事務所ビルにリノベーション。イベントが活発に行われるなど，入居者のコミュニティが醸成され，高い稼働率を維持。

1・3　不動産に関する資格

　不動産に関係する資格の最もポピュラーなものに，宅地建物取引士があります。

　宅地建物取引士〈国家資格〉は，主に不動産の流通にかかわる資格です。不動産を買ったり，借りたりする人に対して，契約前に重要事項を説明（重要事項説明）する人です。普通の商品，例えば靴などを買う場合には，このような人はいりません。ところが，不動産という商品は，買う人にとっても，借りる人にとっても生活に与える影響が大きく，かつ，一般の消費者には専門的な知識がないために，それを説明する専門の人が必要とされます。そこで重要事項の説明を行うことが法で義務づけられているのです。こうした説明が必要なのは，不動産業者が，自らが売主の場合や宅地・建物の売買や貸借を代理する，あるいは媒介するときです。ですから，自ら所有している不動産を貸す場合には，こうした資格は必要ありません。

　宅地・建物の取引をする不動産業を行うには，従業員5名に1名以上の割合で宅地建物取引士をおくことが義務づけられています。毎年10月の第3日曜日に国家試験が実施されます。日本で最も多くの人が受験する国家資格です。

　そのほかには，区分所有者や管理組合に必要な指導・助言・アドバイスをするマンション管理士〈国家資格〉，マンションの管理会社で働くための管理業務主任者〈国家資格〉，土地・建物等の不動産を鑑定・評価する不動産鑑定士〈国家資格〉，不動産の登記申請の代理などを行う司法書士〈国家資格〉，土地や家屋の調査・測量をし，建物や土地の表示の登記の代理等を行う土地家屋調査士〈国家資格〉等があります。不動産に関する専門家が私たちの暮らしを支えてくれています。

序・2　不動産，不動産学として捉えるとは？

2・1．フローからストックへ

　建物をつくるのであれば建築・建設，土地（宅地）をつくるのであれば土木という分野があります。どちらもつくることが主ですが，建築・建設・土木でつくられたものが適正に使い続けられるようにするのが，不動産として捉えることになります。つまり，ストック（Stock）対応です。

表序-1　住まい・建築（単体）

フロー対応	ストック対応
・建築・建設 ・土木　　→	不動産

2・2　不動産とは

　住まいや建築，まちを不動産として捉えることはストックの対応が求められているだけではありません。不動産とは何でしょうか。

　不動産とは，簡単にいいますと，土地と建物です。例えば，住宅は不動産です。そして，その土地（宅地）も不動産です。つまり，住宅は建物，その宅地は土地ですので，不動産です。しかし，住宅の庭にあるプランターは不動産ではありません。店などの前にある椅子やテーブルも不動産ではありません。

　不動産とは，民法第86条の定義によりますと「土地およびその定着物」です[1]。定着物とは，土地から離れないものであり，建物や樹木，外構などのことです。

　では「建物」とは何でしょうか。建物とは，屋根と柱だけでも建物と認める場合（建築基準法の考え方）と，そこに壁がないと建物と認めない場合（不動産登記法の考え方）があります。つまり，目的に応じて建物の定義も異なるのです。

1）民放第八十六条　土地及びその定着物は，不動産とする。2　不動産以外の物は，すべて動産とする。

ちなみに，住宅などの建物に付随している，ふすま，障子，畳は動産ですが，建築に付随する従物として，売買や賃貸借等では不動産に付随するものとして扱われることが多くなっています。

2・3 不動産の特性

不動産のなかで，誰にとっても身近なものとして住まいがあります。多くの人は，住まいとして住宅に住んでいます。住宅もそれを支える土地も不動産です。私たちの最も身近な不動産，住まい，住宅を取り上げて，不動産の特性（図序-7）をみて，さらに不動産として捉える意義を考えていきましょう。

① **不動産は動かない。**

住宅は動かない，動かせない。したがって住所が決まっているのです。そこを元に，私たちは社会の一員になっています。その住所を通じて大事な選挙権等を得ています。この動かない特徴を不動性といいます。

② **不動産には同じものが2つとない。**

同じ場所は世の中に存在しません。不動産として捉えると，住まいも世のなかに同じものがないことになります。これを個別性といい，それゆえ一つ一つの不動産で価格が異なります。こうした不動産の特徴を，価格においては非代替性・非同質性・個別性といいます。そのため，不動産の価値を鑑定評価する専門家として**不動産鑑定士**という職業があります。

③ **限りがあるもので不増性がある。**

土地は原則限りがあるものです。ゆえに，買い占め等が行われると供給量が増加できず，価格の上昇につながります。不動産に対する適正な政策が必要となります。

④ **不動産は生活やビジネスの基本の場である。**

住宅は1日の多くの時間を過ごすところです。ですから，生命や身体に与える影響が大きく，安全性や快適性などの基本的な性能が求め

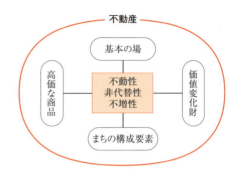

図序-7 不動産の特性

られます。液状化で家が傾いた，大雨で家が流されたなどの事故が起こらないようにする必要があります。ビジネスとして仕事をする上でも，不動産は多くの時間を過ごす重要な場ですから，安全性のために，建築・土木分野等の基準を踏まえる必要があり，これらの分野からのアプローチも必要となります。

⑤ **不動産は高価な商品である。**

住宅は借りる場合も，買う場合も高価です。私たちの生活費の多くを占めています。住まいが高価な理由に，必ず土地とセットであることがあります。住まいの価格は日本のなかであれば，そう違わないかもしれませんが，土地の価格は立地によって大きく異なっています。それは，立地は動かせないものであり，人気があるからといって新たに造り出せない不増性があるからです。また，住まいの多くは，市場（しじょう，マーケット）で取引をしますので，高価な商品であり，長く使いますので，高価な耐久消費財です。ゆえに，経済的な側面からのアプローチも必要となります。

⑥ **不動産はまちの構成要素である。**

まちを構成しているのは不動産です。朝起きて，住宅を出て，道を歩き，公園を横切り，駅に行き，学校や会社に行きます。住宅，道，公園，駅，学校や会社，すべて不動産です。都市は不動産によって構成されています。ですから，不動産が都市の景観をつくり，適正に管理

されない場合には地域に与える影響が大きくなります。

最近，空き地や空き家が増えてきたな……そんなことを感じている人もいるでしょう。空き家が多いと治安が悪くなるのではないかと不安になります。また，わが家の隣に，大きな建物が建設されたら，日照，通風が悪くなるなど，不動産は都市に，近隣に，地域に大きな影響を与えるものです。ゆえに，都市計画からのアプローチも必要となります。

⑦ **不動産は所有方法により管理方法が異なる。**

まったく同じ建物でも所有の仕方が違うと，管理の仕方が違います。

賃貸マンションと分譲マンションは，外観はまったく同じように見えます。しかし，そこに，水漏れのような事件が起こったら，その対処方法が違ってきます。ゆえに，法学的なアプローチも必要になります。また，適正な管理により，価値が上がります。また，住宅を事務所にするなど，利用方法を変えることもでき，価値を変化させられる財です。

2・4　不動産学として捉えるとは

不動産学とは，まちを構成している住まいや建築，その土地である不動産を対象に，それに関連する問題を予防・解消し，豊かな暮らしやビジネスの実現をめざし，不動産をよりよく使うために，不動産の所有と管理方法，市場性を踏まえて考える総合的・実践的な学問です。

・つくるからマネジメントへ

住まい・建築・まちを，使う過程でより価値を上げるには，物的に，あるいは利用（用途），所有方法，利用者を変える必要があります。これがマネジメントになります。

実際には，豊島区の新庁舎のように，物的，利用方法，所有方法，利用者の再生は連動し，総合的に行われることになります。そのため，物的側面だけ，利用の側面だけ，所有の側面だ

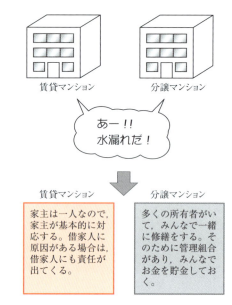

図序-8　不動産の所有方法による対処の違い

図序-9　豊島区新庁舎（東京都豊島区）

豊島区の庁舎は，築50年を越え，老朽化が進んでいた。しかし，財政が厳しく費用負担が困難であった。そこで，保有していた非利用の不動産の権利を新しい建物に置き換え，さらに土地を定期借地で貸して地代を得てその費用を使い，新しい建物に床を確保。よって，区の財政負担なしで建替えを実現。

けと，部分的に行うことは少なく，総合的に捉える不動産としての捉え方が重要になります。

住まいや建築を不動産として捉え，それを核にし，まちを豊かで魅力的なものにする，あるいは再生することが求められています。そのためには，世界の状況をもっと知る必要があります。世界は共通の問題で悩んでいることが多くあります。世界は学びあっているのです。世界を知ることから，日本での答えを出すことも可能となっています。グローバルな視点をもち，不動産を学ぶ必要があります。

図序-10　不動産学の発祥の地　ケンブリッジ大学（イギリス）

図序-11　不動産学として捉える

序・3　不動産学に必要な基礎知識

不動産学を学ぶための基礎知識を身につけましょう。

・**不動産学を支える学問領域**

不動産学は，大きくは3つの学問領域に支えられています。

1つめは不動産を空間的に捉える工学的側面で，建築学・都市計画学・土木学です。2つめは不動産を市場のなかで成立させる「財（ざい）」として捉える，経済学です。3つめは不動産を適正に利用し，所有・賃貸借・管理するためのルールを重視する，法律学です。

ここでは，法律の基礎知識を学びましょう。

3・1　法律の基礎知識

(1)　**民　法**　不動産学では私法，特に民法の基礎的な知識が必要です。民法は，総則，物権，債権，親族，相続の5編に分かれています。不動産に特に関係するのは物権と債権です。

では，**物権**とは何でしょうか。物に対する権利で，例えば，不動産を持つなどの「所有権」があります。とても強い権利です。ですから，法律で定められた以外に物権は認められていません。これを**物権法定主義**といいます。

一方，**債権**は人に対する権利です。物に対する権利とは違い，当事者同士で権利の内容をつくってよいのが原則です。これを**契約自由の原則**といいます。また，物権より弱い権利と理解してください。

市場で不動産を取引する，すなわち不動産を買う，借りる場合は，契約をします。契約は当事者同士の約束ですが，単なる約束ではなく，もし，相手が約束を守らなかったら，法的な処分が請求できます。つまり，契約とは約束のなかで，法的効力を持ったものといえます。また，契約は当事者，つまり，不動産の売買では売主と買主の間でしか通用しません。他の人には関係がないのです。これを**相対効**（そうたいこう）といいます。

また，契約は買主と売主の間で「売った」「買った」という約束で成立します。必ずしも書面が必要なわけではありません。これを**諾成契約**といいます。もちろん，法律的にはこれで成立しますが，トラブルを予防するためにも，書面での契約は必要です。契約が成立すると，契約の当事者は互いに約束した内容を守る必要

があります。

　民法について簡単に説明しましたが，住宅を借りる場合には，**借地借家法**が大きくかかわってきます。これは民法の特別法となります。そして，民法の規定よりも，特別法の規定が優先されることになり，「**特別法は一般法を破る**」といういい方をします。

　マンションであれば，**区分所有法**です。民法より区分所有法が優先され，区分所有法に規定されていない事柄は，民法に従うことになります。

　(2)　**不動産の登記**　　不動産の**登記**の仕組みをみてみましょう。

　不動産以外の物であれば，そのものに名前を書いて，所有権を主張できますが，土地にはできません。そこで，登記という制度があります。

　登記には，不動産の物理的情報を示す「**表示に関する登記**」（表題部に記載）と，誰が所有者か，この不動産を担保にしてお金を借りていないかなどを示す「**権利に関する登記**」（権利部に記載）があります。こうした登記内容の記録は，法務局，登記所で管理されています。インターネットを利用して，登記の内容を閲覧することができます。不動産は重要な財産で，どこにどのような不動産があり，どのような権利があるのかを，誰でも見られることになっています。これを**公示**といいます。

　では，登記にはどのような力があるのでしょうか。例えば，Ａさんから土地を買ったＢさんがいます。代金も支払いましたが，自分が所有者である旨の登記をしていませんでした。面倒だし，お金もかかるし・・・。ところが，Ａさんは，別のＣさんにも同じ土地を売り，代金をもらっていました。そして，Ｃさんは早々と登記をしました。驚いたＢさんは，ＡさんにもＣさんにも交渉しましたが，どちらも土地はＣさんのものと主張するばかりです。Ｂさんは所有者にはなりましたが，登記をしていなかったので，第三者（この場合はＣさん）の所有権に対

抗できませんでした。

　このように，所有者が必ずしも登記上の所有者ではないことがあります。これを登記には「**公信力**」がないといいます。しかし，きちんと登記していれば，今回のＢさんは，Ｃさんに「**対抗する**」ことができることになります。これは登記を信じて不動産の取引をした人を一定範囲で，守るためです。ですから，基本は登記をしておくことになりますが，現実にはお金や手間がかかるため，していないケースもあります。法律では，表示登記は義務化していますが，権利の登記は義務化していませんでした。しかし，所有者不明不動産の増加による，空き地や空き家問題が発生し，所有者特定に莫大な手間，時間や費用がかかることから，所有者の住所や氏名の変更を登記することが義務付けられました。

　表示登記（表題部の登記）をするのは，土地家屋調査士，権利の登記をするのは司法書士です。それぞれの登記の記載内容は以下のようです。

表題部：所在，地番，地積，地目など建物に関
　　　　しては，所在，家屋番号，種類，構
　　　　造，床面積など

権利部：甲区　所有権に関すること
　　　　乙区　所有権以外の権利に関すること
　　　　　　　地上権や抵当権など

3・2　住まいとまちのマネジメントを不動産学として学ぶ

　住まいとまちのマネジメントとして不動産学を学ぶ体制が整いました。第1部は，不動産の仕組みの基本を学びましょう。不動産学の基礎が身に付きます。第2部は，住まいとまちのマネジメントの実践として，マンションの歴史や所有・管理・再生のしくみ，まちのつくり方・空き家を使っての魅力的なまちづくりを学びましょう。第3部は，実践事例から学んでいきましょう。

第 1 部
住まいとまち（不動産）の仕組みを知る

第 1 章　土地のはなし　　　　　…………11
第 2 章　住まいのはなし　　　　…………21
第 3 章　住まいとまちのマネジメント
　　　　　政策　　　　　　　　　…………31
第 4 章　住まいとまちのマーケット・
　　　　　金融　　　　　　　　　…………41
第 5 章　住まいとまちのマネジメント
　　　　　に係わる専門家　　　　…………53
第 6 章　住まいを借りる　　　　…………63
第 7 章　住まいを購入する　　　…………73
第 8 章　資産を活用し高齢期を暮らす…………83

第1章
土地のはなし

> **プロローグ**
> 空き地があるけれど，どうしてなんだろうか？ どこまでがここの土地かな？ 誰のものかな？ いくらなのかな？ 大きさによるかな？ どんなものが建てられるのだろう・・・。売ってもらえるかな？

1・1 不動産は土地と建物（住宅）

不動産とは，土地と建物である。ここでは，土地についてみていこう。

1・1・1 土地と建物の関係

日本では，土地と建物は別々の不動産で，独立した権利の対象である。そのため，土地を買えば，もれなく建物がついてくる仕組みにはなっていない。これは，建物を土地の一部として考える欧米型の考え方とは大きく異なる（図1-1-1）。ゆえに日本では土地の権利者と建物の権利者は独立し，かつ価格も別々に提示されることが基本となる[1]。

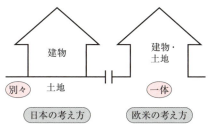

図1-1-1 日本と欧米の不動産に対する考え方の違い

1・1・2 不動産の概要と所有者

不動産の概要や所有者等は，登記から知ることができる。土地と建物は，別々に登記する。登記については，表示の登記と権利の登記に分けられる。

(1) **表示の登記** 表示登記とも呼ばれ，土地・建物それぞれの不動産の物理的状況を登記内容として示すもので，土地では所在・地番・地目・地積が表示される。

(2) **権利の登記** 不動産の権利関係を表示するもので，土地の所有者は，この権利の登記で確認する。権利の登記には，権利部（甲区）と権利部（乙区）があり，権利部（甲区）にはその土地の所有権が示され，権利部（乙区）にはその土地を購入したときの金融機関の抵当権等が示される（表1-1-1）。

なお，登記の内容は公信力があるものではない。登記には所有権や抵当権を第三者に「対抗する力」，登記の内容が存在すると推定される「権利推定力」，登記の内容を無視できない「形式確定力」がある。

---

[1] マンションや建売住宅の価格は土地と建物の合計金額が示されているが，契約時にはそれぞれの金額が提示されることになる。

表1-1-1 土地の登記内容（例）
（全部事項証明書*の概要）

<table>
<tr><td rowspan="5">表示の登記</td><td colspan="2">【表題部】</td><td>土地の表示</td></tr>
<tr><td colspan="2">所在</td><td>○○県○○市○○町一丁目</td></tr>
<tr><td colspan="2">地番</td><td>9番25</td></tr>
<tr><td colspan="2">地目</td><td>宅地</td></tr>
<tr><td colspan="2">地積</td><td>190.00m²</td></tr>
<tr><td rowspan="7">権利の登記</td><td colspan="3">【権利部(甲区)】所有権に関する事項</td></tr>
<tr><td>登記の目的</td><td>受付年月日</td><td>権利者その他の事項</td></tr>
<tr><td>所有権保存</td><td>●年○月△日</td><td>T会社</td></tr>
<tr><td>所有権移転</td><td>△年○月○日</td><td>A</td></tr>
<tr><td colspan="3">【権利部(乙区)】所有権以外の権利に関する事項</td></tr>
<tr><td>登記の目的</td><td>受付年月日</td><td>権利者その他の事項</td></tr>
<tr><td>抵当権設定</td><td>△年○月○日</td><td>債権額金500万円
抵当権者B銀行</td></tr>
</table>

＊抹消された事項を含めて，現在までのすべての事項が記載された登記の履歴。

1・2　土地の境界と大きさ

1・2・1　境　界

　土地の大きさにより，利用の仕方や価格が変わってくる。そのため，まず，土地の面積を測ることが必要になる。測るには，**境界**を確認することが必要となる（図1-1-2）。

　土地の大きさを決めるのは境界で，登記上では，土地の境を**筆界**（ひっかい）という。不動産登記法によると，筆界で囲まれた1つの土地を"1筆の土地"と呼び，それぞれに**地番**と**地目**がついている。筆界は，不動産登記法により定められているため，**公法上の境界**とも呼ばれ，個人の意志で勝手に変更することはできない。

　一方，境界とは所有権の範囲を示すもので，所有権界ともいう。取引時にはこれらの確認が必要となる。なお，2つが一致していない場合には筆界特定制度，ADR（Alternative Dispute Resolution：裁判外紛争解決手続）で筆界確定訴訟が利用できる。所有権の境界は境界確定図として示すことになる。

1・2・2　土地の大きさ

　土地の広さ（面積）は，登記上は**地積**という。広さを測る方法には，土地を三角形に区切って，それぞれの三角形の面積を足し合わせる，**三斜**（さんしゃ）**面積計算**と，測量で求めた境界点の座標から算出する**座標面積計算**がある（図1-1-3）。また，土地には高低差があるが，不動産の登記には**水平投影面積**が使われる（図1-1-4）。

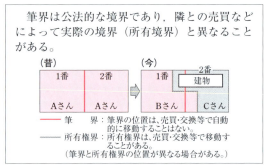

図1-1-2　筆界と所有権界

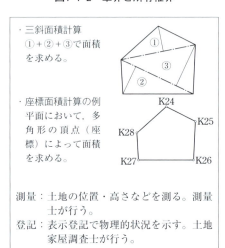

図1-1-3　土地の測り方と登記

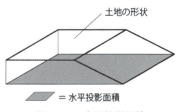

図1-1-4　水平投影面積

1・3 土地の種類と利用の制限

1・3・1 土地の種類

土地の大きさが同じでも種類が異なる。

(1) **地目** 土地の種類として、土地の登記に**地目**が示される。地目は、土地の主たる用途によって、23種類に区分して定められている（資料1）。これは、土地がどのように使われているかの現状を示すもので、地番ごとに決めている。そして、地目をもとに、固定資産税や都市計画税が決められている。

(2) **標高** 土地の高さは標高といい、日本では、東京湾の平均海面を標高0mとした基準で測られている。**日本水準原点**[2]を基準に、決められた水準点の高さを測量し、各敷地の高さは、その水準点を基準とする。

(3) **地盤** 土地の硬さは、土が堆積してからの年月が大きくかかわり、堆積してからの年月が長いほど硬い地盤になる。その硬さを調査するのが**地盤調査**である。地盤調査は、建築基準法に基づいて建物等の構造物を建てる場合に、土地の支持力や沈下量などの地盤の性質を調べ、地盤の強度を把握することで、地盤沈下などが起こらないような基礎設計を行うために実施する[3]。

1・3・2 利用の制限

(1) **用途地域** 地目は、土地の現状を示しているが、土地をどのように使えるかを示すものとして**用途地域**がある。住宅の広告などをよく見ると、用途地域が書いてある。都市計画法で定める21の地域地区（資料2）のなかの一つで、この土地にどのような用途の建物を建ててよいかを示すものである。

静かな住宅地のなかに、突然、パチンコ屋ができれば何かと差し障りが生じる。そのため、

資料1 地目の種類（23種類）

田，畑，宅地，学校用地，鉄道用地，塩田，鉱泉地，池沼，山林，牧場，原野，墓地，境内地，運河用地，水道用地，用悪水路，ため池，堤，井溝，保安林，公衆用道路，公園，雑種地

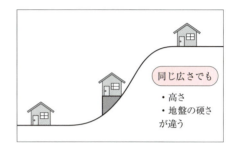

図1-1-5 土地の高さ、硬さ

この地域で建ててよい用途を市町村で定めている。住宅を主とする地域、商業を主とする地域、工業を主とする地域など（図1-1-6）と田園住宅地域で、13の種類に分かれている。

用途地域が定められると、建築基準法をもとに用途だけでなく、土地の使い方が決められる。密度を高く建てられる場合とそうでない場合などがあり、建蔽率と容積率、高さ制限などが決められる。このように、自分の土地であっ

資料2 21の地域地区

都市計画区域の土地をどのような用途に利用するべきか、どの程度利用するべきかなどを定めている。

①用途地域（図1-1-6），②特別用途地区，③特例容積率適用地区，④特定用途制限地域，⑤高層住居誘導地区，⑥高度地区又は高度利用地区，⑦特定街区，⑧都市再生特別地区，⑨防火地域又は準防火地域，⑩特定防災街区整備地区，⑪景観地区又は準景観地区，⑫風致地区，⑬駐車場整備地区，⑭臨港地区，⑮歴史的風土特別保存地区，⑯第1種歴史的風土保存地区又は第2種歴史的風土保存地区，⑰特別緑地保全地区，⑱流通業務地区，⑲生産緑地地区，⑳伝統的建造物群保存地区，㉑航空機騒音障害防止地区又は航空機騒音障害防止特別地区

---

2) 東京都千代田区永田町1丁目1番2、国会前庭洋式庭園内に設置されている。
3) 地盤調査は、住宅瑕疵担保履行法（第1部第7章参照）の保険加入においても必要となる。

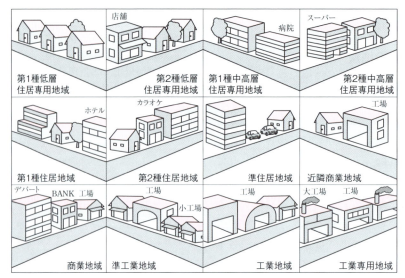

図1-1-6　12の用途地域（田園住宅地域を合わせ，13の用途地域となる。）

ても，すべてを自由に使えるわけではない（資料3）。

しかし，日本における土地に対する制限は，欧米に比べると，所有権が強いため制限は弱く，利用の自由度が高いといわれている。そこで，それぞれの地域ごとに地区計画，建築協定，景観協定，まちづくり協定など，きめ細かくルールをつくり，制限を設けることができる（資料4）。

土地そのものには書いてないが，土地には利用のさまざまなルールが決められており，また，住民で相談し，決めることもできる。

(2) 接道　土地に建物を建てるためには，災害時の避難経路の確保や消防車や救急車が接近できるように，その土地が道に接している必要がある。これを**接道義務**といい，建築基準法における幅4m以上の道路に2m以上接してないと，建物を建てることはできない（図1-1-7，建築基準法第43条1項）。

資料3　土地利用の制限（建築基準法による）

①建物の種類，②建蔽率*，③容積率**，④高さ制限（第一種・第二種低層住居専用地域），⑤前面道路幅員別容積率制限（道路幅員に乗ずる数値），⑥道路斜線制限，⑦隣地斜線制限，⑧日影規制　等

*　土地に対して，どのくらいの面積の建物が建てられるかを表す数値
**　土地に対して，各階合計でどのくらいの床面積の建物が建てられるかを表す数値

資料4　住民の意向を踏まえて決められる地域のルール

・建築協定，緑地協定，景観協定 ・まちづくり協定 ・地区計画　　　　　　　　　　　　　　　など

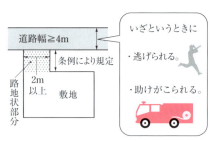

図1-1-7　接道義務

1・4 土地利用の権利

1・4・1 所有権と借地権

土地があるからといって，誰でも勝手に使うことはできず，土地を使う権利を持つ必要がある。土地を使う権利には，大きく2つあり，1つは土地を所有する場合（**所有権**），2つめは借りる場合（**借地権**）である。2つの権利の違いは，①絶対的な利用の権利を持つのか，相対的な利用の権利を持つのか，②利用期間の制限の有無，③対価の支払いの有無，④税の支払いの有無などの相違がある（表1-1-2）。

表1-1-2　所有権と借地権の違い

	所有権	借地権	定期借地権
利用の権利	絶対的	相対的	相対的
利用期限	永遠	契約期間更新有	契約期間更新無
対価支払い	無	有（地主へ）	有（地主へ）
固定資産税等	支払い有	支払い無	支払い無

1・4・2 借地権の種類

借地権は，自分が使用する目的で他人の土地を借りることによって得られる権利で，**借地借家法**に従う。この法律は，土地や建物の借主（借地人・借家人）を保護する目的で制定された民法の**特別法**であり，弱い立場に置かれがちである借主の保護を図るのが目的である。そのため，土地を借りている人は，貸している人が**正当事由**を持たない限り，利用し続けることができる（図1-1-8）。

(1) **定期借地権と借地権**　借地権の場合，地主から見ると，貸している土地を自分が使いたくてもなかなか返してもらえないことが多い。そこで，土地を借す期間を決め，更新がない形で借地する方法として，**定期借地権制度**が生まれた。それは，住宅の場合は，①借地期間を50年以上とし，返却時には，原則として更地にして返す**一般定期借地権**と，②借地期間を30年以上とし，建物を地主に譲渡することを予め約束して借地する**建物譲渡特約付借地権**である（表1-1-2，図1-1-9）。

(2) **地上権と賃借権**　借地権や定期借地権には，ともに**地上権と賃借権**がある（表1-1-3）。地上権は，地主に承諾なく土地の売買や賃貸ができ，土地を担保として住宅購入の融資を受けることも可能である。一方，賃借権は，地

図1-1-9　日本の定期借地権

表1-1-3　借地権

	借地権	定期借地権
地上権	借地権で地上権	定期借地権で地上権
賃借権	借地権で賃借権	定期借地権で賃借権

更新をやめる場合には，地主に正当事由がいる。

図1-1-8　日本の借地権

表1-1-4　地上権と賃借権

	地上権	賃借権
土地を担保に住宅購入融資	可	一般的には不可
転売時の地主の承諾	不要	要

主の承諾なく売買や賃貸はできず，土地を担保として住宅購入の融資を受けられないことがある（表1-1-4）。

地上権は，地主には不利になるため，賃借権の設定となることがある。しかし，賃借権は，貸主と借主との契約により生じる**債権**にすぎないため，**物権**のような絶対性がなく，第三者に対抗することはできない（資料5，図1-1-10）。そのため，借地が売られ，所有者が変わった際に，借地人が追い出される可能性もあ

る。そこで，借地人はその土地上に登記済み建物を所有することで，第三者に対して対抗することができる[4]。また，土地に対する権利を登記しておくことでも，第三者に対して対抗することができる。

(3) 建物を建てない場合の借地　空き地を借りてそのまま一時的に利用するなど，建物を建てない場合には借地借家法の適用がないため，柔軟な利用期間の設定が可能となる。また，賃料の受け渡しがない場合も使用貸借となり，この場合も借地借家法の適用がないため，柔軟な形での利用が可能となる。

資料5　債権と物権

債権：人に対する権利であり，相手方に一定の行為を要求できる権利。不動産では賃借権である。これに対して義務は債務という。
物権：物に対する権利であり，排他的な絶対的権利である。不動産では所有権や地上権が該当する。

1・5　土地の価値（地価）

土地には，広さ，日当たりの良さ，交通の便利の良さ，災害の危険のなさなど，さまざまな価値を決める要因がある。こうした個別的要因や地域要因によって，土地の価格が決定される。

さらに，土地も財なので，需要と供給のバランスのなかで価格が決定される。その際，日本だけでなく世界経済の影響を受け，価格の上昇・下落が起こることも大きな特徴である（図1-1-11）。

図1-1-10　第三者に対抗

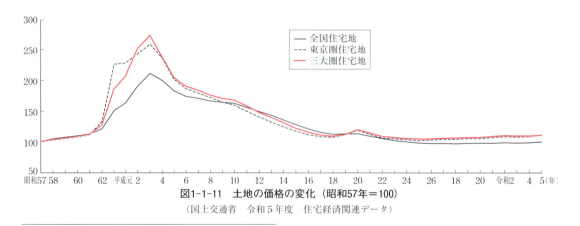

図1-1-11　土地の価格の変化（昭和57年＝100）
（国土交通省　令和5年度　住宅経済関連データ）

4）本来は，債権にすぎない賃借権であるが，借地借家法の規定により，物権と類似する対外的効力を持つことができる。これを**賃借権の物権化**という。

第1章　土地のはなし　17

表1-1-5　公的な土地価格の指標

	地価公示による価格 （公示地価）	地価調査による価格 （基準地価）	相続税路線価	固定資産税路線価 （評価額）
根拠法	地価公示法 （1969年）	国土利用計画法 （1974年）	相続税法 （1950年）	地方税法 （1950年）
決定機関	国土交通省土地鑑定委員会	都道府県知事	国税局長	市町村長
評価の目的	●土地取引当事者に信頼度の高い指標を提供 ●公共用地の適正な取得価格の算定	●国土利用計画法による取引価格等の規制（地価公示を補う） ●公共用地の適正な取得価格の算定	●相続税の課税 ●贈与税の課税	●固定資産税の課税 ●都市計画税の課税 ●登録免許税の課税 ●不動産取得税の課税
価格時点	毎年1月1日	毎年7月1日	毎年1月1日	基準年の1月1日
実勢価格との関係	100%	100%	80%（1992年より）	70%（1994年より）

1・5・1　価格の算出の仕方

　実際に取引される土地の価格を**実勢価格**といい，土地取引時の価格の指標となるもので，以下のような3つの公的な土地価格の指標がある（表1-1-5）。

　⑴　**地価公示による価格**　　地価公示法に基づいて，国土交通省土地鑑定委員会が，適正な地価の形成に寄与するために，毎年1月1日時点における標準地の正常な価格を3月に公示[5]するものである。また，**地価公示**の地点は限定的なので，各都道府県が国土利用計画法によって，毎年7月1日時点における**地価調査**を行い，基準値の正常な価格を示している。

　⑵　**相続税路線価**[6]　　不特定多数が通行する地域の道路に面する標準的な宅地1m²当たりの国税庁が公表する毎年1月1日時点の土地評価額である。相続税や贈与税を課税する場合に価格を計算するもととなるのが相続税路線価であり，土地取引の指標となる地価公示価格の8割程度の価格である。

　⑶　**固定資産税路線価**　　市町村による固定資産税や都市計画税のほか，不動産取得税・登録免許税を課税する場合に価格計算の基準とするものであり，原則3年ごとに見直され，1月1日現在の土地の評価額である。地価公示価格

の7割程度の価格である。

1・5・2　土地の価格形成要因と鑑定方法

　土地の価格は，社会状況などの一般的要因，地域の状況による地域要因，その土地の個別事情による個別的要因によって決定される（資料6）。そして，不動産の価格を評価・鑑定する方法には，大別して次の3つがある。

①　**コストアプローチ（原価法）**：再度同じものを調達することから計算する。

②　**インカムアプローチ（収益還元法）**：対象不動産の収益から計算する。

③　**マーケットアプローチ（取引事例比較法）**：他の取引事例から比較検討する。

1・5・3　借りる場合の対価

　土地を借りる場合は，賃借権の場合は**賃料**，地上権の場合は**地代**を支払う。

　地代等の金額設定には，固定資産税と都市計画税の2〜3倍や3〜4倍（公租公課倍率法）や，現行地代に経済情勢に応じた変動率をかける方法（スライド法）などがよく使われる（表1-1-6）。

　こうして，月々に支払う対価のほかに，借地権設定に当たって支払う保証金や敷金・権利金

5）令和5年地価公示では，2.6万地点で実施。
6）単に路線価というときは，相続税路線価を指すことが多い。

があり，これらをどのように設定するかは，法には規定はなく，当事者同士の合意で決まる。

（1）**敷金**　一般的には借地契約上の債務（資料5）を担保するための金員で，慣習として，土地返却時には借地人に返却される。また，地主の変更時は，敷金返却債務は新しい地主に引き継がれる。

（2）**保証金**　債務の担保として債権者に付与する金員で，敷金のように扱われ，敷金以外の目的が混在される場合もある。よって，地主の変更時は，当然に保証金返却債務は新しい地主に引き継がれるわけではない。

（3）**権利金**　永続的な土地利用権を与えることの対価，将来の賃料が低額になることを予想しての賃料の前払い，地主への補償などと考えられ，原則として，土地返却時には返却されないものである。

（4）**借地権割合**　借地権の価値を示すものに，借地権割合がある。路線価の図には，借地権割合が示されている。借地権は，場所によって権利の強さが変わるため，借地権割合が異なる。

表1-1-6　借地料の決め方

a. **新規の場合**
　①積算法　　　　　　②賃貸事例比較法
　③収益分析法

b. **継続の場合**
　①差額配分法　　　　②利回り法
　③スライド法　　　　④賃貸事例比較法
　⑤公租公課倍率法
　bの①〜④は，不動産鑑定評価基準（国土交通省）より

資料6　土地の価格の形成要因

a. **一般的要因**
- 自然的要因（例：地質・地盤・土壌）
- 社会的要因（例：人口・公共施設の設備，教育・社会福祉）
- 経済的要因（例：財政・金融・物価の状態，税負担，国際収支）
- 行政的要因（例：土地利用の計画・規制，構造，防災の規則）

b. **地域要因（住宅の場合）**
- 日照，温度，湿度，風向き
- 都心との距離や街路幅員，公共施設
- 洪水，地滑りなど災害発生の危険性
- 騒音，大気汚染，土壌汚染等の公害

c. **個別的要因**
- 地勢，地質，地盤
- 日照，通風および乾湿
- 間口，奥行，地積，形状
- 高低，角地，接面街路との関係（幅員，構造，系統等）
- 交通施設，商業施設との接近
- 公共施設，公益的施設等との接近
- 汚水処理場等の嫌悪施設等との接近
- 隣接不動産などの周囲の状態
- 上下水道，ガス，処理施設，情報通信基盤の利用
- 埋蔵文化財および地下埋設物，土壌汚染
- 公法上・私法上の規制，規約など

（不動産鑑定評価基準　国土交通省より）

エピローグ

　土地を利用するには，さまざまなルールがある。境界によって確定し，面積を測り，登記を行う。所有の権利も登記で示す。したがって，登記簿で所有者や面積などを確認する。

　また，土地には種類があり，利用の制限や利用の権利がある。これによって土地の価格も変わってくる。

　空き地になっているのは，接道していないために建物が建てられない，あるいは，境界が確定していない，所有者がわからないなどの可能性がある。空き地を有効に活用し，街の魅力をアップしよう。

● 境界にまつわる法律の改正：隣から木の枝が出ている場合に切ってよいの？

いままで，隣の家が空き家で枝が出てきている。迷惑だけれど，根は切ってもいいけれど，枝はだめという民法のルールがあった。

土地の所有者は，隣地の竹木の根が境界線を越えるときは自らその根を切り取ることができるが，枝が境界線を越えるときはその竹木の所有者に枝を切除させる必要がある（旧民法233条）。

しかし，これでは，なかなか問題が解決しない。そこで，民法が改正された。越境された土地の所有者は，竹木の所有者に枝を切除させる必要があるという原則を維持しつつ，次のいずれかの場合には，枝を自ら切り取ることができることとする（民法233条）。

①竹木の所有者に枝を切除するよう催告したにもかかわらず，竹木の所有者が相当の期間内に切除しないとき。②竹木の所有者を知ることができず，又はその所在を知ることができないとき。③急迫の事情があるとき。

なお，隣地の竹木の根が境界線を越えるときは，その根を切り取ることができる。

● 境界にまつわる民法上のルール
（境界線付近の建築の制限）（民法234条・235条・236条）
・建物を築造するには，境界線から五十センチメートル以上の距離を保たなければならない
・前項の規定に違反して建築をしようとする者があるときは，隣地の所有者は，その建築を中止させ，又は変更させることができる。ただし，建築に着手した時から一年を経過し，又はその建物が完成した後は，損害賠償の請求のみをすることができる。
・境界線から一メートル未満の距離において他人の宅地を見通すことのできる窓又は縁側（ベランダを含む。次項において同じ。）を設ける者は，目隠しを付けなければならない。
・前項の距離は，窓又は縁側の最も隣地に近い点から垂直線によって境界線に至るまでを測定して算出する。
・上記と異なる慣習があるときは，その慣習に従う。

● 所有者特定の問題

表示登記は義務であるが，所有権の保存登記や移転登記は長年義務ではなかった。したがって，相続した場合に，所有権の登記内容が更新されていないことがあり，そのため，登記から所有者を確実に探し出せるとは限らなかった。そこで所有者不明にならないように相続登記を義務化することになった（2024年4月より）。

● 公道と私道

道路には，公道と私道があり，私道の場合には私道の所有者に通行承諾，掘削承諾，負担金が必要な場合がある。また，道路が幅4mない場合は，自分の土地の一部を道路として提供する必要があり，自ら利用できない部分が生じることがある（建築基準法第42条第2項の規定により，2項道路（にこうどうろ），『みなし道路』と呼ばれる）。

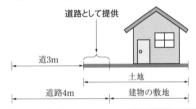

● 土地所有の歴史

古代から土地は争いの対象となっていた。いわば領土争いである。その土地の所有関係を明確にしたのは，672年の公地公民制で，土地をすべて天皇家の所有（公有）とした。そして，天皇家から土地を豪族が預かり，利用し，税として年貢を納める。豪族から借りて利用するも，私有は認められていなかった。723年に孫の代まで私有を許す，三世一身（さんぜいっしん）の法，743年には土地を永久に私有できる，墾田永年私財法が整備された。

江戸時代には土地は幕府のものとなり，将軍から大名，大名から家臣に渡され，それぞれが利用し収益を上げた。武家や神社が84％の土地を持ち，16％が庶民の所有であった。そして，土地が「沽券」と呼ばれる証券で取引されるようになる。

第2章
住まいのはなし

> **プロローグ**
> 　最近，空き家が多いな。
> 　どうして空き家なのだろう？　古いから？　狭いから？　地震に弱いから？　段差があって使いにくいから？　それとも，周りの環境の問題かな？
> 　もし使うとしたら，借してもらえるかな？　買わないといけないかな？　いくらかな？

2・1　住まいの数と種類

　不動産とは，土地と建物である。この章では，建物の例として，身近な住まいについてみていこう。

2・1・1　住宅の数

　空き家が目につくことが多くなった。それは空き家率が上昇してきたからで，日本では，住宅数はすでに世帯数よりも大きく上回っている。住宅数が世帯数よりも上回ったのは，1968年（昭和43年）からである（図1-2-1）。
　第2次世界大戦後，420万戸の住宅不足から出発した日本は，1968年（昭和43年）の住宅統計調査の時点で，はじめて全国で住宅数が世帯数を上回った。さらに，1973年（昭和48年）の住宅統計調査では，すべての都道府県で住宅数が世帯数を上回った。その後毎年，約100万戸の新築住宅が供給されており，住宅は，量的には満たされるようになっている。

2・1・2　利用の状態・空き家

　住宅の13.8％が使われず，空き家になっている（2023年（令和5年）現在，図1-2-2）。その内訳は，賃貸用，2次的住宅，売却用，そし

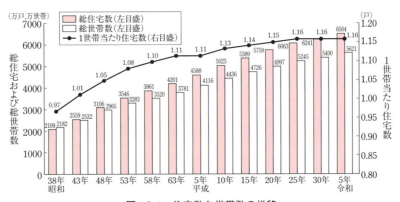

図1-2-1　住宅数と世帯数の推移
（総務省統計局「令和5年度住宅・土地統計調査結果」）

てその他の住宅で、この内「賃貸・売却用および二次的住宅を除く空き家」が増えている（図1-2-3）。また、地域により空き家の数や住宅の種類が異なっている。地域による事情は異なっているが、空き家となる最も多い理由は、「相続はしたが今特に利用する予定がない」である。

それでは、空き家も含めてどのような住宅があるのかをみていこう。

2・1・3 住宅の種類

(1) **住宅の建て方**　住宅の建て方には、大きくは戸建住宅と集合住宅があり、集合住宅には長屋建、共同住宅がある（図1-2-4）。なかでも、共同住宅が増加傾向にある。住宅のストック全体（いまある住宅すべて）では、戸建住宅が全体の約52.7%であるが（図1-2-5）、住宅のフロー（新規に供給する住宅）でみると、共同住宅が増加傾向にあり、住宅ストックのなかで共同住宅が増えてきている。

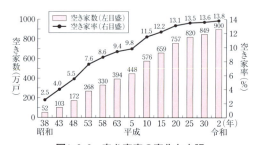

図1-2-2　空き家率の変化と内訳
（総務省統計局「令和5年度住宅・土地統計調査結果」）

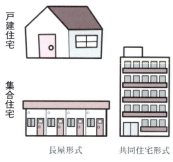

図1-2-4　住宅の形態（建て方）

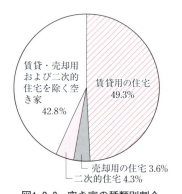

図1-2-3　空き家の種類別割合
（総務省統計局「令和5年度住宅・土地統計調査結果」）

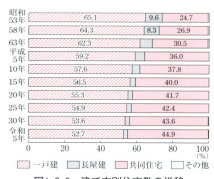

図1-2-5　建て方別住宅数の推移
（総務省統計局「令和5年度住宅・土地統計調査結果」）

〈鉄筋コンクリート造（RC構造）〉　〈鉄骨鉄筋コンクリート造（SRC構造）〉

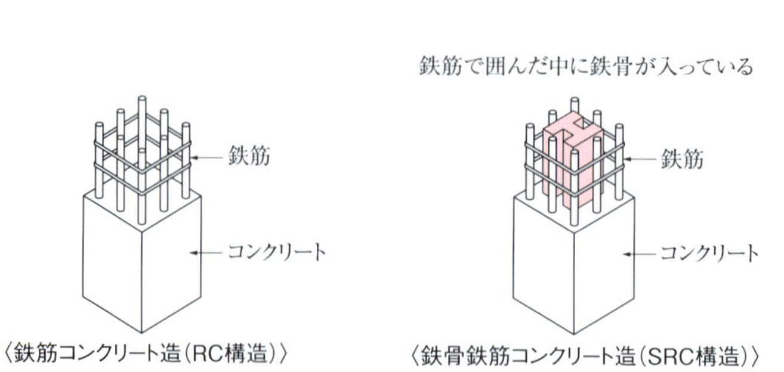

図1-2-6　マンションの構造

また3大都市圏では、住宅の共同化・高層化が進んでいる。

(2) **構造** 木造、鉄筋コンクリート（RC）造、鉄骨（S）造、鉄骨鉄筋コンクリート（SRC）造がある。戸建住宅では木造、また共同住宅では、鉄筋コンクリート造、鉄骨造、鉄骨鉄筋コンクリート造が多い（図1-2-6）。

(3) **マンション** 上記の分類ではないが、マンションという言葉を聞くことがある。マンション（Mansion）とは、本来の意味は大邸宅という意味であり、庭にテニスコートや森があり、乗馬を楽しめる。こうした大邸宅にあこがれる消費者心理をつかもうとするねらいから、日本では高級な共同住宅を「**マンション**」と呼ぶようになり、現在では、分譲マンション、賃貸マンションという呼び方もする。前者が区分所有のものである（第2部第2章参照）。「マンションの適正化の推進に関する法律（マンション管理適正化法[1] 2000年公布）」では、マンションを「2戸以上の区分所有した居住用の住宅」としており、分譲マンションのみを指して

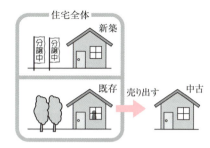

図1-2-7 新築住宅と中古住宅

いる。

なお、マンションも表1-2-1のような多様なマンションが存在する。

(4) **新築住宅と中古住宅** 新築住宅とは、未使用の住宅のことである。一度誰かが利用したものは**中古住宅**という。ただし、不動産の表示に関する公正競争規約施行規則では、中古住宅に未使用でも「建築後1年以上を経過したもの」も含んでいる。また、既存住宅という呼び方をする場合もある。厳密にいうと、新築住宅以外を**既存住宅**といい、それが市場に出る場合を中古住宅という（図1-2-7）。

表1-2-1 多様なマンション

賃貸マンション	賃貸にすることを前提につくられた、1所有者が所有するマンション
分譲マンション	分譲をすることを前提に分譲会社がつくり、分譲したマンション。所有形態は区分所有となる。
ワンルームマンション	全住戸がワンルームで構成されたマンション
ファミリーマンション	全住戸が家族が居住することを前提にした広さで構成されたマンション
リゾートマンション	リゾート地に建設されたマンション
高齢者用マンション	高齢者居住用に建設されたマンション
コンパクトマンション	全住戸が30〜50m^{2}程度のマンション。ワンルームとファミリーマンションの中間
タワーマンション	階数が20階以上のマンション。超高層マンションともいう
投資用マンション リース(用)マンション	投資用に購入されることを前提につくられたマンション。購入しリースにするためリース用マンションともいわれる。

---

1) マンション管理適正化法では、マンションとは、2以上の区分所有者が存在する建物で、人の居住の用に供する専有部分のあるもの並びにその敷地及び附属施設をいう。

2・2　住まいの権利（住宅の所有形態）

2・2・1　持家と借家

　住宅は，所有形態でみると持家と借家に分けられる。全国的にみると，持家は約6割，借家は約4割である（表1-2-2）。持家率は，その国の住宅政策と大きく関係し，日本はアメリカやイギリスと同様に高い持家率になっている。

　持家とは，住宅の居住者自らが住宅所有者の場合で，住宅所有者が住宅ローン返済中でも持家に含まれる。

2・2・2　借家の種類

　借家は借りている場合で，日本では，住宅所有者の面から大きく次の4つの種類[1]に分けられる（表1-2-3）。

　①民営借家　②公営借家
　③都市再生機構（UR）・公社借家
　④給与住宅（社宅）

　なお，持家・借家は利用者からみた分類で，供給者からみた場合には，上記は民間賃貸住宅（上記①），公的賃貸住宅（上記②，③）となる。

表1-2-2　住宅の所有状態（諸外国との比較）

	持　家（%）	借　家（%）	借家内訳（%）	
			民営借家	公的借家
日　　本（'23）	60.9	35.0	30.5	4.5
アメリカ（'21）	64.2	35.8	30.8	5.0
イギリス（'22）	65.1	34.9	18.2	16.7
ド イ ツ（'22）	42.0	58.0	—	—
フランス（'21）	47.1	43.2	19.5	23.7

（令和5年度住宅・土地統計調査・住宅経済関連データ）

表1-2-3　借家の種類と割合*

民営借家	28.2%	
公営の借家	3.2%	⎫
都市再生機構・公社借家	1.3%	⎬ 4.5%
給与住宅（社宅）	2.3%	⎭

＊全住宅の中の占める割合
（総務省統計局「令和5年度住宅・土地統計調査結果」）

2・3　住まいの質

2・3・1　住宅の面積

　住宅の質を表す指標の一つとして，広さ（面積）がある。日本の住宅全体では，壁芯の延床面積（資料1，2）の平均は90.9m²（2023年）で，年々である（表1-2-4）。しかし，持家と借家によって大きな差があり，また，戸建住宅と共同住宅でも異なり，共同住宅は50.3m²，戸建住宅は126.3m²と大きく異なる（2023年）。住宅の面積は，地価，風土・気候・文化などの影響を受け，適正な広さは家族形態やライフステージ・ライフサイクル等によって異なる（第1部第3章　居住水準参照）。しかし，それがライフステージ等に応じた住替えが円滑に行えないために課題が生じている（資料3）。

資料1　壁芯面積と内法面積

●**壁芯面積**とは，柱や壁の厚みの中心線から測られた床面積で，建築基準法に基づき建築確認する際や不動産広告で使われる。
●**内法面積**とは，壁で囲まれた内側だけの建物の床面積で，不動産登記で使われる。

資料2　延床面積

　住宅など建物のすべての床面積を足した面積で，2階建であれば，1階・2階すべての床面積の合計である。

表1-2-4　戸当り住宅延床面積*の国際比較（壁芯**換算値）

（単位　m²）

	全　体	持　家	借　家
日　　本（'18）	93.0	119.9	46.8
アメリカ（'21）	131.0	157.2	84.6
イギリス（'21）	97.3	111.4	71.1
ド イ ツ（'22）	105.8	138.6	82.1
フランス（'20）	102.5	125.7	72.1

*資料2参照，**資料1参照
（令和5年度住宅経済関連データ）

1）①住宅所有者が民間の個人や企業の借家。②公営住宅法に基づく借家，住宅所有者は主に地方公共団体。③都市再生機構（UR）や住宅供給公社所有の借家。④居住者が勤務する会社が保有する借家。

資料3　日本の住宅面積の課題

① 人数の多い世帯が狭い住宅に居住し，高齢の単身者や夫婦のみの世帯が広い住宅に居住しているという，住宅の広さと世帯の人数によるミスマッチが生じている。
② 諸外国と比べると，日本の住宅面積は狭く，特に借家が狭い。
③ 地域による差異が大きく，特に都市部では狭い住宅が多い。
④ 古い住宅に狭いものが多い。

耐震工法　建物の骨組みなどを強化し，地震の揺れに対して建物への衝撃を防ぐ。
免震工法　地震の衝撃（揺れ）を免震装置が吸収し，地震エネルギーを建物に伝わりにくくする。
制震工法　地震エネルギーを制震装置が吸収し，建物の揺れを低減する。

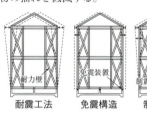

図1-2-8　耐震性能を高める工法

2・3・2　住宅の耐震性

住宅の耐震性とは，地震に耐えられる性質を指す。1981年（昭和56年）6月1日に建築基準法施行令が改正され，新しい耐震基準ができている。よって，それ以降につくられたものは新耐震基準による住宅になる。一方，それ以前につくられた住宅は，古い耐震基準のもとでつくられているので旧耐震基準による住宅となる。

こうした基準の違う住宅では，地震の際の被害に違いがみられる。耐震性能を高める工法には，耐震工法，免震工法，制震工法がある。築年数が経った住宅は，安全性の向上のため，耐震性能を高めることが必要である（図1-2-8）。

2・3・3　住宅のバリアフリー

人の高齢化に伴い，住宅をバリアフリー（Barier Free）にすることは重要な課題となる。しかし，手すりがある住宅は全住宅のうち44.0％，室内に段差のない住宅は22.3％，車椅子が通れる幅の廊下がある住宅は16.8％で，またぎやすい高さの浴槽が20.5％，道路から玄関まで車椅子で通行可能は13.4％である（表1-2-5）。特に古い住宅では，バリアフリー対応となっていないことが多い。

今後はユニバーサルデザイン（資料4，図1-2-9）の視点からも，より誰もが暮らしやすい住まいとすることである。なお，共同住宅では，各住戸内は**専用部分**[2]，共用の廊下やエントランスなどは**共用部分**という。

表1-2-5　高齢者等のための設備状況別住宅数―全国（2018年，2023年）

高齢者等のための設備状況	2018年 実数(1000戸)	2018年 割合(％)	2023年 実数(1000戸)	2023年 割合(％)
住宅総数　＊1	53,616	100.0	55,665	100.0
高齢者等のための設備がある　＊2	27,270	50.9	31,155	56.0
手すりがある	22,386	41.8	24,500	44.0
またぎやすい高さの浴槽	10,070	18.8	11,416	20.5
浴室暖房乾燥機　＊3	－	－	12,736	22.9
廊下などが車椅子で通行可能な幅	8,319	15.5	9,348	16.8
段差のない屋内	11,227	20.9	12,420	22.3
道路から玄関まで車椅子で通行可能	6,451	12.0	7,478	13.4

＊1　高齢者等のための設備状況「不詳」を含む。　＊2　複数回答であるため，内訳の合計とは必ずしも一致しない。
＊3　2023年調査から回答選択肢に追加
（総務省統計局「令和5年住宅・土地統計調査結果」）

2）区分所有の共同住宅では専有部分という。なお，ベランダやバルコニーは専有部分ではなく，共用部分であり専用の使用の部分（専用部分）となる。

| 車椅子でも楽に乗降できる駐車場 | 車椅子など，誰でも使いやすいエレベーター | 車椅子など，誰でも使いやすい機能トイレ | 誰もがゆったり通れる幅広い廊下 |

図1-2-9　ユニバーサルデザインの例

資料4　ユニバーサルデザイン

> 年齢や障害の有無などにかかわらず，最初からできるだけ多くの人が利用可能であるようにデザインすること。ロナルド・メイス氏（1980年代，アメリカ）が提唱。

2・3・4　住宅の省エネルギー性能

東日本大震災（2011年3月）以降，住宅の省エネルギーに対する注目が高まっている（表1-2-6）。太陽光を利用した発電機器のある住宅や，省エネルギー対策として，断熱性の向上や2重サッシや複層ガラスを利用した住宅も増えている。2022年6月公布の「脱炭素社会の実現に資するための建築物のエネルギー消費性能の向上に関する法律等の一部を改正する法律」をもとに，建築物省エネ法が改正され，2024年4月以降，住宅の販売・賃貸時に省エネ性能の表示，2025年4月からすべての新築住宅・非住宅に対し，省エネ基準への適合（断熱性能等級4

表1-2-6　太陽光を利用した発電機器のある住宅数の推移（全国，2003〜2013年）　　　（単位　万戸）

調査年	総数	持家	借家
2003年（平成15年）	23（0.6%）	26（0.9%）	2（0.1%）
2008年（平成20年）	52（1.0%）	60（1.6%）	3（0.1%）
2013年（平成25年）	157（3.0%）	148（4.6%）	9（0.5%）

注：（　）はそれぞれの住宅数に占める割合
（総務省統計局「平成25年度住宅・土地統計調査結果」）

表1-2-7　省エネ住宅の種類

ZEH住宅	「ネット・ゼロ・エネルギー・ハウス」の略。省エネと太陽光発電などの創エネによって年間の一次エネルギー消費量を実質ゼロとすることを目指した住宅
LCCM住宅	エルシーシーエムとは「ライフ・サイクル・カーボン・マイナス」の略。ZEHの考え方に加え，住宅の建築から解体まで「家の一生」を通して二酸化炭素の収支をマイナスにする住宅
認定長期優良住宅	省エネ性にあわせて，「バリアフリー性」「可変性」「耐震性」「居住環境」「維持保全計画」「維持管理・更新の容易性」「劣化対策」「住戸面積」等の基準をクリアーした住宅（詳細は第1部第3章参照）
認定低炭素住宅	省エネ性能にくわえて二酸化炭素の排出を抑制する低炭素化促進のための対策がとられた住宅
性能向上認定住宅	高い断熱性を備え，太陽光発電設備や蓄電池設備などの高効率な設備などを導入している，エネルギー消費性能向上のための建築物の新築等を確実に遂行するための資金計画が適切であるなど基準に達していて，法律に基づき認定された住宅
スマートハウス	家庭内の照明，空調設備，調理設備，家電，給湯機器などを，コンピュータやデータ通信といったITを使って管理・制御し，エネルギー消費を最適化する住宅
HEMS	Home Energy Management Systemの略。「見える化」し，住宅エネルギー管理システムで住宅で使う電気・ガス・水道を計測，管理して節約支援や節約行動のアドバイスを提供する仕組み

以上，一次エネルギー消費量等級4以上）が義務化される（表1-2-7）。新築住宅では省エネ基準適合率は85％（ZEH水準適合率は37％）に対し，既存住宅での適合率は18％である（2022年）。

EU諸国では，エネルギー性能を開示して住宅を取引することが既に義務化されている。ドイツではエネルギーパス，フランスではディアクノスティッグ，イギリスではエネルギー性能証書（EPC：Energy Performance Certificate）などである。住宅の省エネルギー性能が市場で評価される仕組みがある（図1-2-10）。

2・3・5　住宅の築年数と寿命

日本の住宅は築年数が浅いものが多く，築23年未満が約半数であるが，しだいに住宅の寿命が伸びている（図1-2-11）。しかし，日本の住宅寿命は，欧米諸国に比べるとまだ短い（図1-2-12）。

住宅の平均寿命は，アメリカでは55年，イギリスでは68年，日本では38年となっている。日本では，中古住宅の取引のたびに住宅が取り壊される傾向にあり，そのため寿命が短くなっている（図1-2-13）。

2・3・6　その他の住宅性能

住まいの質には，構造の安定性，火災時の安全性をはじめ，傷みにくいつくりである，維持管理がしやすい，環境に配慮している，近隣に配慮している，景観に寄与するなど，さまざまな側面がある（住宅性能表示制度，第1部第7章　図1-7-4参照）。

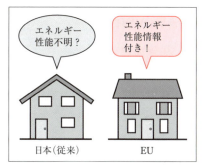

図1-2-10　日本とEUの住宅取引

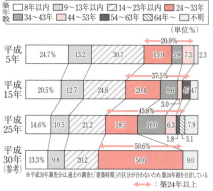

図1-2-11　住宅の建築年
（出典は巻末に掲載）

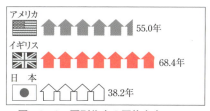

図1-2-12　国別住宅の平均寿命
（滅失住宅の平均築後年数）
（令和5年度　住宅経済関連データ）

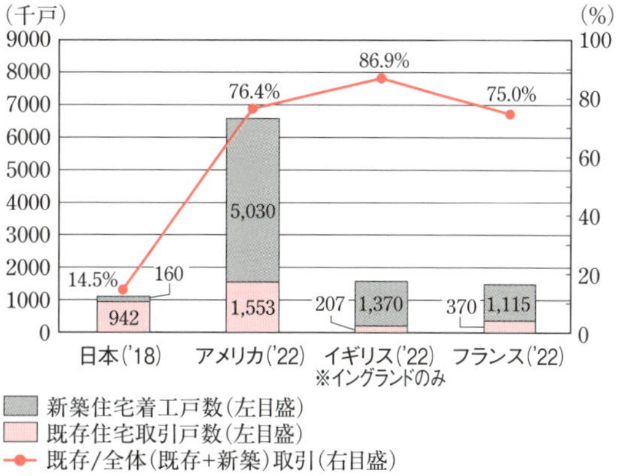

図1-2-13　中古住宅流通シェアの国際比較
（令和5年度　住宅経済関連データ）

28　第1部　住まいとまち（不動産）のしくみを知る

2・4　住まいの価格

2・4・1　住宅取得方法

　住宅の購入者では，新築住宅を買った人が約9割，中古住宅を買った人が約1割と，諸外国と比べて中古住宅購入者が大変少ないのが日本の特徴である（図1-2-13）。それは，日本では，新築住宅を前提とした住宅取引体制や売主の責任体制，税や融資制度となっていたからである（第1部第4章参照）。

2・4・2　住宅価格

　日本の住宅価格（住宅と土地の価格の合計）は，土地価格の影響が大きくなっている。このため，土地価格が高いときは，大幅に住宅価格が上昇し，平均住宅価格は平均世帯年収の8〜9倍にまで上がった（首都圏1990年建売住宅の平均価格6528万円，平均年収の8.5倍）。2015年（平成27年）では，首都圏に限定すると，マンションは年収の7.0倍（平均世帯年収786万円，平均価格5518万円），建売住宅は6.1倍（平均価

格4789万円）である（表1-2-8）。その後，住宅の価格は建設費の高騰から新築住宅の価格が上がり，その影響を受けて中古住宅の価格も上昇し，2020年，2021年，2022年には首都圏のマンションは年収の7.5倍になっている。

　なお，住まいの価格は，上記のように地価の影響を受け，かつ供給年，マンションか戸建住宅か，立地，周辺の環境，敷地の広さ，所有権か借地権かなどによって異なる。住宅に関する要因としては，建物の築年数，広さや間取り，構造，修繕の状態，設備の状態，方位・向き，性能などがあり，これらが総合されて決まる。

　国際的にみると，アメリカやイギリスと同様に，住宅価格が年収の5倍を超える結果となっている（表1-2-9）。

2・5　住まいの環境

2・5・1　通勤時間

　土地価格，それによる住宅価格の高騰は，通勤時間の延長を強いる結果となった。現在で

表1-2-8　住宅価格は年収の倍数（首都圏）

	年	1980	1985	1990	1995	2000	2005	2010	2015	2016	2017	2018	2019	2020	2021	2022
	年収（万円）	493	634	767	856	815	790	762	786	806	818	802	809	816	835	830
マンション	価格（万円）	2477	2683	6123	4148	4034	4107	4716	5518	5490	5908	5871	5980	6084	6260	6288
	年収倍率	5.0	4.2	8.0	4.8	4.9	5.2	6.2	7.0	6.8	7.2	7.3	7.4	7.5	7.5	7.6
	床面積（m²）	63.1	62.8	65.6	66.7	74.7	75.4	71.0	70.8	—	—	—	—	—	—	—
建売住宅	価格（万円）	3051	3537	6528	5737	5234	4533	4646	4789	—	—	—	—	—	—	—
	年収倍率	6.2	5.6	8.5	6.8	6.4	5.7	6.1	6.1	—	—	—	—	—	—	—
	敷地面積（m²）	189.3	181.5	193.1	175.8	152.0	143.7	136.9	126.1	—	—	—	—	—	—	—
	床面積（m²）	101.3	105.6	126.5	115.3	111.5	106.2	102.4	99.8	—	—	—	—	—	—	—

（令和5年度　住宅経済関連データ）

表1-2-9　住宅価格の年収倍率（欧米主要国）

国名	年	単位	新築住宅価格（A）	世帯年収（B）	（A／B）倍
アメリカ	2021	ドル	410,000	69,717	5.88
イギリス	2021	ポンド	274,712	48,723	5.64
フランス	2019	ユーロ	278,229	45,320	6.14
日本	2022	万円	5,121	768	6.67

（令和5年度　住宅経済関連データ）

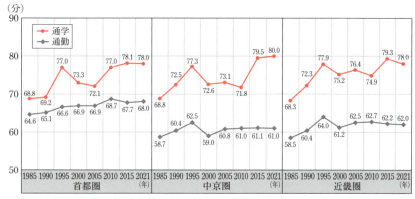

(注) 定期券利用者の平均鉄道所要時間。鉄道利用者に対して行ったアンケート調査の結果。

図1-2-14　大都市圏における通勤・通学所要時間の変化
（国土交通省「大都市交通センサス（鉄道定期券・普通券利用調査）」による）

も，地価が高い3大都市圏では，通勤時間が長い（図1-2-14）。地価が高かった1990～1995年ごろには，通勤時間は延びる傾向にあったが，首都圏では改善されていない。通勤時間が延びると，勤務時間や睡眠時間にも影響を及ぼすことになる。つまり，不動産の価格は生活に大きな影響を与えている。なお，新型コロナウィルス感染症の広がりによる通勤時間への影響は2021年の時点では明確にみられない。

2・5・2　住宅や住環境の満足度

住宅や住環境に対する満足度が，全体的には高まっている（図1-2-15，1-2-16）。しかし，不満が相対的に多いのは，住宅では高齢者への配慮，防犯性，住環境では治安，犯罪発生，道路の安全性，子供の遊び場などである。住まいだけでなく，まち全体の質の向上が必要である。

2・5・3　新たな働き方・暮らし方

新型コロナウイルス感染症拡大予防の視点から，在宅勤務等のテレワークが推進され，人々の働き方，暮らし方に変化がみられるようになってきた。首都圏では雇用型テレワークは16.9％（2016年）であったものがコロナ禍で42.3％

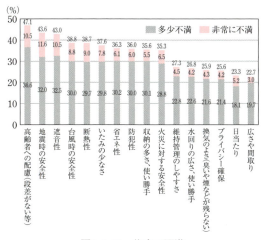

図1-2-15　住宅の不満
（国土交通省「住生活総合調査結果平成30年」）

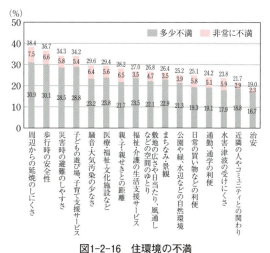

図1-2-16　住環境の不満
（国土交通省「住生活総合調査結果平成30年」）

（2021年），39.6％（2022年）に上昇している（国土交通省：「令和3年度テレワーク人口実態調査結果」。その理由は通勤時間の有効活用」（約43％）に次いで，「通勤の負担軽減」（約30％）であり，在宅勤務が進むことで，家族とすごす時間が長くなる，家事を分担しやすくなる，地域にいる時間が増えるなどの変化が見られている。こうした職住融合，あるいは職住一体，職住近接の暮らし方に合わせ，必ずしも毎日通勤をする必要がない場合には，都心部と郊外や地方都市に住むといった2地域居住等の多地域居住もみられるようになっている。

> **職住融合・職住一体、職住近接**
> 職場と住まう場を一体化させる，あるいは近くにすることである。その実現として，自宅に仕事スペースを設ける「家なかオフィス」，近隣のコワーキングスペースやシェアオフィスで仕事をする「街なかオフィス」もあるが，マンションの共用部分にワークスペースをつくるなどの取組みがある。

> **エピローグ**
> 住宅にはさまざまなものがあり，日本の住宅の数は世帯数を上回っている。そこで，空き家も多くなっている。
> 空き家は，現在の住宅市場にあっていないものが多い。そのため，空き家は，耐震性の向上，バリアフリー化や省エネ化等，質の向上を行って利用することが必要である。空き家の利用には，借りる場合と購入する場合がある。
> また，住まうことは，住宅の質だけでなく，価格や環境による影響も大きく，ライフスタイルなライフステージに応じた多様な住まい方が求められている。その1つとして，多地域居住があり，空き家を利用しての可能性がある。
> 空き家を使ってまちをより魅力的に，暮らしを豊かにしてみよう。

コラム1　省エネ性能の見える化

2024年4月より，住宅の販売・賃貸広告に，「省エネ性能ラベル」が表示され，省エネ・断熱のレベルが見える化する。

○エネルギー性能は星の数が多いほど性能が良いことを示す。
○断熱性能は家の数が多いほど性能が良いことを示す。
○目安光熱費は年間にかかる光熱費の目安を記載する。

第三者評価機関が，その住宅のエネルギー消費性能や断熱性能を評価・表示する制度であり，第三者機関の審査を受けた後に評価書等が交付される。

住宅の省エネに関する性能の見える化が進んできている。

図1-2-17

第3章
住まいとまちのマネジメント政策

> **プロローグ**
> 地域で空き地・空き家があって困っているのに，国や都道府県，市町村は何もしないのかな？ そもそも，行政は私たちの住まいやまちに対して，何をしているのかな？ 住むところに困ったら貸してくれるのかな？ 本当に迷惑な空き家は除去してくれるのかな？

3・1 不動産の政策

不動産政策というのは，わが国には存在していない。それは，わが国では不動産が土地と建物にわかれているためである。そこで，住まいとまちの政策についてみていこう。

3・1・1 不動産政策とは

不動産に関する政策は，土地の政策，建物である住まいの政策，建築物の政策とわかれ，そして不動産を扱う不動産業者の政策，不動産を利用する消費者保護の政策，まちづくりや都市計画の政策等によって構成される。

ここでは，土地の政策と建物である住まい，そしてまちの政策をみていこう。まずは生活に大きくかかわる住まいをみていく。そのまえに，なぜ，政策というのがいるのだろうか。そもそも政策とは何であろうか。

政策とは，政府や政党などの施政上の方針や方策である。政府には，大きく，国レベルと，地方自治体レベルがある。

3・1・2 なぜ政策が必要か

そもそもなぜ政策が必要なのか。第一に不動産である住宅も土地も暮らしを支える社会的基盤であり，資産である。しかし，市場を通じて提供されるために，**社会的基盤**部分の欠落が生じることを予防するためである。第二には**居住権の保障**である。低所得者向けには直接供給も含めた支援，中高所得者には消費者保護の視点からの対応となる。ストック社会においては第三として管理不全マンションへの対応，特定空家の対応など，**外部不経済**の予防や解消がある。

さらに対象が集合住宅，共同住宅のように大きくなると，上記の第一と第三の側面が大きくなる。そして**地域財**としての価値をもつ。集住を支える基盤，地域の安全性の向上への寄与，地域での自治を持ったマネジメントの実行は行政の役割の一部を担うという側面もあり，物理的にも活動にも社会性が強くなり，そのため適正な支援が求められる。

そして，日本で空き地や空き家が多くなってきたとともに，人口・世帯の減少，少子高齢化の進行など，社会の構造の変化から，日本の住まいやまちをとりまく環境は大きく変化し，住まいやまちの政策は大きな転換を求められている。

3・2 住まいの政策

3・2・1 戦後の住宅政策①
住宅建設5箇年計画

日本における住まいの政策は，第2次世界大戦後の420万戸に及ぶ住宅不足の状態から出発し，1950年（昭和25年）に**住宅金融公庫**の設立，1951年（昭和26年）に**公営住宅法**の制定，1955年（昭和30年）に**日本住宅公団**の設立により，公庫，公営，公団を3本柱とし，基本的には持家政策として，階層別に住まいの政策を進めてきた（図1-3-1）。また，何をどうするかの目標を示すものとして，**住宅建設5箇年計画**が制定されていた。

第1期住宅建設5箇年計画（1966～1970年）では「1世帯1住宅」を目標とした，住宅不足の解消が目的であった。第2期住宅建設5箇年計画（1971～1975年）では「ひとり1室」が目標で，第3期住宅建設5箇年計画（1976～1980年）では，**居住水準**という考え方が設定された。**最低居住面積水準**（表1-3-1）と**平均居住面積水準**である。

さらに，第4期住宅建設5箇年計画（1981～1985年）では**住環境水準**が示され，第5期住宅建設5箇年計画（1986～1990年）では，平均居住面積水準という考え方がなくなり，新しい居住面積水準として**誘導居住面積水準**が設定された。誘導居住面積水準には，戸建住宅を想定した一般型と，マンションを想定した都市居住型がある（表1-3-1）。

その後，5年ごとの計画の見直しを経て，第8期住宅建設5箇年計画（2001～2005年）では大きく方針を転換し，**ストック重視，市場重視**となった。

3・2・2 戦後の住宅政策②
3本柱の政策

戦後の住宅政策は公庫・公営・公団の3本柱で進められ，はじめに住宅金融公庫が開設された。

(1) **住宅金融公庫**　住宅金融公庫は，1950年（昭和25年）に「国民大衆が健康で文化的な生活を営むに足りる住宅の建設に必要な資金で，銀行その他一般の金融機関が融通することを困難とするものを融通すること」を目的に設立された。民間住宅ローンとは異なり，金融の

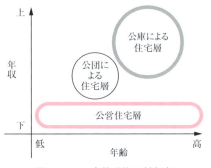

図1-3-1　3本柱政策の対象者

表1-3-1　居住面積水準

		世帯人数別の面積（例）（単位：m²）			
		単身	2人	3人	4人
最低居住面積水準	世帯人数に応じて，健康で文化的な住生活の基礎として必要不可欠な住宅の面積に関する水準（すべての世帯の達成を目指す）		25	30【30】	40【35】	50【45】
誘導居住面積水準	世帯人数に応じて，豊かな住生活の実現の前提として，多様なライフスタイルを想定した場合に必要と考えられる住宅の面積に関する水準	〈都市居住型〉都心とその周辺での共同住宅居住を想定	40	55【55】	75【65】	95【85】
		〈一般型〉郊外や都市部以外での戸建住宅居住を想定	55	75【75】	100【87.5】	125【112.5】

【　】内は，3～5歳児が1名いる場合

動向にかかわらず，住宅資金を安定的に供給し，国民は住宅購入のための資金を，長期・固定・低金利で計画的に借りることができる。また，建設基準を設定し，設計審査・現場審査を実施することで良好な住宅の普及の促進に努めてきた（詳しくは第1部第4章参照）。

　公庫が設立されるまでは，一般消費者は住宅を購入する場合に，不動産分譲会社の割賦販売を利用することもあったが，対象が一定の収入層以上と限定的であった。戦後すぐの住宅不足解消のために多くの住宅が必要となり，住宅を購入する多くの国民向けの住宅金融専門機関として，公庫が設立された。

　(2)　**公営住宅**　　1951年（昭和26年）には公営住宅法が制定され，低所得者を対象とする公営住宅を，国と地方公共団体により供給される制度が整備された。これは，国と地方公共団体が協力して，健康で文化的な生活を営むための住宅を整備し，住宅に困窮する低額所得者に対して，低廉な家賃で賃貸または転貸し，国民の生活の安定と社会福祉の増進に寄与するためである。この根拠は，日本国憲法第25条にある。

　公営住宅は1996年に大きな改正を行い（表1-3-2），① 公営住宅に入居できる層をさらに制限する一方で，高齢者等は入居可能収入層を広げ，② 収入超過者には明け渡し勧告を行い，その人たちの家賃を近傍の同種の住宅家賃程度まで上げることをできることにした。③ 家賃の算定を**応益家賃**から**応能家賃**（資料1）に変更し，④ 公営住宅を地方公共団体が直接

建設，供給・管理する方法から，買い取り方式や借り上げ方式ができるようにした。

　しかし，課題や改善策として以下のことがある。

　1）適正な入居者の選定が難しくなっている。高い入居応募率のなかで，家賃は市場家賃と乖離していたり，収入超過者が存在し，真の住宅困窮者が入居できないため，公平性と透明性を考慮した入居者選定が求められ，ポイント制や定期借家制度が導入されている。

　2）居住者の高齢化の進行等から，団地を運営する自治能力が低下しているため，コミュニティの再生が課題となっている。住民自らが共益費を集めての運営が困難になっている場合には供給者による共益費の運営が実施されている。また，空き室への学生の入居や，若い世代の入居の促進などの工夫がみられる。また，共助に変わる暮らしを支えるサポート体制の整備もある。

　3）建物や施設が老朽化し，全面的改善や民間活力の活用による建替えの推進としてPFIが利用されている（資料2）。老朽化

資料1　応益家賃・応能家賃

> **応益家賃**：住宅から得られる利益に応じて家賃を支払う。同じ住宅で同じ間取り・設備等であれば，基本として同じ家賃となる。
> **応能家賃**：住宅に住む入居者の支払能力に応じて家賃が決まる。同じ住宅で同じ間取り・設備等でも，家賃が異なることがある。

表1-3-2　1996年の公営住宅法改正の主な内容

	改正前	改正後
入居対象者	第1種公営住宅（国1/2，地方自治体1/2負担）・収入分位下から17〜33% 第2種公営住宅（国2/3，地方自治体1/3負担）・収入分位下から0%〜17%	第1種，第2種の考え方をなくし，収入分位下から0〜25%。ただし，高齢者等は25〜40%まで（地方公共団体の裁量範囲）の考え方を導入
家賃	応益家賃	応能家賃（収入に応じて家賃が異なる）の考え方を導入
供給・管理方法	直接建設・供給・管理方式	左記に加え，買い取り方式，借り上げ方式

対応の課題があり，長寿命化計画の作成がされている（コラム2）。

4）管理の効率化を目指し，**指定管理者制度**や管理代行の導入等の民間活用が行われている（資料3）。

5）公営住宅の量不足を補完するため，民間賃貸住宅の活用が行われている。既存民間住宅を1戸単位で借り上げている。また，民間賃貸住宅は，東日本大震災ではみなし仮設住宅（民間賃貸住宅の借上げによる応急仮設住宅）としても，期間を決めて利用されており，熊本地震でも活用された。また，住宅セーフティネット制度を利用した住宅要配慮者向け住宅の運用もある。

（3）**日本住宅公団**　1955年（昭和30年）に**日本住宅公団**が設立された。都市に多くの若者等が集まってきたが，不動産業が成長していなかったこの頃，大都市における広域的な住宅問題を解消するために，分譲住宅，賃貸住宅などの集合住宅および宅地等の大規模な供給を行う主体が必要であった。

そこで，日本住宅公団が大量に住宅，宅地を供給した。そして，公団が国民に対して果たした役割は，それだけでなく，日本の住まい方に大きな影響を与えた（資料4）。

日本住宅公団は，1981年（昭和56年）に，宅地開発公団と一緒になり住宅・都市基盤公団に，1999年（平成11年）には都市基盤公団（都市公団）に，2004年（平成16年）には都市再生機構（UR）となり，約75万戸の賃貸住宅の管理と，都市再生のプロデュースや震災復興などを行う組織となった。

また，全国にある地方住宅供給公社により住宅が供給された。地方住宅供給公社は，国および地方公共団体の住宅政策の一翼を担う公的住宅供給主体としての役割を果たすために，地方住宅供給公社法（1965（昭和40）年6月公布・施行）に基づき設立され，自治体の住宅政策と連携した取り組みがある（表1-3-3　横浜市の事例）。

資料4　日本住宅公団による住生活や住宅づくりへの影響

1）木と竹と紙の家から鉄とコンクリートの家，耐火・耐震構造へ
2）戸建住宅から共同住宅へ
3）ゆか座から椅子座の生活へ

1955年当時，国民の多くは，畳の上にすわり，畳の上で寝る生活をしていた。これがゆか座である。そこにDKが導入され，椅子のある暮らし（椅子座）の生活が広がっていった。

4）台所からDKスタイルへ
5）和式トイレから洋式トイレへ
6）大理石・花崗岩などのとぎだし流し台からステンレス製流し台へ
7）共同風呂から風呂つき住宅に
8）シリンダー錠
9）居住者のコミュニティ施設としての集会所
10）住宅管理人制度

はじめは，ヘルパーと呼ばれる生活指導も行う専任の管理人制度をイギリスから学び導入していた。

表1-3-3　横浜市住宅供給公社の取組み

・マンション・団地の管理組合支援
・マンション・団地の将来検討，建替え支援
・マンション・団地再生のセミナーの開催や相談，専門家派遣
・住宅の建設と分譲
・市営住宅の募集と管理
・賃貸住宅の募集と管理
・空き家相談等

資料2　PFIとは

PFI（Private Finance Initiative）とは，公共施設等の建設，維持管理，運営等を民間の資金，経営能力および技術的能力を活用して行う手法で，効率的かつ効果的に公共サービスを提供することが期待されている。

資料3　指定管理者制度

公民館・公園などの公的な施設の管理を，指定を受けた民間業者等が行う。

3・2・3　大転換の住まいの政策

(1) 住生活基本法　住まいを取り巻く環境は大きく変わってきたため，2006年（平成18年）に**住生活基本法**が公布・施行された（資料5）。

ここでいう住生活とは，住宅および住環境や居住にかかわるサービスを含む概念である。

住宅建設5箇年計画（第8期で終了）では，住宅の数や広さが主目標であったが，この法律では，国民の住生活の質の向上を目指すことを目標とし，基本理念として次の4つがあげられている。

　1．良質な住宅ストックの形成
　2．良好な居住環境の形成
　3．住宅購入者等の利益の擁護・増進
　4．国民の居住の安定の確保

(2) 住生活基本計画　住生活基本法に基づいて，全国および各都道府県では**住生活基本計画**を策定する。これは10年単位の計画で，5年ごとに見直すことになる。

全国住生活基本計画（2021年策定）では，新型コロナウイルス感染症拡大から在宅勤務等のテレワークが推進され，在宅勤務等のテレワークが広がり，職住融合・職住一体，職住近接の暮らし方や，2地域居住・多地域居住など，DXの推進と共に，新たな暮らし方や働き方への対応，ますます進む超高齢社会に備え，リースバック，リバースモーゲージ（第1部第8章参照）等の活用，空き家の利活用，中古住宅流通，住宅確保要配慮者への対応，環境への配慮などがある（資料6）。

(3) 3本柱の政策転換　住まいの政策転換は，住生活基本法だけでなく，公営・公庫・公団の3本柱も大きく転換した。2004年（平成16年）には公団が廃止され，都市再生機構（UR）になり，公営住宅は，社会資本整備総合計画の創設（2010年）であらたな展開をみせている。また，民間金融機関による長期の住宅購入の融資が可能となったことから，公庫は2003年（平成15年）から証券化支援事業を開始し，2007年（平成19年）からは住宅金融支援機構となり，住宅購入者に対する直接融資から間接融資をする機関に，つまり民間金融機関による長期固定の住宅ローンの供給を支援する機構となっている。

資料5-1　住生活基本法の目的

・住生活の安定の確保及び向上の促進に関する施策について，基本理念を定め，国及び地方公共団体，住宅関連事業者の責務を明らかにする。
・基本理念の実現を図るための基本的施策，住生活基本計画等を定める。
・国民生活の安定向上と社会福祉の増進を図り，国民経済の健全な発展に寄与する。

資料5-2　住生活基本法の内容

・良質な住宅の供給、建設、改良又は管理
・誇りと愛着をもつことのできる良好な居住環境の形成
・住宅を購入する者等の利益の擁護及び増進
・居住の安定の確保等

資料6　全国住生活基本計画（2021年策定）

【社会環境変化の視点】
目標1．新たな日常，DXの推進等
目標2．安全な住宅・住宅地の形成等
【居住者コミュニティの視点】
目標3．子どもを産み育てやすい住まい
目標4．高齢者等が安心して暮らせるコミュニティの形成とまちづくり等
目標5．セーフティネット機能の整備
目標6．住宅循環システムの構築等
【住宅ストック・産業の視点】
目標7．空き家の管理・除却・利活用
目標8．住生活産業の発展

＊2026年策定計画ではカーボンニュートラル社会の実現，より人口減・世帯減，デジタル化，災害対応等を考慮し，2050年の住生活の姿を見据えた計画を策定。

3・3 住まいのマネジメント政策

住まいをつくることを主眼においた政策から、良いものをつくり、しっかりと管理し、それを市場で循環するための政策がとられるようになってきた。

3・3・1 長寿命化への配慮

(1) **長期優良住宅法** 住宅の長寿命化をめざし、「長期優良住宅の普及の促進に関する法律」が2008(平成20)年12月5日に公布された。

耐久性、耐震性、可変性、維持管理・更新の容易性、省エネ等の一定の基準にあった住宅は**長期優良住宅**として認定を受け、税や金融の優遇が受けられる。所有者自身は住宅履歴情報(いえかるて)を蓄積し、適正な維持管理に努める必要がある(図1-3-2)。なお、長期優良住宅の認定は、新築、増築・改築、既存があり、住宅ストックの2.9%(2023年)である。

(2) **住宅履歴情報(いえかるて)** 住宅履歴情報(いえかるて)とは、住宅の設計、施工、維持管理、権利および資産等に関する情報である。住宅所有者が蓄積[1]し、リフォームや修繕、売買・賃貸、災害時の復旧などに利用する。いつ、だれが、どのように新築や修繕、改修・リフォーム等を行ったかを記録した、住まいの履歴書でもあり、かつ住まいのカルテである。これは、効率的で合理的な維持管理の実践ができ、所有者・利用者・管理者が代わっても適正に継続して管理を行うためのツールである。

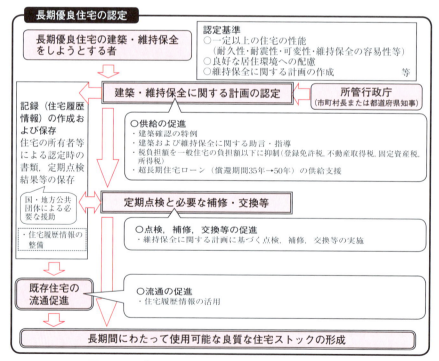

図1-3-2 長期優良住宅の普及の促進に関する法律の概要

---

1) 住宅所有者に変わり、専門機関(情報サービス機関)が預かることも可能である。

3・3・2 中古住宅流通促進

(1) インスペクションガイドライン

しっかりとつくられ，しっかりと管理されてきた住宅（中古）が市場で適正に評価されることが重要である。そのため，中古住宅の売買の取引時には建物の劣化状況，欠陥の有無，修繕すべき箇所とその時期等を調査・診断する建物状況調査（インスペクション）が必要となる。そこで国は，インスペクションガイドラインを整備した（2013年）。

(2) 情報開示の推進　中古住宅取引において，建物状況調査の有無とその結果，住宅の図面等の保存状況についての情報を開示するようにした（宅地建物取引業法　2016年改正）。しかし，開示情報はアメリカやイギリスなどに比べるとまだ少なく，内容の開示は義務ではない。

(3) 安心R住宅　中古住宅の「不安」「汚い」「わからない」のマイナスイメージを払拭し，安心な中古住宅を明示するために，①耐震性等の基礎的な品質を備えている，②リフォームを実施済み又はリフォーム提案が付いている，③点検記録等（いえかるて等）の保管状況について情報提供が行われる，①〜③が整っているものを登録事業者団体が認定する制度である。

3・4　まちのマネジメント政策

3・4・1　土地政策・都市計画

住宅・宅地不足が続いた時代には，宅地供給の促進，無秩序化の予防，地価高騰の予防のための施策が主に取られてきた。

宅地化推進のためには，「土地区画整理法（1954年公布）」，「新住宅市街地開発法（新住法，1963年公布）」等が整備され，ニュータウンをはじめとした宅地化がすすめられた。土地区画整理事業では（図1-3-3），民間事業者としての地権者による組合や会社，新住法に基づく事業では，公的施行者としての都道府県，市や公社，公団（のちUR）などによって，新規宅地化が進められた。その一方で，「都市再開発法（1969年公布）」による再開発も進められてきた。まちの開発は，こうした公的機関だけでなく，私鉄などによる沿線開発や，民間事業者による開発も積極的に行われてきた。

無秩序な市街化を予防するために市街化区域と市街化調整区域の区分（1968年，都市計画法改正），1972〜73年の日本列島改造ブームによる地価高騰などを背景に，「国土利用計画法（1974年公布）」を制定し，地価暴騰を防ぐために，土地取引に対して公的に関与できる体制を整備した。

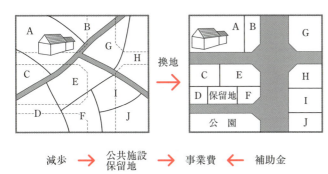

図1-3-3　土地区画整理事業の概要

資料7　土地区画整理事業

道路や公園が整備できていない土地について，土地所有者自らが土地を出し合い整備することで，使い勝手が良く，価値のある土地とする仕組みである。出し合う土地を減歩という。出し合った土地は道路や公園等の公共施設や事業費を生み出す保留地となる。

さらに、大都市地域の宅地化促進のため、「大都市における住宅及び住宅地の供給促進に関する特別措置法（大都市法：1975年公布）」、農地の宅地化促進のための「農住組合法（1980年公布）」などの制定をはじめとし、宅地化促進が続いてきた。また、「土地基本法（1989年制定）」、「総合土地政策推進要綱（1991年制定）」では、土地政策の基本理念として、公共の福祉の優先、適正な利用及び計画に従った利用、投機目的の取引の抑制、価値の増加に伴う利益に応じた適切な負担が位置づけられた。

その後、バブル経済の崩壊とともに、地価が低下し、都心部での人口が減少した。この人口回復のために、都心居住政策、都市計画法・大都市法改正などが行われている。

地価に対しては、1960年代の高度経済成長期は都市の急速な産業の集中、そのために人口の集中が促進され、地価が高騰し、土地・住宅が入手困難となり、投機的な土地取引の増大により国民経済に多大な影響があった。この地価高騰の要因の一つとして、合理的な地価形成を図るための制度が欠如しているとの認識から、不動産鑑定士制度を創設（不動産の鑑定評価に関する法律、1963年公布）し、地価公示制度が始まった（地価公示法、1969年公布）。

なお、所有者不明土地問題を契機に、2020年に30年ぶりに土地基本法が改正されている。土地の適正な利用にあわせて、管理を位置づけ、土地所有者の責任を明確にし、適正な利用や管理により、地域の活性化や安心で持続可能な社会の形成を目指している。ここでも管理の重要性が示されている。

3・4・2　都市計画からまちづくりへ

都市を、行政が主体となり、規制と誘導、事業でつくる都市計画に、住民が参加する制度が生まれてきた（例えば、1980年の都市計画法改正で地区計画制度導入など）。このことから、住民の意向を踏まえた住民参加型の都市計画、行政と住民が協働する形態、さらには、まちづくり条例やまちづくり協定など住民が主体のまちづくりが生まれてきた。

そして、道路や公園などをつくるだけでなく、日常的な管理を生活の身近なところできめ細かく行う必要があることから、ハードを主体としていた都市計画から生活とのかかわりが多く、ソフトも含めて対象とするまちづくりがより必要となってきている（図1-3-4）。

3・4・3　まちのマネジメント施策

人口世帯減少、少子高齢化、成熟型社会にあわせてまちをコンパクト化し再生する必要性が高まっている（資料8）。例えば、空き地や空き家問題も都市計画やまちづくりとの連携が求められる。

居住者が高齢のため買い物が不便、病院に行くのが不便と、行政や市場のサービスが行き届かないことから転居し、空き地や空き家になる

図1-3-4　都市計画とまちづくり

資料8　コンパクトシティ

都市機能の近接化による、歩いて暮らせる集約型まち。

資料9　立地適正化計画

立地適性化計画の策定を通じてまちなかへの機能・立地を誘導する仕組み。ほかにも、地域公共交通の活性化及び再生に関する法律、中心市街地活性化に関する法律、地方自治法の改正等が行われている。

場合がある。

そこで，人口減少したなかで，都市のインフラを有効的に供給するには，改正都市再生特別措置法（2014年）における立地適正化計画制度（資料9）などを活用した「コンパクト＋ネットワーク化」の国土計画・都市構造に転換が求められている。そのため，すべての土地・住まいを使うのではなく，都市計画との連携，例えば，都市計画マスタープランで位置づけるなど，使う土地と住宅と，使わない土地と住宅の選別が必要である。

そして，都心部の未利用地や，あるいは公的不動産（PRE：Public Real Estate）を利用し，都市の中心部や生活拠点に公共サービス・医療・福祉・商業等の生活に必要な機能を誘導する。ここには，民間の活力を利用すること（PPP）への期待が大きい（資料10）。

一方，住み慣れた地域に住み続けてもらうためには，地域包括ケアシステム（第1部第8章参照）を活用し，地域の医療・福祉と連携することや，必要なサービスを地域が提供するなどのエリアマネジメント（表1-3-5，第2部第8章参照）の実践も求められる。

SDGsのまちづくりのため，カーボンニュートラルの推進により，環境に配慮した都市開発の推進，地域でのエネルギー運営や，官民連携による公園の整備，グリーンインフラ（ESG投資）の社会実装の推進等，スマートシティ（資料11）の実現，さらに安全なまちづくりのため，レジリエンスなまちづくり，健康なまちづくり，そしてウォーカブルなまちづくり，さらにDXの活用として，デジタルトランスインフォメーションの活用，3D都市モデル，デジタル田園都市国家構想（資料12）などが，公民連携で実現することが求められている。

表1-3-4　PFIの種類

方式	建　設	所　有	維持管理	運営
BTO	民	公	民	民
BOT	民	民→公	民	民
BOO	民	民	民	民
RO	公：建設 民：改修	公	民	民

＊公：公共，民：民間
BTO方式：Build-Transfer-Operete（民間が建設し，公共に移管して，民間に管理・運営する）
BOT方式：Build-Operete-Transfer（民間が建設し，管理・運営し，のちに移管する）
BOO方式：Build-Own-Operete（民間が建設し，所有し，管理・運営する）
RO方式：Rihabilitate-Operete（民間が改修して，管理・運営する）

表1-3-5　エリアマネジメント

　地域における良好な環境や地域の価値を維持・向上させるための，住民・事業主・地権者等による主体的な取り組み。
・下線の例
① 快適で魅力に富む環境の創出や美しい街並みの形成
② 資産価値の保全・増進
③ 人をひきつけるブランド力の形成
④ 安全・安心な地域づくり
⑤ 良好なコミュニティの形成
⑥ 地域の伝統・文化の継承等
（国土交通省：エリアマネジメント推進マニュアルより）

資料11　スマートシティ

　ICT等の新技術を活用しつつ，マネジメント（計画，整備，管理・運営等）の高度化により，都市や地域の抱える諸課題の解決を行い，また新たな価値を創出し続ける，持続可能な都市や地域であり，Society 5.0の先行的な実現の場として求められる。

資料10　PPP（Public Private Partnership）

　小さな政府を志向し，「民」でできることは「民」がする。民間事業者の資金やノウハウを活用して社会資本を整備し，公共サービスの充実を進めていく手法。
　具体的には以下のようなものがある。
1．民間委託
2．指定管理者制度
3．PFI（資料2および表1-3-4で説明）
4．民営化　など

40　第1部　住まいとまち（不動産）のしくみを知る

つまり，まちを効率的に経営するために，大規模な再開発を突発的にするのではなく，計画を立案し，地域にあった方法で地域のパワーを引き出し，公と民の連携，民と民の連携など，地域内の連携，そして，都市計画・まちづくり，福祉政策，住まいの政策，農に関する政策等が連携し，まちをマネジメントすることが求められているのである。

資料12　デジタル田園都市国家構想

デジタル実装を通じて地方が抱える課題を解決し，誰ひとり取り残されずすべての人がデジタル化のメリットを享受でき，全国どこでも誰もが便利で快適に暮らせる社会を目指し，心豊かな暮らしを実現するという構想。

エピローグ

空き地や空き家の増加など，住まい・まちを取り巻く環境が変化している。そのため，行政はつくることよりもマネジメントを重視した政策へ，住まいやまちも民間や地域の活力を引き出したマネジメント政策へと変わってきている。行政は，住宅確保が困難な人への住まいの提供をはじめ，本当に困った空き家の除去も行う。しかし，基本は，国民ひとりひとりの主体的な態度，地域の主体的な態度が必要である。

コラム2　公営住宅の再生

公的賃貸住宅ストック，特に公営住宅の老朽化対策は喫緊の課題である。そこで，平成21年3月に「公営住宅等長寿命化計画策定指針」が策定され，地方公共団体はこれに基づき，管理運営する公営住宅等について，長寿命化計画を策定することができるようになった。目的は，第一に公営住宅等の将来的な需要に的確に応えるよう必要戸数を整備することで，老朽化した住宅の効率的かつ円滑な更新が必要。第二に，建物のライフサイクルコスト（LCC）を縮減することであり，それには計画的かつ早期に適切な維持管理・修繕を行うこと。事業手法の選定にあたっては，①将来推計人口，世帯総数等を踏まえた将来必要となるストック量の推計，②

団地・住棟ごとに新規整備，改善（個別改善，全面的改善），建替，用途廃止，さらに維持管理，計画修繕の2つの継続管理手法を総合的に計画する。

計画内容は，以下の通りである。1.公営住宅等長寿命化計画の背景・目的，2.計画期間，3.公営住宅等の状況，4.長寿命化に関する基本方針，5.公営住宅等長寿命化計画の対象と事業手法の選定，6.点検の実施方針，7.計画修繕の実施方針，8.改善事業の実施方針，9.建替事業の実施方針，10.長寿命化のための事業実施予定一覧，11.ライフサイクルコストとその縮減効果の算出

第4章
住まいとまちのマーケット・金融

プロローグ
　住宅の購入を考えているが，購入のための情報は何から探せば良いのか。
　安い住宅のほうが，ローンの返済額が大きくなる。どうしてなんだろうか？
　住宅を購入するとき，住宅本体価格以外にお金がかかるらしい。なぜだろうか？税金も必要らしい。どうしてだろうか。消費者として賢く住宅を購入するにはどうしたらよいだろうか。

4・1　住宅市場

　住まいは市場（しじょう，マーケット）で手に入れることが多い。よって，市場とそれを支える金融についてみていこう。

4・1・1　住宅市場とは

　住宅市場とは，住宅の供給や取引，これに関連するサービスの提供などを通じて形成される市場を指す。住宅市場には複数の区分があり，新築住宅，既存住宅，リフォームの市場，あるいは集合住宅，戸建て住宅，賃貸住宅の市場などがある。

　住宅市場規模を，取引件数でみると，だんだん減少しており，この10年ほどでは横ばいが続いている（図1-4-1）。また，住宅投資は日本経済に与える影響が大きい（図1-4-2）。

資料1　住宅市場に関する調査の事例

・住宅市場動向調査（国土交通省，2001年〜）
　注文住宅，分譲住宅，既存（中古）住宅，民間賃貸住宅，リフォーム住宅を対象として，1年間で住み替えや建替え，リフォームを行った世帯の調査を実施している。対象者数は合計6,000を超える（令和5年度調査）。調査結果でインターネットを通じた情報収集が7〜8割ある。

・他の住宅市場動向調査（住宅金融支援機構）
　一般消費者，住宅事業者，ファイナンシャルプランナー（FP）を対象にしたアンケート調査を基に住宅市場の情報公表されていた。具体的には住宅の受注・販売等の見通しや今後の重点取組事項（住宅事業者），住宅は買い時か（一般消費者・FP），住宅事業者を選ぶ際に重視するポイント（一般消費者）を年に1度公表していた（2020年度終了）。
　住宅市場動向は，当該自治体の上位計画や人口，交通，商業，産業，生活指標や自然環境など地域の特性を把握し，他の地域と比較しながら分析することも必要である。

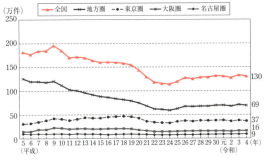

図1-4-1　売買による土地取引件数の推移
（出典：令和5年版　土地白書）

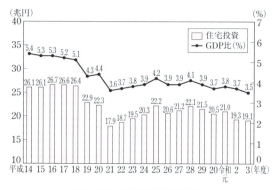

図1-4-2 住宅投資額の推移
(資料)「国民経済計算年報」(内閣府)

4・1・2 住宅情報と住情報

住宅を市場で手に入れるには、住宅に関する情報（住情報）が必要となる。住宅情報とは、販売もしくは賃貸する住宅を消費者に届けるためのもので、物件情報ともいう。実店舗やインターネット等で消費者に向けて提供されている。

一方、住情報は住宅の性能やリフォーム費用などの個別の住宅ごとに関する情報と、新築または既存（中古）住宅の探し方・選び方に関するもの、住宅の管理や修繕、消費者目線の売買に関する内容も含んだ幅広く住まいに関する情報をさす。これらの情報は不動産企業など民間企業により提供されているもの、自治体および関連機関（各自治体の公社、第三者機関等）など各公的機関により提供されているものがある。両者とも消費者に適切な情報を提供することを目的としているが、民間企業は企業への信頼感を築き、事業機会を得ることを目的に設置され、公的機関は消費者が自身の判断で住まい選びを行うための知識や情報を提供し、満足いく住まい選びを行うため、そしてトラブルを未然に防ぐことを目的に設置されていることが多い。

4・1・3 住宅の探し方

借りたい・購入したい住宅を探す方法は、発信元から届けられる情報（新聞折り込みや公共交通機関等の吊り広告、インターネット上の広告など）、または不動産の店頭を訪れたり雑誌・インターネット上で特定の企業や特集ページを閲覧するなど消費者自らで探し出す情報と大きく分けられる。

さまざまな媒体から発信される住宅の情報から、買うのか借りるのか、買う場合には新築か中古か、住環境を重視するか通勤通学のアクセスを優先するか、希望する設備が備えられているか、予算と合致するかなどさまざまな条件の中で優先順位を付けながら、自分の望む条件にあうものを絞り込んでいき、選んでいく。

生活の拠点として探す場合は、広告やホームページにある条件だけで選ぶのではなく、実際に訪問して確認することが重要である。その際は、朝から夜まで、立地する場所の状況や雰囲気、周辺の店舗や利便施設、駅やバス停からのアクセスなど、暮らしを想定して確認することが重要である。さらに行政による計画（用途地域や都市計画等）を把握することである。

4・2 住宅金融

4・2・1 住宅金融とは

住まいは市場で手に入れることになる。よって、購入時には住宅金融が大きく関係する。住宅を購入、あるいはそのための土地を購入するとき、銀行などからお金を借りて購入することが多い。借りたお金は後から少しずつ支払うローン（loan）として返済する。

このように、住宅またはその敷地の取得や、増改築に必要な資金を融資機関が貸し出すことを、**住宅金融**という。金融とは、<u>金銭（資金）の融通</u>であり、資金が不足する者と資金が余る者の両者を結び、資金が必要とされるところへ配分することである（図1-4-3）。

金融の仕組みを利用することで、私たちは住宅を手に入れることができたり、事業を実現できることになる。

4・2・2 住宅金融のリスク

住宅金融には，他の金融の場合と違って，貸す側から見れば小口で長期となるためリスクが生じる。このリスクには金利リスク，流動性リスク，信用リスクがある（図1-4-4）。

（1）**金利リスク**　お金を借りる人は，月々の返済の金額をできるだけ減らし，安定的に借りたいと考える。そのためには，借りる期間は，できるだけ長期に，そして借りた当時の金利あるいはそれよりも安く借り続けたいと願う。しかし，貸す人は反対にできるだけ短期に，そして相場に応じた金利で貸したいと考える。

金融機関は，借りたお金（預けてくれるお金も含め）の金利よりも，貸し出す金利が高い場合に利益が得られる。この最終的な**利益（利ざや）**を得なければ金融機関は成り立たない。

お金を貸す場合に，長期で固定の金利を設定することにリスクが生じることがあり，これを**金利リスク**と呼んでいる。

（2）**流動性リスク**　金融機関は，預けてくれる預金があって長期の貸し出しができる。しかし，預金者が一度に大量の預金引き出しを行うと，たちまち貸すお金がなくなってしまう。これが**流動性リスク**である。

（3）**信用リスク**　貸したお金（債権）を回収できなくなることが**信用リスク**（credit risk）といい，**デフォルト（債務不履行）リスク**，貸倒れリスクともいう。

4・2・3 住宅金融公庫の役割と変遷

日本では，住宅金融におけるリスクに対応するため，1950年（昭和25年）に**住宅金融公庫**が設立された。そして，日本の住宅・経済事情をかんがみ，融資により住宅取得，良質な住宅・住生活の確保を推進してきた。その後，民間金融機関による住宅ローン融資が可能となったことから，証券化支援事業を2003年から開始し，

図1-4-3　住宅金融の仕組み

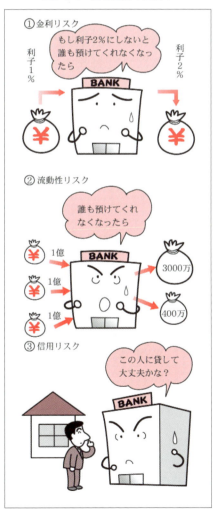

図1-4-4　住宅金融　貸す側のリスク

2007年からは住宅金融支援機構として、住宅購入者に対する**直接融資**から間接融資をする機関へと変わった（資料7、p.51）。

間接融資とは、住宅金融支援機構が金融機関の住宅ローンを買い取り、その債権を信託銀行等に信託し、それを担保として住宅金融支援機構債券（不動産担保証券、MBS：Mortgage-backed Securities）を発行し、証券化することである。そして証券市場（投資家）から債券発行代金を受け取ることによって、住宅ローン貸し出しの資金を調達する仕組みである（図1-4-5）。

現在、融資の区分に新築住宅、中古住宅という区分はなく、住宅政策実現の視点から住宅の長寿命化、質の向上の支援とともに、高齢者が安心に暮らせるように高齢者向けの支援などが行われている。

4・2・4　住宅ローンの種類

住宅ローン（表1-4-1、図1-4-6）の返済については、同じ金融機関でも、返済方法により返済額が異なる。月々の支払いのみとするのか、ボーナス時併用にするのかによって、月の返済額が大きく異なる。また、元金均等か元利均等か（表1-4-2）、また固定金利型、固定金利期間選択型、変動金利型、金利ミックス型（図1-4-7）のどれを選ぶかによっても返済額は異なる。

さらに、対象となる住宅によって融資条件が異なる場合がある[1]。例えば、中古住宅であると、借入期間が短い、借入の手続きが煩雑（住宅の性能を示す書類の用意が必要など[2]）等があり、住宅価格が安くてもローン返済の月々の支払額が高くなることもある。

住宅ローンについて、無理なく返済する計画が重要である。社会的な経済状況の悪化などから、年収減や失業により、住宅ローンの支払いができなくなった場合は、抵当権が実行され、競売によって住宅を手放すことになる。また、破産しないように前もって住宅を売却しても、住宅価格の低下により売却価格が低く、住宅ローンの残額にとどかない場合もある。こうしたケースでは住宅を手放し、かつ、まだ借金が残ることになる。

そのため、資金調達計画とともに住宅ローン返済計画をしっかりとたてることが必要である。

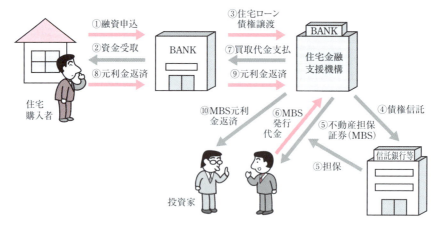

図1-4-5　証券化支援事業（買取型）スキーム

---

1) 自宅購入にあわせてリフォーム工事代も、住宅ローンが利用できる場合がある。
2) 住宅金融支援機構の中古マンションらくらくフラット35では、適合証明書を準備する手続きが不要である。

表1-4-1　住宅ローンの種類

融資主体による分け方
・公的住宅ローン
・民間住宅ローン
返済方法から見た分け方
・金利のタイプ（図1-4-7）
・元金均等，元利均等（表1-4-2，図1-4-6）
・ボーナス併用返済
・返済期間

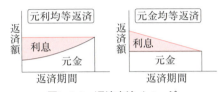

図1-4-6　返済方法イメージ

表1-4-2　元利均等返済と元金均等返済の特徴

元利均等返済	元金均等返済
①毎月の返済額（元金＋利息）が一定。 ②長期の返済計画がたてやすい。 ③元金の減少が遅い。	①毎月返済する元金が一定。そのため，毎月の返済額は一定ではない。 ②当初の返済額は多いが，しだいに少なくなる。 ③元金の減りが早く，総返済額は少なくなる。

4・3　住宅購入に伴う費用と税金

　住宅を購入すると，さまざまな手続きと費用が必要となる。不動産の売買の契約をし，土地・建物の登記，所有者の登記，住宅ローンの抵当権の登記などを行って不動産を取得し，住宅を保有することになる。これらそれぞれに税金がかかる。これは住宅購入が社会活動の1つだからである。

4・3・1　税の仕組み

　税は，私たちの生活に必要な公的サービスの費用を賄うために必要である。

　では誰がどれだけ何のために支払うのか。そこには大きく2つの考え方がある。1つは**利益説**に基づく考え方で，公共サービスを受ける対価であるためサービスを受ける人が支払う（例えば，固定資産税・都市計画税）。もう1つは**能力説**に基づく考え方で，税を支払うのは義務であるため，その支払額は能力に応じて支払う。能力には，所得，資産，消費の3つがあり，不動産は資産として代表的で高価なものであるため，取得（不動産所得税），所有（固

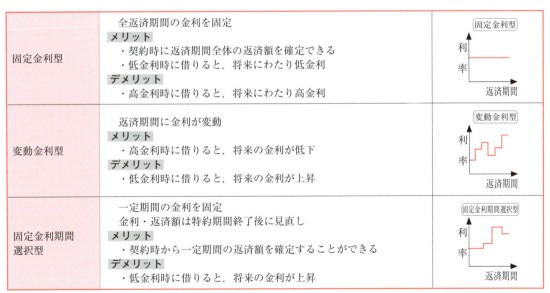

図1-4-7　住宅ローンの金利のタイプ

定資産税），処分（譲渡に関する所得税）に税がかかる。税には，国に支払うものと地方自治体に支払うものがある。また，直接税として支払うものと，消費税のように間接的に支払うもの，さらに使う目的が明確になっている**目的税**とそうではない**普通税**がある（表1-4-3）。

わが国では政策目的を実現するために原則の税負担より重課したり，減免する仕組みとして政策税制がある。例えば，住宅ローン減税や高性能住宅の減税，その一方で問題のある空き家の減税特例の適用除外などがある。

4・3・2　契約書の作成と税

住宅や土地の購入の際には，契約書や住宅ローンを借りる場合の金銭消費貸借契約書を作成し，印紙税を支払う。契約の種類・内容，記載金額によって税の支払い金額が変わる。

4・3・3　登記の手続きと税

登記には，以下の種類がある。

（1）　**表示登記**（新築住宅のみ）　住宅の形状等を，**法務局（登記所）**に登記する。これは，土地家屋調査士が行う。

（2）　**所有権保存登記**（新築住宅のみ）　住宅の所有関係（所有者）を，法務局に登記する。これは，司法書士が行う。

（3）　**所有権移転登記**（中古住宅や新築住宅でも売主名の保存登記をしている場合）　住宅所有者の変更を，法務局に登記する。これは，司法書士が行う。

（4）　**抵当権設定登記**　住宅ローンを借りるための抵当権設定を法務局に登記する。これは，司法書士が行う。

登記の際には，登記手数料を土地家屋調査士，司法書士に支払う必要がある。

なお，**抵当権**とは，住宅ローンを借りる際に担保となっている不動産を，債務者（ローンを借りている人）は使えるが，もし債務を弁済できなくなった（この場合，ローンを返済できない）場合に，その不動産から債権者（住宅ローンを貸している人）が優先的に弁済を受けることを内容とする担保物権である。

登記申請に必要な税金としては，登録免許税があり，購入した不動産の価値を固定資産税評価額（ただし，抵当権の設定は住宅ローンの借入金額等）に税率をかけて金額が決まる。

4・3・4　不動産の取得と税

不動産の取得に伴う税等には，以下の種類がある。

（1）　**不動産取得税**　住宅や土地などの不動産取得にかかる税金は，不動産取得税である。一定の要件を満たす場合[3]に，軽減措置がある。

（2）　**消費税**　不動産を購入した場合には，他の商品を買った場合と同じように消費税が必要である。ただし，土地や，売主が個人などの消費税を納める事業者でない場合はかからない。

（3）　**不動産保有の税と費用**　不動産を保有すると，継続的に支払う必要となる税金として**固定資産税**と**都市計画税**がある。

固定資産税は毎年1月1日に，市町村の固定資産課税台帳に不動産の所有者として登録されている人に課税される。対象は土地，家屋，償却資産である。都市計画税も，固定資産税と同様の方法で課税され，対象は土地と家屋である。一定の要件を満たす場合に軽減措置がある（表1-4-5）。

（4）　**そのほかの手続きと費用**　不動産売買の際に，不動産仲介業者が仲介（媒介）した場合には，仲介手数料が必要である。さらに，住

3）例えば，長期優良住宅の場合や，中古住宅取得後に耐震改修工事を実施した場合（2023.4現在）である。2022年の改正で，適用対象となる既存住宅の築年数要件が廃止され，新耐震基準に適合した住宅となる。

第4章 住まいとまちのマーケット・金融　47

表1-4-3　税の仕組み

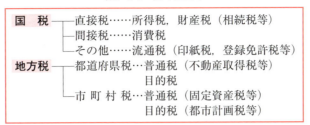

表1-4-4　住まいに関する主な税一覧

	名称	課税の対象	課税ベース	課税主体
取得	不動産取得税	土地や家屋の購入，家屋の新築・増築など（相続は除く），不動産の取得	固定資産税評価額	都道府県
	登録免許税	不動産の登記	固定資産税評価額	国
	印紙税	不動産の売買や住宅ローンの契約書など（課税文書）	記載金額	国
	消費税 地方消費税	建物の売買（個人が売主の場合を除く），仲介手数料など	課税資産の譲渡等の対価の額	国 都道府県
	贈与税	住まいの購入の際の資金援助など，他の個人からの財産の贈与	贈与を受けた財産の価額（から控除額を差引いた額）	国
保有	固定資産税	土地・家屋・償却資産	固定資産税評価額	市町村（東京23区は都）
	都市計画税	市街化区域内に所在する土地・家屋	固定資産税評価額	
売却	譲渡所得税	土地や建物の売却	課税譲渡所得金額＝譲渡価額－（取得致＋譲渡費用）－特別控除額	国，都道府県，市区町村
相続	相続税	相続した遺産	相続税路線価（宅地）固定資産税評価額（建物）	国

（出典：齊藤広子他：暮らしに活かす不動産学（2022），6章　住まいの税を支払う　放送大学教育振興会）

表1-4-5　住宅用地に対する軽減措置（住宅がある場合）

	200m² 以下	200m² 超
固定資産税	1/6	1/3
都市計画税	1/3	2/3

＊空き家を取り壊して更地にすると，上記の軽減税率が受けられないことになる。➡結果，固定資産税が6倍になる。

宅ローンを利用した場合には，融資を判断するための検査手数料として融資手数料や，住宅ローンによっては，保証会社に保証を委託することが必要で，保証料が必要になる。

そのほかに，火災保険料，地震保険料，団体信用生命保険料，水道加入料，また，マンションでは，修繕積立基金等が，また管理費や修繕積立金が毎月必要となる場合がある。

(5)　**資金を親が出す場合の手続きと税**　相続や贈与で資金を得た場合に，相続税・贈与税が課されるが，住宅取得等のためには，贈与税の非課税措置がある。

(6)　**売却時の税**　売却時に売却益（売却収入－売却に要した費用－取得価格）が出た場合は，短期譲渡所得と長期譲渡所得（資料2）に分け，他の所得と分離し，所得税，住民税が課税される（分離課税・資料3）。

資料2　短期と長期の譲渡所得

不動産の所有期間が5年以下の場合「短期譲渡所得」、5年を超える場合「長期譲渡所得」となり、それぞれにおいて所得税・住民税の税率が異なる。

資料3　分離課税

ある所得を他の種類の所得と合算せず、分離して課税すること。

4・4　住宅金融による経済影響

4・4・1　住宅投資による経済への影響

住宅金融の金利や税制度を変えることにより、住宅建設や購入への影響が生まれる。

こうした政策が行われる背景には、住宅投資は日本経済に与える影響が大きいことがあり、GDP（国内総生産）の約3.5％（2021年）を占めている。また、住宅建設の経済効果として、21.6兆円の住宅投資に対して、生産誘発額は39.8兆円（住宅に21.6兆円、住宅以外の部門での生産誘発額18.2兆円）と、約2倍の経済効果をもたらしている（図1-4-8）。

4・4・2　住宅金融による経済への影響

住宅金融は経済に大きな影響を与える。その例として、アメリカのサブプライムローン問題がある。アメリカで、2004年頃から住宅ローン専門会社などが貸し付けを増やした。このなかで、信用力の低い個人向け住宅ローンが、サブプライムローンである。

住宅価格がどんどん上がっている間は、ローン返済が円滑にいかない住宅を売却して返済をすることが可能であった。しかし、住宅価格の値上がりが鈍化した場合は、住宅の売却額が低いため、多くの個人が破産することになった。こうして住宅バブルは崩壊した。そしてサブプライムローンを担保とした証券化商品が世界中に広がっていたためその影響は国外にも広がった。この問題は、アメリカ経済だけでなく、世界的に経済の状況を悪化させた。現在の経済は世界レベルで連携しており、他国における住宅金融政策の影響が日本へもおよんだ例となった。

なお、アメリカではノンリコースローン（図

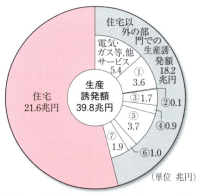

① 商業・運輸関連、② 建設、③ 衣服・食品関連、
④ 化学製品・機械・器具関連、
⑤ 鋼材・金属関連、⑥ 窯業・土石製関連、
⑦ 木材関連

（令和5年度　住宅経済関連データ　国土交通省）

図1-4-8　住宅投資による経済効果

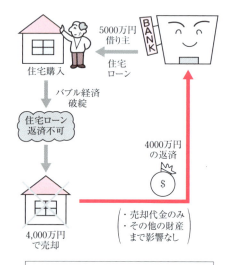

図1-4-9　ノンリコースローン

1-4-9）があり，住宅の価格が下がっても消費者が守られる仕組みがある。一方で，金融機関がリスクを負うことになる。上記の問題を踏まえ，アメリカでは住宅購入の融資の際には，融資機関と独立した不動産鑑定士が不動産評価を行う仕組みになっている。

4・4・3 不動産の証券化・ファンド

一般的な融資では，会社や個人が所有する資産や人的担保によって融資を受けることになる（コーポレートファイナンスなど）。これに対して，プロジェクトに融資する方法がある（プロジェクトファイナンス，アセットファイナンスなど）。

(1) 不動産証券化による資金調達　投資家はプロジェクトの内容を分析し，プロジェクトに投資を行い，この投資に対して，運用益が配当される。これが不動産プロジェクトに投資する直接金融である（図1-4-10）。投資ビークル（Vehicle・資料4）を利用して証券化の方法をとる場合が多い。投資ビークルとなる主体にはいろいろある（表1-4-6）。投資法人である場合は，投資法人が，不動産の運用益を投資家に分配する約定（証券）と引き換えに投資を募る。これにより，高額な不動産投資について所有権を小口化し，流動性を高めることができる。

そして，事業の透明性を高めるために，J-REIT（日本版の上場不動産投資信託：Real Estate Investment Trust，資料5）では，一般事務，資産保管，投資法人債管理などを外部に委託することが必要である（図1-4-11）。

表1-4-6　投資ビークルの種類

・民法の任意組合（NK）
・投資事業有限責任組合（LPS）
・有限責任事業組合（LLP）
・商法上の匿名組合（TK）
・合同会社（GK）　　・株式会社（KK）
・一般社団法人　　　・投資法人
・特定目的会社（TMK）
・信託（投資信託，特定目的信託）

資料5　J-REIT

投資家から集めた資金で，複数の不動産等を購入し，その賃貸収入や売買益を投資家に分配する商品。投資信託の1つである。REIT（Real Estate Investment Trust）の仕組みはアメリカで生まれ，日本ではJAPANのJをつけて「J-REIT」と呼ばれている。2001年9月から証券取引所に上場されている。

資料4　投資ビークル（Vehicle）

資産の証券化などに際して，資産と投資家とを結ぶ機能を担う組織体。資産から生じる利益を投資家に運ぶことから，乗り物や媒体を意味するVehicleと呼ばれる。

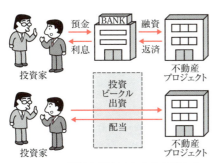

図1-4-10　間接金融（上）と直接金融（下）

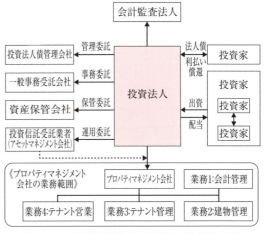

図1-4-11　不動産証券化の仕組み（投資法人型）

資料6　PM：(Property Management)

資産について，運営管理を行う。
入居者を募集し，賃貸借契約を締結する。また，入居者の管理，建物の維持管理，予算計画の作成，決算報告などの会計管理を行う。

資料7　AM：(Asset Management)

不動産の所有者から委託を受けて資産の運用を行う。また，資産全体を総合的に見て，保有資産の追加投資や売却，新規資産の取得計画を行う。

つまり，専門家による役割分担であり，このなかで，プロパティマネジメント（**PM**，資料6）は物件の管理を，アセットマネジメント（**AM**，資料7）は資産の管理を行う。

(2) **ファンド**　証券化のように，投資家からお金を集めて投資し，収益を分配する仕組みを広く**ファンド**と呼び，お金をより有効的に利用しようとする集団および仕組みを示す。このとき，資金を集め証券化する際に，特定不動産を対象とする場合は資産流動化型の証券化，特定の不動産を対象としない場合は資産運用型（ファンド型）の証券化となる。この集団は，不動産に投資する際，得体のしれない不動産に投資する訳にはいかないため，**デュー・ディリジェンス**（Due Diligence：詳細調査）を行う。さまざまな専門家によって，法的側面，経済的側面，物的側面を調査する（図1-4-12，表1-4-7）。その結果をもとに，不動産鑑定士が評価をし，格付け機関が格付けを行う。

(3) **クラウドファンディング**　多数の人から少額の資金を集め事業を行うことである。不動産では**クラウドファンディング**に対応した小規模不動産特定共同事業が不動産特定共同事業法（出資を募って不動産を売買・賃貸等し，その収益を分配する事業を行う者を許可制とし，業務の適正な運営の確保と投資家の利益の保護を図る・1994年に制定）を2017年に改正し創設

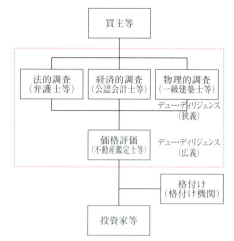

図1-4-12　デュー・ディリジェンスにおける専門家の役割

表1-4-7　デュー・ディリジェンスの項目

法的調査の内容
・権利関係調査（所有権，借地権，私道，担保の状態など）
・賃貸契約調査（入居者との契約関係など）
・遵法関係調査（建築基準法，消防法など）
・占有関係調査（境界など）
・訴訟関係調査（訴訟・紛争の履歴など）

経済的調査の内容
・不動産市場の調査分析（立地条件，地域特性など）
・不動産経営調査（入居者，入居率・賃料推移，賃貸収入や運営の支出のキャッシュフロー・売却見込み価格など）

物的調査の内容
・土地の状況調査（立地状況，接道状況，地盤強度など）
・建物の状況調査（管理状況，修繕履歴，劣化診断，耐震性，遵法性など）
・環境調査（土壌汚染，アスベスト・PCB等の調査など）
・地震リスク，将来の修繕更新費用・再調達価格の試算等
・キャッシュフロー：お金の流れ，キャッシュフロー＝キャッシュイン（入ってきた現金）－キャッシュアウト（出ていった現金）

されている。

(4) 金融面から資産価値の向上へ 日本でも証券化，ファンドなどの流れから，不動産の価値を正しく評価しようという流れがでてきた。また，中古住宅を含めて不動産を対象とした融資にはその価値を正しく評価することが必要である（資料8）。今までは，住宅は築20年で価値はゼロと考えられてきたが，修繕やリフォームをすることで，価値を維持向上させる事例が増えている。それが正しく評価されることが重要である。

エピローグ

　不動産を賢く購入するためには，自分の生活や仕事の条件に合うもの，自分の価値観にあう物件を探し，見つけることが大事である。さらに無理ない金銭負担を選択することが必要である。そのための情報を多面的に総合的に公的機関などから入手することが重要になる。

　住まいの購入のための融資は，対象住宅等により条件が異なることがある。また，不動産の取得，保有，売買等には，消費税のほかに，取得税をはじめとしたさまざまな税金がかかる。初期にかかる費用だけでなく税や維持管理の費用（ランニングコスト）も考慮する必要がある。また，税のほかにもさまざまな費用がかかる。

　税の支払いが必要となるのは，不動産は資産であり，それに伴う行動は社会活動でもあるからである。

　不動産の価値は，金融面と大きくかかわりがあり，その手法も大きく変化してきている。

資料8　住宅金融公庫の融資制度の変遷

1950年	住宅金融公庫設立，個人住宅・賃貸住宅資金融資開始
1957年	中高層耐火建築物・災害復興住宅の融資制度
1969年	市街地再開発事業等融資制度
1970年	マンション購入資金融資制度
1976年	中古住宅購入資金融資制度
1979年	ステップ償還制度（当初5年は低く，その後上昇）
1982年	住宅債券制度（住宅購入資金積立制度）
1984年	マンション共用部分リフォーム融資（マンションの共用部分リフォーム工事を行う場合に利用できるリフォームローン）
1987年	都市・田園複合居住用住宅融資制度（セカンドハウス融資）
1988年	親孝行ローン（本人の居住なしでよい住宅ローン）
1994年	優良中古マンション融資制度
1995年	災害復興住宅融資（マンション共用部分補修（管理組合申込み）：地震などの自然災害などにより被災したマンションの共用部分を補修する際に利用できる融資。被災したことを証する地方公共団体が発行した「り災証明書」が交付されている管理組合対象。） 災害融資（東日本大震災以外）対象リフォーム
1996年	住宅の質による金利区分の導入 バリアフリー住宅 耐久性能の高い住宅 省エネ性能の住宅
2000年	新築住宅の償還期間を35年以内に1本化 マンション修繕債券積立制度 都市居住再生融資
2000年	優良中古住宅に新築並の融資
2001年	高齢者向け融資特例制度 まちづくり融資（高齢者向け特例）旧「都市居住再生融資」
2003年	証券化支援事業スタート
2007年	住宅金融支援機構へ 長期固定金利型住宅ローン【フラット35】の本格的スタート
2008年	マンション共用部分リフォーム融資〈高齢者向け返済特例〉（マンション管理組合が共用部分のリフォーム工事を行うに当たり，一時金を負担する高齢の区分所有者（借入申込時満60歳以上の方）が利用）
2009年	長期優良住宅「フラット50」，10割融資や借換融資等 りバース60（60歳以上が利用可能なリバースモーゲージ型住宅ローン）
2011年	災害復興住宅融資（マンション共用部分補修（管理組合申込み）【東日本大震災】 （東日本大震災で被災したマンションの共用部分を補修するためのリフォームローン） 災害復興宅地融資（管理組合申込み）【東日本大震災】 （東日本大震災で被災したマンションの宅地を補修するためのローン） 家賃返済特約付フラット35制度
2012年	フラット35（リフォーム一体型）
2016年	フラット35（リノベ）
2022年	グリーンリフォーム（省エネリフォーム）ローン

52　第1部　住まいとまち（不動産）のしくみを知る

コラム3　金利・返済期間等の違いによる返済額の違い

太郎さんは，3000万円の住宅ローンを組んで住宅を購入する。①金利が2.2%のとき，元利均等返済で，ボーナス併用にせず，35年の返済期間の場合は，毎月の返済額は102,480円になる。②金利が4%のときは，毎月の返済額は132,810円となり，月々の支払いが約3万円もちがう。さらに，ボーナスで，ローンの半分を返却する場合，③金利が2.2%のとき，元利均等で35年返済期間では，毎月の返済額は51,240円で，ボーナス時返済額は308,385円となる。④金利が2.2%で，返済期間を20年にすると，毎月の返済額は154,620円となり，①の35年の場合よりも5万円以上も月々の返済が高くなる。

コラム4　DX化が進む不動産取引

DX（Digital Transformation）は，ICT（Information and Communication Technology）の導入によって利便性を高め，これにより人々の生活をより便利に，豊かにしていくことを目指すもので，近年急速に進められている。

不動産業界においても同様であり，web上での情報発信や情報の管理などの管理部門，契約書の作成やVR（Virtual Reality）を用いた内覧，契約の際の重要事項説明なども行われるようになっている。

重要事項説明は，以前は対面で行うことが義務づけられていた。しかし2017年からオンラインによる説明が賃貸取引で可能となり，2021年からは売買取引も可能となった。2022年には宅地建物取引業法の改正により，契約書の電子契約が可能となった。これにより不動産の契約行為は全てオンラインでできるようになった（ただし双方の通信環境や手続き上の取り決めがある）。

これらの背景には，社会実験により一定の条件下であれば手続きに問題が無いことと有用性が認められたことや，コロナ禍において取引が停滞した際に非接触で手続きできる手法が求められたことがある。

コラム5　アメリカのマンションの監査制度

アメリカでは，マンションの管理組合の監査の仕方を州法で定めている場合がある。公認会計士が行う（11州），独立した監査人（11州）等である。対象となるマンションは，住戸数による場合（6州），組合の年間収入または予算による（6州），区分所有者の議決による（5州）である。

具体的には，カリフォルニア州（Common Interest Development Act　第5305項）では，年間収入が$75,000を超過する組合の財務諸表について公認会計士が監査を行うこと，コロラド州（Colorado Condominium Ownership Act 第303項）では，年間収入が$250,000以上の場合または1/3以上の所有者から要求があった場合に，組合と独立した公認会計士が監査を行うことと規定されている。

第5章
住まいとまちのマネジメントに係わる専門家

プロローグ
　住まいがほしいのだけれど，どんな住まいがあるのかな？
　住まいを買うのにいろいろな人が登場するけれど，いったい何をする人なのかな？
　買ってからも，さまざまな人が登場するがなぜかな？

5・1　住まいの供給と不動産業

　住まいを手に入れるのは，相続や親から提供されることを除くと，多くは市場を通じることになる。つまり，買うか，または借りることになる。ここでは，買う場合についてみていこう。買うのは消費者であり，住宅を提供するのは供給者になる。戸建住宅とマンションに分けて供給の方法と供給者をみていこう。

5・1・1　戸建住宅の供給

　新築の戸建住宅を買う場合と，中古の戸建住宅を買う場合があるが，新築住宅でみていこう。

(1) **戸建住宅の供給方法**　戸建住宅（新築）には，注文住宅，建売住宅，売建て住宅の3つの場合がある。
　注文住宅とは，住み手が自由に好みの住宅を注文し，建てる場合である。
　建売住宅とは，不動産業者が土地を購入し，その上に住宅を建設し，住宅と土地を一体として販売する場合である。この場合は，不動産業者にリスクが生じる。例えば，なかなか売れない場合，管理に手間がかかるだけでなく，その住宅は中古住宅となり，さらに売りにくくなる。また，中古住宅として購入した購入者にとっても，新築住宅に比べて融資や税が不利になる場合がある。
　そこで，このようなリスクを回避し，かつ消費者の意向を踏まえて住宅をつくる方法として，「建築条件付き」あるいは「売建て」と呼ばれる方法がある。供給者からみれば，土地（宅地）を売ってから建物を建てる方法である。消費者からみれば，土地を買い，決まっている住宅の建設会社で好みの間取り等を選択する等し，家を建設する方法である。

(2) **戸建住宅の工法**　戸建住宅には，木造の在来工法の住宅と2×4工法（ツーバイフォー工法，あるいは枠組壁工法）の住宅，住宅メーカーによるプレハブ工法の住宅などがある。
　在来工法とは，土台や柱，梁などを用いて組み立てる日本の伝統的な建築工法で，在来軸組工法，木造軸組工法ともいわれる（図1-5-1）。
　2×4工法とは，2インチ×4インチなどの大きさの規格化した枠組材に構造用合板をくぎ打ちし，壁や床などの建物の構造をつくる工法である。
　プレハブ工法とはプレハブリケーション工法の略で，あらかじめ工場生産された部材（床，壁，天井など）を現場で組み立てる工法である

（図1-5-2）。

それぞれの工法で住宅をつくる人，そして，売る人がいる。また，世界にはその土地の気候，風土，文化，材料などから多様な住宅がある（図1-5-3）。

(3) **不動産業と建設業者**　建売住宅の場合は，土地と住宅を不動産業者から購入し，売建ておよび注文住宅の場合は，土地を不動産業者から購入し，建物を建設業者（工務店や住宅メーカーなど）から購入し，住宅を取得する。この場合，土地は不動産業者と**売買契約**を，住宅は建設業者と**請負契約**を結ぶことになる（表1-5-1）。

不動産業者と建設業者は異なる役割で，異なる法律によって規制されている。

(4) **不動産業者と宅地建物取引業者**　不動産業者には，土地や建物の売買・賃貸借の媒介（仲介）などを業（仕事）として行う宅地建物取引業（宅建業）と，不動産開発業，不動産賃貸業，不動産管理業がある。宅地建物取引業を行う場合は，国土交通大臣もしくは都道府県知事の免許が必要で，また，業務に関してさまざまな約束事が**宅地建物取引業法**で定められている（図1-5-4）。

住宅を売買・賃貸借の仲介等をする不動産の専門家を通常，**宅建業者**という。宅建業者は，業として行うために宅地建物取引業法に従い，**宅地建物取引士**（国家資格：表1-5-3）を置き，免許を取得する必要がある。宅地建物取引士は，不動産の取引前に，消費者に対して，契約後に「こんなことを知っていたら買わなかったのに・・」ということがないように，不動産に関する取引に重要なことを書面にし，契約までに説明を行う専門家である。宅地建物取引士の国家試験の内容は宅地建物取引業法，民法，建築基準法，都市計画法などが中心になっている（表1-5-2）。

アメリカの不動産取引の専門家と比較する

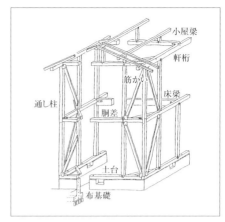

図1-5-1　木造在来工法

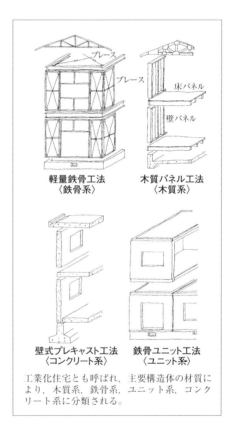

工業化住宅とも呼ばれ，主要構造体の材質により，木質系，鉄骨系，ユニット系，コンクリート系に分類される。

図1-5-2　プレハブ工法の住宅

と，日本では，① 資格にランクがない，② 資格取得のための試験内容は，法が中心である，③ 不動産業に携わる人全員が資格を保持する必要はない，という特徴がある。アメリカでは不動産会社に勤める人は全員資格を持ち対応

第5章　住まいとまちのマネジメントに係わる専門家　55

上左：モンゴルのパオ　　上右：イタリアの白壁の家
下左：カナダの2×4の住宅　下右：イギリスの石の家

図1-5-3　世界の多様な住まい

表1-5-1　新築戸建住宅の入手方法

販売方法	住宅	土地
注文住宅	請負契約	売買契約
建売住宅	同時に購入 住宅と土地の売買契約	
売建て住宅 (建築条件付き)	土地を購入し住宅を取得 請負契約	売買契約

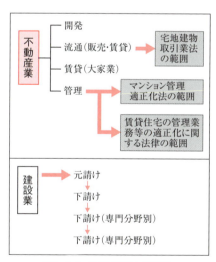

図1-5-4　不動産業と関連法

表1-5-2　アメリカと日本の不動産業の資格取得試験

	アメリカ・カリフォルニア州		日本：宅地建物取引士 大学教育必要無
	ブローカーライセンス*	セールスパーソンライセンス**	
不動産原理（principle）	△	●	
不動産実践***	●	●	
不動産評価・鑑定	上級△	△	□
不動産の法律	●上級△	△	●
不動産金融	●上級△	△	□
不動産経済	○	△	
不動産管理	△	△	
一般会計	○	△	□税
ビジネス法	△	△	
エスクロー会社の業務内容	△	△	
モーゲージローン	△	△	
不動産コンピューター応用	△	△	
CID（コモンのある住宅地開発）	△	△	
不動産事務所の統括，経営	△	△	
土地・建物	—	—	□

●必修　○選択必修　△選択　□合計で全体の10％
*　ブローカーライセンス：不動産業開業のための資格
**　セールスパーソンライセンス：不動産業に携わるために必要な資格
（受験資格を得るための必要な大学レベルの教育）
***2024年より，居住支援に関する項目も追加

5・1・2　マンションの供給

次に，新築マンションを購入する場合をみてみよう。

（1）**マンションの分譲会社**　売り主であるマンションの分譲会社（A宅建業者，分譲会社は開発をすることから**ディベロッパー**，ディベと呼ばれる）は，どのような手順でどのような人と協力をしながらマンションをつくり，売るのだろうか。

マンションの供給フロー（図1-5-5）は，土

し，資格にランクがあり，資格取得のために求められる知識も幅広い。

なお，住宅を建設するのは建設業であり，建設業法に従う。

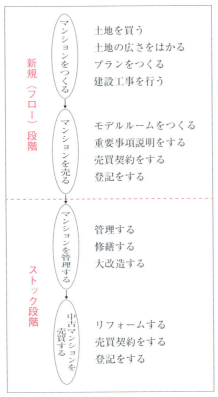

図1-5-5 分譲マンションの供給フロー

地を探し，どんなマンションを建てようかと企画・計画し，プランが決まれば設計し，建物を施工し，分譲する。設計を他の会社（F設計会社）に依頼することもあり，依頼された設計会社からより専門的な構造設計や設備設計の会社に依頼する場合もある。建物の施工は建設業者（G）に依頼し，そこから下請け会社，さらに孫請け会社に依頼されることも多く，現場では重層構造で業者が働いている（図1-5-6）。

一般的には建物完成より前に分譲を行うことが多いため，購入者が図面だけで購入を判断することは難しいため，モデルルームが作られることがある。分譲会社自らが販売することもあるが，代理販売する他の会社（B宅地建物取引業者）が販売業務を行うことがある。

(2) **マンションを取り巻く不動産業者** 管理はC管理会社が行う。中古で売買する場合には，D不動産会社等（宅建業者）が行い，住戸を賃貸に出す場合は，E不動産会社等（宅建業者）が行う。

このように，不動産業といっても，マンションの「**開発**」をする会社，販売・売買を主とする「**流通**」の会社，あるいは「**管理**」をする会社，また「**賃貸**」を主に行う会社，これらを総合的に行う会社がある。またこのうち，宅地建物取引業法が対象とするのは，流通を行う会社である（図1-5-4）。

(3) **マンション管理の専門業者** 完成した住宅を管理するのは，一般に戸建住宅は個人で行うが，マンションの場合は専門の不動産管理業者が行うことが多い。これを**マンション管理業者**という。

マンション管理業者は通常，**マンション管理会社**と呼ばれ，共用部分の清掃，管理員の派遣，管理組合運営のサポート，設備の点検，修

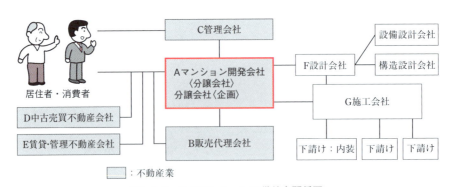

図1-5-6 分譲マンションの供給者関係図

第5章　住まいとまちのマネジメントに係わる専門家　57

表1-5-3　不動産に係わる専門家

資格名	分野	資格*	概要
宅地建物取引士（宅建士）	流通	国家	宅地・建物の売買，交換，その代理や媒介による取引が成立する前に，相手側に重要事項の説明をする。宅地建物取引業を行うためには，従業員5名に1名以上の割合で宅建士をおくことが義務づけられている。業務独占資格。
マンション管理士	管理	国家	区分所有者や管理組合に必要な指導，助言，アドバイスをする。名称独占資格。
管理業務主任者	管理	国家	管理組合に委託契約前に重要な事項の説明を行い，契約後は報告などを行う。管理業を行うためには，委託を受けている30組合に対して1名以上の管理業務主任者をおくことが義務づけられている。業務独占資格。
賃貸不動産経営管理士	管理	国家	賃貸住宅の管理受託において重要事項の説明および書面の交付やオーナーへの定期報告等を行う。営業所又は事務所ごとに業務管理者として1名以上置くことが義務付けられている。
不動産鑑定士	鑑定	国家	土地・建物等の不動産を鑑定し，その適正価格を評価する。業務独占資格。
司法書士	登記	国家	不動産の登記申請の代理などを行う。業務独占資格。
土地家屋調査士	登記	国家	土地や家屋の調査・測量を行い，建物や土地の表示の登記の代理などを行う。業務独占資格。
フィナンシャルプランナー	資産	団体	総合的な資金計画を立て，住宅購入の資金準備や住宅ローンの見直し等の相談に応じる。
住宅ローンアドバイザー	融資	団体	公正な立場で，住宅ローンについて的確なアドバイスや情報提供を行う。
マンションリフォームマネージャー	リフォーム	団体	マンション専有部分のリフォームの提案や設計，工事の調整，施工管理などを行う。

＊資格：国家資格，団体：団体認定資格

繕のアドバイスなどを行う。マンション管理業者は，マンション管理適正化法（マンションの管理の適正化の推進に関する法律）に基づき，国に登録を行う必要がある。登録には，**管理業務主任者**（国家資格）を置くなどが必要である。マンションの管理には，管理組合の運営に関する知識，建物の維持管理に関する基本的な技術，経営・会計業務など，他の不動産業とは異なる知識・技術が求められるため，専門家の設置が求められている。また，マンションの区分所有者や管理組合に指導・助言・アドバイスをする専門家として**マンション管理士**がいる。

5・1・3　賃貸住宅の管理

　賃貸住宅の管理も専門家が行うことになる。家主から依頼を受けて賃貸住宅管理業務（賃貸住宅の維持保全，金銭の管理）の事業を行う場合には賃貸住宅の管理業務等の適正化に関する法律（賃貸住宅管理業務適正化法，2020年公布）に基づいて国に登録する必要がある。この場合に，家主から住戸を借り上げる業者（転貸業者，あるいはサブリース業者）も含まれる。管理戸数が200戸未満は任意である。国に登録する場合は賃貸不動産経営管理士等を置く必要がある。賃貸住宅を経営する家主や居住者を守るための制度が整備されている。

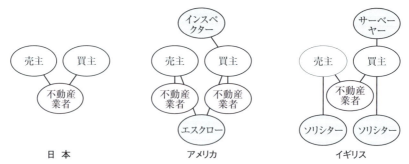

日本では，中古住宅取引に関与する専門家が少ない。特に，買主側の人が少ない。
図1-5-7 日本の中古住宅取引制度の特徴—関与する専門家の違い—

5・1・4 不動産に係わる専門家

他に不動産にかかわる専門家として，不動産鑑定を行う**不動産鑑定士**，登記に係る**土地家屋調査士**や**司法書士**，金融に係るファイナンシャルプランナーや住宅ローンアドバイザーなどがある（表1-5-3）。

このように，不動産業とそのまわりには，不動産を取り扱う多様な業者と専門家が存在している。

5・2 中古住宅流通の専門家

中古で住まいを購入する場合についてみていこう。

5・2・1 中古住宅の取引における専門家

(1) **不動産業者** 日本では，「住まいを購入する」といえば，新築住宅を購入する，あるいは建てることが多く，住宅取引のうち中古住宅取引は約15％（2018年）である。しかし，イギリスでは取引の約9割が中古住宅，アメリカ，フランスでは約8割である（図1-2-13参照）。こうした現状は不動産の取引制度，なかでも中古住宅の取引制度の違いから生じている。

1つには，中古住宅取引が多い諸外国では，日本の住宅取引に立ち会う専門家と異なり，多様な専門家が関与し，相互に専門的な視点から

資料1　アメリカとイギリスの中古住宅取引制度　取引時の専門家

> 🇺🇸 アメリカでは，買主・売主側の両方それぞれに不動産業者が代理人となる。買主は自分の意志で購入予定の住宅の検査をインスペクターに依頼する。契約関係をチェックし，取引が適正に進むようにするのはエスクローである。
>
> 🇬🇧 イギリスでは，中古住宅取引における不動産業者の関与は1社であるが，買主は，購入予定の住宅の傷みの把握，それを踏まえての価格評価をサーベーヤーに依頼する。さらに，売主と買主のそれぞれの代理人として，契約を進めるのは，事務弁護士（ソリシター）である。

表1-5-4　日本の中古住宅取引制度の特徴—取引時の情報の違い

	日本	アメリカ			イギリス
	重説契約書	契約書(合意書)	TDS(売主)	PR(行政)	SR(買主)
建物修繕履歴・劣化度	△	◎	◎	×	◎
修繕箇所の費用負担	×	◎	×	×	△
住環境ハード	×	×	◎	◎	◎
住環境ソフト・管理	△限定的	◎	◎	◎	×
住環境ソフト・近隣	×	×	◎	×	×
価格査定	×	×	×	×	◎

注．TDS：売主への不動産に関する質問（不動産業者が開示する）
PR：パブリックレポート（行政が発行する）
SR：サーベーヤーレポート（サーベーヤーが作成する）
◎：該当する項目あり，△：一部またはケースにより該当項目あり，×：該当項目なし

安全な取引を図る（図1-5-7）。

アメリカではインスペクター，エスクロー，イギリスではサーベーヤー，ソリシター，フランスやドイツでは公証人などの専門家が取引に関与する（資料1）。

2つめには，諸外国における取引制度の違いとして，日本の住宅取引時の情報よりも多くの情報が開示されている（表1-5-4）。具体的には，アメリカやイギリスでは，住宅の傷み度や修繕履歴，何年後にどんな修繕が必要かという情報，生活する上でのさまざまな住環境の情報，それに基づく適正な不動産評価，価格設定がされているのかを見極める情報が，消費者，特に買主に開示される制度である（図1-5-8）。

(2) **建物検査員（インスペクター）**　日本では，中古住宅売買時に建物状況調査（インスペクション）を行うことはまだ多くない。アメリカでは，中古住宅売買には買主の意思でインスペクションをすることが多い。建物検査員（**インスペクター**）は，2～3時間かけて建物を検査し，建物の物的状況を示す建物検査報告書を提出する（表1-5-5）。また，建物状況調査は住み手自身が建物の傷みの把握のために行うこともある。

日本も中古住宅取引にインスペクションを取り入れていくために，国がインスペクションガイドラインを作成し，重要事項説明の項目としている。

(3) **サーベーヤー**　イギリスでは，不動産学の専門教育を終了した**サーベーヤー**が建物を検査する。アメリカのインスペクターとの大きな違いは，建物の検査だけでなく，不動産の鑑定評価を行うことである。

図1-5-8　日本とアメリカの中古住宅取引制度の違い

表1-5-5　アメリカのインスペクション例

約2時間かけて以下のことを行う。

庭から屋根，境界の確認，庭の状態や水はけの把握，フェンス，電気などの配線，外の配管，外の電気コンセント，屋外水道圧のチェック　➡　建物全体の外観の目視によるチェック（シロアリ，木の傷み，窓，軒下，ガスの元栓などの確認）　➡　屋根へ，瓦の状態などのチェック　➡　温水器，地震対策に関する状態の把握，ガレージ，安全装置の確認　➡　住宅内に入り，廊下，キッチン，リビング，寝室などのすべての部屋の電気の状態，材料などの確認。煙探知機，酸素探知機，チムニーのカバーの状態の把握　➡　エアコン，ヒーター，ブレイカー付きコンセント，トイレ，階段の手すりの状態，電気照明，天井の状態（雨漏りのあとなどの把握），冷暖房器具などの確認　➡　屋根裏の確認，電気系統，配管，断熱材，害虫の確認など

図1-5-9　インスペクションの様子

5・2・2 専門家による情報の生成と開示

(1) 取引時の情報 アメリカでは，取引時に示される情報として，買い付け合意書（Residential Purchase Agreement）とし，詳細な内容を決めた契約と，住宅所有者（売主）から契約に伴う物件情報開示レポート（TDS：Transaction Disclosure Statement）が開示される。

行政による住宅履歴情報の生成，蓄積，開示として，パブリックレポート（PR：Pubic Report）の発行がある。また，不動産情報は，住所あるいはID番号や固定資産税番号で管理される仕組みがあり，情報が一元化されている。

諸外国では取引に多くの専門家が関与し，情報を生成し，蓄積，必要に応じて消費者に開示する。

表1-5-6 アメリカと日本の不動産情報の相違
―MLSとレインズの比較

○：該当項目ある，△：物件による

		アメリカ	日本
		MLS	レインズ
建物性能	所在（特定できる）	○	―
	寝室数・間取り	○	△
	面積	○	○
	築年数	○	○
	設備の状態	○	―
	劣化状態	―	―
	建築様式	○	―
	修繕履歴	―	―
	リフォーム履歴	―	―
土地	敷地面積	○	○
	土地安全性	―	―
住環境	立地図	○	―
	学区	○	―
	地域特性	―	―
	管理費	○	○
	修繕履歴	―	―
	規約の内容	―	―
価格妥当性	価格	○	○
	売買履歴	○	―
	価格査定／近隣物件	―	―
	固定資産税	○	―

(2) 情報へのアクセスの容易性 アメリカでは，MLS（Multiple Listing Service：不動産情報システム）が普及し，多くの物件が網羅され，いつでも一般消費者は売り住宅の情報に無料でアクセスでき，多くの情報を入手できる。そこには築年数・広さ等の基本情報や過去の売買価格等が記載されている。MLSでは不動産業者のみがみられる項目は手数料等に限定されており，不動産業者と一般消費者が概ね同じ情報を取得でき，消費者が主体的に情報を入手し，購入の判断ができる。

MLSを参考に，日本でもレインズ（Real Estate Information Network System）が整備されているが，それにアクセスできるのは不動産業者のみで，項目も大きく異なる（表1-5-6）。

また，アメリカやイギリスでは成立した売買価格が登記にも記載されることから，消費者自身が過去の取引や周りの住宅取引状況から，価格の妥当性を判断することができる。このように，消費者が容易に，主体的に情報にアクセスできる仕組みが整っている。

5・3 多様な不動産業

多様な不動産に関わる専門家をみてきた。不動産を業とするなりたちをみておこう。

5・3・1 不動産業の歴史

江戸時代には，都市部では豊かな豪商や富豪が長屋を持ち，大家（管理人）を雇用し，賃貸住宅の経営を行う。この大家は，土地や建物の管理や賃料の徴収，居住者の生活の世話も行う，いまの賃貸住宅管理業の初めである。

1867年の大政奉還により武家政治が終わり，1869年に版籍奉還として大名がもっていた土地（版）と人民（籍）を国家に所属させた。1872年には土地売買を可能とし，1873年には地租改

正を行い，所有権を確定し，それに伴い地価の3％を税率として納める体制ができた。このように，土地の私有が認められ，土地の売買の仲介を専門的に扱う業が確立した。

不動産業は基本的には誰でもできる業であったが，不動産取引にまつわるトラブルも多くあったことから，1952年に宅地建物取引業法ができ，宅地建物取引業者として免許制となった。免許には宅地建物取引主任者を10名に一人以上置く（昭和55年宅建業法改正）ことであったが，その後法改正により5名に1人以上（昭和63年宅建業法改正），宅地建物取引士と名称が変更になっている（平成26年宅建業法改正）。

5・3・2　不動産に関する多様な業態の登場

不動産に関するコンサルティング業，不動産証券化関連サービス業，不動産プロデュース業，買取再販業等がある。買取再販業とは，中古のすまいを購入し，リフォームやリノベーションを実施し，販売する業である。さらに，空き家を専門に取り扱う不動産業者もいる。空き家を安く借りてリノベーションし，賃貸する等，不動産と他業種との連携から新たな業態が出てきている。

エピローグ

住まいには，戸建住宅・マンション，新築・中古住宅などがあり，住宅の入手方法にも注文住宅，建売住宅などがある。

住まいを提供するのは主に不動産業者であるが，取引の相手がすべてが不動産業者とは限らない。住まいをつくる建設業者と取引することもある。

また，不動産の開発，販売，賃貸，管理，登記，鑑定などに係わる多様な専門家がいる。不動産の取引きには，その特殊性から，多様な専門家に支えられている。

コラム6　アメリカのマンションのオンサイト・マネージャー

アメリカのマンションでは管理会社への業務委託が約4割，「現地スタッフ」のみ雇用が約3割，他は自主管理が約3割である。現地スタッフのみでも，オンサイトのマネージャーが多様な現地スタッフを統括し，管理をする。オンサイト・マネージャーの職務範囲は，マンションの規模や性格，管理会社への管理業務委託の有無などにより異なるが，①運営管理に関して：議案書，議事録の作成，理事会・委員会の議事進行の補佐，②維持管理に関して：清掃・修繕箇所の指示など日常の維持・管理の監督，備品の購入，③日常管理に関して：入居者参加のパーティの開催，ニュースレターの作成などである。教育は，管理会社の協会（Institute of Real Estate Management）やCAI（Community Associations Institute）等で得ることができる。カリフォルニア州では，州が認定する30時間以上の教育課程を修了し試験に合格すること，CAIでは　コミュニティマネージャー教育とし，オンサイト・マネージャー育成をしており，初級（実務経験無）コースは2.5日の講習で2時間の試験。他に2年間実務コース，5年間実務コース，10年間実務コースと，実務経験によって資格取得の受験資格が異なる。

コラム7　不動産業への期待

2019年4月に社会資本整備審議会産業分科会不動産部会により「不動産ビジョン2030」が発表された。ここでは「不動産は，我が国の豊かな国民生活，経済成長等を支える重要な基幹産業」としている。少子高齢化や人口減少が進展し，空き家・空き地等既存ストックの活用の一層の必要性，自然災害の脅威の中での住まいの安全性の確保など多様な課題を抱える我が国において，現実的な将来として想起しうる2030年をターゲットとした，官民共通の中長期ビジョンとして策定された。

ビジョンでは，不動産は住まいに関する国民の多様なニーズに的確に応え，国民の豊かな住生活を支える産業となることが期待されるとし，個性ある地域づくりを進めていく重要性を説いている。そしてさまざまな活動の基礎となる人の交流を促し，そのための「場」づくりが重要であり，不動産業はこのような場を創造し，活用を促し，マネジメントする産業となることが期待されている。

このための官民共通の目標として，以下の内容について示している。
① 「ストック型社会」の実現
② 安全・安心な不動産取引の実現
③ 多様なライフスタイル，地方創生の実現
④ エリア価値の向上
⑤ 新たな需要の創造
⑥ すべての人が安心して暮らせる住まいの確保
⑦ 不動産教育・研究の充実

さらに官民それぞれについて不動産に対して注力すべき役割を具体的に示している（図）。以上から，不動産業は身近な地域の人々の暮らしやさまざまな活動に寄り添い，まちの課題を緩和し魅力を向上させる，まちづくりの担い手として重要な役割を担う必要性が指摘されている。

コロナ禍を経て身近な地域の見直し，そして働き方・働く場所への関心が一層高まる中，その役割を担うことは一層急務である。

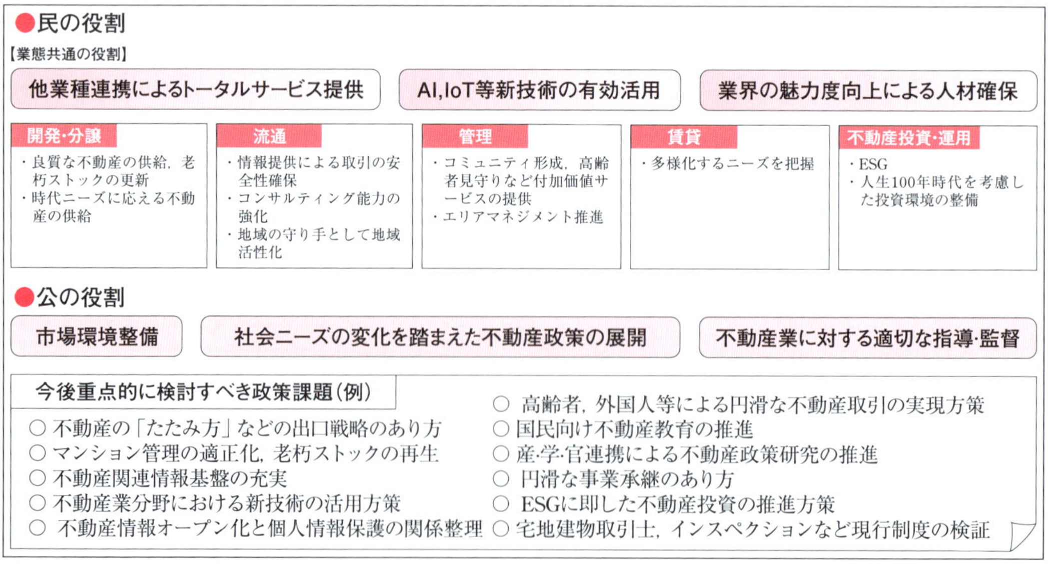

●民の役割
【業態共通の役割】

他業種連携によるトータルサービス提供	AI,IoT等新技術の有効活用	業界の魅力度向上による人材確保

開発・分譲	流通	管理	賃貸	不動産投資・運用
・良質な不動産の供給，老朽ストックの更新 ・時代ニーズに応える不動産の供給	・情報提供による取引の安全性確保 ・コンサルティング能力の強化 ・地域の守り手として地域活性化	・コミュニティ形成，高齢者見守りなど付加価値サービスの提供 ・エリアマネジメント推進	・多様化するニーズを把握	・ESG ・人生100年時代を考慮した投資環境の整備

●公の役割

市場環境整備	社会ニーズの変化を踏まえた不動産政策の展開	不動産業に対する適切な指導・監督

今後重点的に検討すべき政策課題（例）

- ○ 不動産の「たたみ方」などの出口戦略のあり方
- ○ マンション管理の適正化，老朽ストックの再生
- ○ 不動産関連情報基盤の充実
- ○ 不動産業分野における新技術の活用方策
- ○ 不動産情報オープン化と個人情報保護の関係整理
- ○ 高齢者，外国人等による円滑な不動産取引の実現方策
- ○ 国民向け不動産教育の推進
- ○ 産・学・官連携による不動産政策研究の推進
- ○ 円滑な事業承継のあり方
- ○ ESGに即した不動産投資の推進方策
- ○ 宅地建物取引士，インスペクションなど現行制度の検証

図1-5-10　不動産ビジョン2030　概要版
（出典：国土交通省）

第6章
住まいを借りる

プロローグ
　住まいを借りるのだけれど，家賃は安いが敷金が高い場合と，家賃は高いが敷金は安い場合と，どっちが得かな？
　修繕はしてくれないが，原状回復はいらないって，どういうこと？などなど・・・，住まいを借りる契約をするときのポイントって，何だろう？

6・1　賃貸住宅の種類

　日本の住宅ストック全体で，持家は約6割，借家は約4割である。では，住まいを借りる場合，どのような賃貸住宅があるかをみていこう。

6・1・1　賃貸住宅の種類

（1）借家の種類　借りて住む住宅を借家といい，借家には，大きく分けて民間借家と公的借家とがある。公的借家には，各地の行政が提供する公営住宅，都市再生機構・公社住宅があり，民間借家には民営借家と，いわゆる社宅といわれる給与住宅がある。図1-6-1にみられるように，借家の多くは，民営借家で，日本の住宅ストック全体で，約4割の借家のうち，民営借家が約8割を占める。なかでも，東京都，神奈川県，大阪府などの都市部で借家率が高く，沖縄県でも高い。

（2）賃貸住宅と借家　賃貸住宅とは，賃貸にすることを目的につくられた住宅であり，借家とは，居住者からみた所有形態を指している。したがって，ほとんどの場合は一致するのであるが，例えば，持家の戸建住宅を賃貸として貸す場合は，賃貸住宅ではないが，居住者か

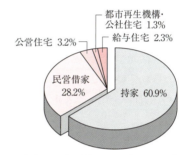

図1-6-1　住宅の所有形態別，借家のタイプ別構成比
（総務省統計局「令和5年度住宅・土地統計調査結果」）

らみると借家ということになる。そのため，民間借家のなかには，戸建住宅の借家が含まれることになる。

（3）アパートとマンション　民営借家の多くは，共同住宅の形態をした民間賃貸住宅である。民間賃貸住宅は，一般的には**アパート**や**マンション**と呼ばれている。アパートは低層で木造および軽量鉄骨造のもの，マンションは中高層で非木造のもので，不動産業界の慣習として使い分けている。なお，マンション管理適正化法におけるマンションとは，区分所有の所有形態のものを指している（第2部第2章参照）。また，共同住宅が供給され始めた時はアパートと呼ばれることもあった（第2部第1章参照）。

6・2 賃貸住宅の広告

住まいを借りる場合に、広告は重要な情報となる。表示のルールをみておこう。

6・2・1 間取り・立地

(1) **間取り** 間取りの表示方法は通常居室数とキッチン、ダイニング、リビングルームの関係で示される。3DKとは3居室とDKがあることである。DK（ダイニングキッチン）やLDK（リビングダイニングキッチン）の表示には一定の基準がある（表1-6-1）。各部屋の広さは、○畳という言い方をするが、1畳とは畳1枚の大きさで平均的な大きさ1.62m^{2}を基準とし、それ以上とする。また、建築基準法では、居室には採光や換気のための一定の間口が必要と定められているため、それに満たさない部屋は納戸（N）やサービスルーム（S）と表示している。

(2) **立地　徒歩○分** 交通に関しては、「○○駅から徒歩●分」等と示される場合、その所要時間は、駅からの道路距離80mを1分（端数切り上げ）として平面的に距離で計算さ

表1-6-1　最低必要な広さ（畳数）の目安（下限）

居室（寝室）数	DK	LDK
1部屋	4.5畳	8畳
2部屋以上	6畳以上	10畳以上

れる。ゆえに、坂道、信号の待ち時間や歩道橋の上り下り等の時間は考慮されていない。また、大きな団地では団地の最も近い位置と、最も遠い位置が示され、駅では改札口ではなく、一番近い駅の出入り口までが所要時間の対象となる。

6・2・2 広告表示のルール

不動産の広告は、消費者にとって住宅を選ぶ重要な情報となるため、誤解がないように、また虚偽の表示がないように、ルールが決められている。不動産業者に対しては**宅地建物取引業法**で、誇大広告の禁止や広告の開始時期の制限などが定められている。また、公正取引委員会の認定を受けた業界の自主規制である「不動産の表示に関する公正競争規約」（以下「表示規約」）では、広告の表示の仕方や基準などが定められている。

図1-6-2　不動産広告の例

第6章 住まいを借りる　65

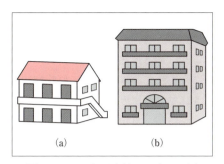

図1-6-3　アパート(a)とマンション(b)

図1-6-4　賃貸人と賃借人の関係

表1-6-2　賃借人と賃貸人の権利と義務

賃貸人
1．目的物を使用・収益させるべき義務，そのため，目的物の修繕の義務

賃借人
1．使用・収益する権利
2．賃料支払い義務
3．定まった用法に従い，使用・収益（**用法遵守義務**，図1-6-5）
4．善良な管理者の注意義務で保存（**善管注意義務**）
5．賃借物の修繕の必要性等を遅滞なく賃貸人に通知（**通知義務**）
6．原状で引き渡す（**原状回復義務**）
7．建物に附加した造作を契約終了時に時価で買い取るように請求できる権利（**造作買取請求権**）
8．物件改良のために支出した費用等を契約終了時に請求できる権利（**有益費償還請求権**，**必要費償還請求権**）
9．賃借人の無断譲渡や転貸は禁止。

6・3　賃貸人・賃借人の義務

　マンションやアパートでは貸す人，借りる人のそれぞれに権利と義務がある。契約と，それぞれの権利，義務についてみていこう。

6・3・1　賃貸住宅契約の当事者

　(1)　**賃貸人と賃借人**　住宅を借りる場合には，住宅の所有者と賃貸借契約を結ぶことになる。所有者は，住み手にとっては家主であり，賃貸借契約上は**賃貸人**と呼ぶ。一方，借りて住む人は**賃借人**と呼ぶ（図1-6-4）。

　賃貸人，賃借人には，それぞれに権利・義務がある（表1-6-2）。賃貸借は，「当事者の一方がある物の使用及び収益を相手方にさせることを約し，相手方がこれに対してその賃料を支払うこと，および引き渡しを受けた物を契約が終了した時に返還することを約することによってその効力が生ずる（民法601条）」ことになる。

　(2)　**任意規定と強行規定**　賃貸借契約の一般的で基本的なルールは，**民法**のなかで定められている。しかし，民法で定められたルールは**任意規定**であり，当事者間の契約が優先，契約

図1-6-5　用法遵守義務

で決めていない場合には，民法に従うことになる。そして，「**契約自由の原則**」があるが，弱い立場にある借主を保護するための特別法である借地借家法で定められた**強行規定**に反した，借主に不利な契約内容は無効となる。

6・3・2　原状回復義務

　原状回復義務とは，建物を借りた人が返すときに借りたときの状態（原状）に戻して貸主に返すことで，民法上，住宅を借りた人の責任となっている。

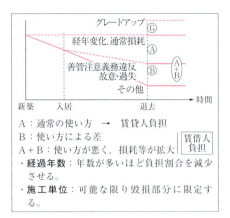

図1-6-6 原状回復の考え方

借主はどの程度，原状まで戻す必要があるのだろうか。例えば，借りている間に，畳が日に焼けてしまったり，フローリングを誤って傷つけてしまったなど。現実には，どの状態を原状というのかが争点になり，賃貸住宅を借りた場合の最も多い問題の一つとなっている。これは，住宅を貸した人と借りた人との原状に関する考え方が異なるためである。貸主と借主，さらには管理会社を巻き込んで多くのトラブルがあり，国土交通省では，ガイドラインを示している（図1-6-6）。

・原状回復に関するガイドライン

ガイドラインでは，原状回復を「賃借人の居住，使用により発生した建物価値の減少のうち，賃借人の故意・過失，善管注意義務違反，その他，通常の使用を超えるような使用による損耗・毀損を復旧すること」と定義している。つまり，原状回復とは「借主が借りた当時の状態に戻す」ことではない。借主の不注意による損耗は，当然，借主が修繕費を負担することになる。しかし，通常の使用による損耗や年数が経ったことによる自然損耗の修繕費用は，月々の賃料に含まれており，借主に原状回復義務はないとされている。ガイドラインには，法的な強制力はないが，原状回復の考え方の指針となっている。

また，貸主と借主の双方が納得したうえで，原状回復費用の特約を契約につけることがある。しかし，何でも特約が認められるわけではなく，借主が十分に理解をしている必要がある（表1-6-3）。

資料1　東京都賃貸住宅紛争防止条例

住宅の賃貸借に係る紛争を防止するため，原状回復等に関する原則や考え方を宅地建物取引業者が契約より前に，重要事項説明時に説明することを義務づけている。東京ルールと呼ばれる。
●説明する内容
・退去時の通常損耗等の復旧は，貸主が行うことが基本である
・入居期間中の必要な修繕は，貸主が行うことが基本である
・賃貸借契約の中で，借主の負担としている具体的な事項
・修繕及び維持管理等に関する連絡先

表1-6-4　イギリスの敷金預り金制度

家主と借主との賃貸借契約成立→　家主または管理会社が30日以内に保険加入，あるいは，敷金を専門機関に預託→　その内容を借主に伝達→　退去時に借主が敷金返却に合意できない場合はADR（裁判外紛争解決手続き）サービスが受けられる。

表1-6-3　原状回復に関する特約として認められる条件（3つがそろった場合）

1．必要性があり，暴利的でないなどの客観的・合理的理由がある。
2．借主が通常の原状回復義務を超えた修繕等の義務を負うことを認識している。
3．借主が特約による修繕義務負担の意思表示をしている。

表1-6-5　建物賃貸借契約の種類と内容

	普通建物賃貸借契約	定期建物賃貸借契約	終身建物賃貸借契約	一時使用建物賃貸借契約
法律	借地借家法	借地借家法	高齢者すまい法	民法
契約方法（書面の必要性）	書面でも口頭でも	公正証書等の書面による契約。更新がないことを契約で明記	書面で契約。対象となる住宅は事業者は認可が必要	書面でも口頭でも
1年未満の契約	期間の定めのない契約（とみなされる）。不可	可能	不可（死亡するまで）	契約どおりの期間
借主からの解約	契約に従う。通常1～2か月前申し出	やむを得ない場合には可能	やむを得ない場合には可能	契約に従う
家主から解約	原則不可　正当事由が必要	原則不可　契約期間満了で契約終了する旨の通知必要	原則不可　建物の老朽，損傷，一部滅失など限定	契約に従う，正当事由必要なし
更新／正当事由	可能／家主が拒否する場合には必要	不可能／家主に正当事由は必要ない	終身の為なし	契約に従う／正当事由必要なし

図1-6-7　善管注意義務
善管注意義務とともに，修繕の必要な箇所を見つけたら家主に知らせる通知義務がある。

6・3・3　善管注意義務

賃貸借契約を結んで入居した借主は，**善管注意義務**（図1-6-7）をもって住宅を利用し，管理しなければならない。その具体的な内容は，契約書の「使用方法」や「使用に際しての注意」に基づくことになる。また，その義務に違反した場合には，**債務不履行**[1]があったとみなされ，貸主は借主に損害賠償を請求でき，貸主が担保としてあずかっている敷金から相当する金額を控除することができる。

6・3・4　賃貸借契約の種類

賃貸借契約には，表1-6-5に掲げるような種類がある。契約により権利が異なる。

通常，住宅を借りる場合は，従来型の借家契約である普通建物賃貸借（普通借家）契約が多いが，2000年3月1日以降の借家契約では，貸主と借主の話し合いで**普通借家契約か定期建物賃貸借（定期借家）契約**かを選択できるようになった。

トラブル回避のため，東京都では独自のルールを作っている（資料１）。また，国際的にみても原状回復に関するトラブルが多いため，イギリスでは敷金預り金制度（表1-6-4）があり，第三者が預かるなどし，敷金返却で揉めれば相談し対応してくれる体制がある。ドイツでは原状がどのような状態であったかを揉めないように厳格な引き継ぎ書などが利用され，家主は自らのお金と別会計で敷金を預かることになる。

1）債務者が正当な事由がないのに，債務の本旨に従った履行をしないことをいう。債務をしない，遅れる，求められている水準に達していないなどが該当する。

68　第1部　住まいとまち（不動産）のしくみを知る

大きな違いは，定期借家契約では期間が満了すれば契約の更新がないのに対し，従来型の普通借家契約では，貸主側に正当事由がない限りは契約が更新できる点である。この場合，一般的に，貸主に認められる**正当事由**とは，以下の場合である。

　1．貸主自身あるいは貸主の身内の者がどうしても使用しなければならない。

　2．建物が老朽化しているため，建替えが必要である。

　3．貸主の身内に病人が出て急に金が必要になり，借家を売却しなければならなくなった。

しかし，正当事由は貸主の事情と借主の事情との相対関係で決まるため，多くの場合は，一概に絶対認められるということはない。そこで，更新のない定期借家制度が登場した。

さらに，高齢者（60歳以上）の場合には，死亡するまで終身住める契約（**終身建物賃貸借契約**）や，展示場や選挙事務所等の一時的使用のための契約（**一時使用建物賃貸借契約**）がある。

6・3・5　賃料の支払い

家賃のほかに，住まいを借りる際に支払う費用として**敷金・礼金・更新料・管理費・共益費**がある（表1-6-6）。敷金や礼金，更新料や敷引金[2)]は，地域によって慣習が異なり，管理会

表1-6-6　家賃以外の金銭の授受

敷　金	賃料などの債務を担保する目的で，賃貸人が賃借人から預かる金銭。賃料滞納や債務不履行がない場合は返却される。
礼　金	住宅を借りたお礼で，前受賃料等の考え方に基づいた，賃貸人に支払う金員。退去時に返却されない。
更新料	契約更新時に賃貸人に支払う金員。
管理費・共益費	家賃とは別に，毎月支払う共用スペースの電気代，水道代，清掃費，保守点検費，ゴミ置き場の清掃費などの費用。

資料2　めやす賃料

賃料，礼金，更新料，管理費，共益費，敷引金[2)]を含み，賃料などの条件の改定がないものと仮定して，4年間賃借した場合（定期借家の場合は契約期間）の1か月当たりの金額。

めやす賃料に含まれない項目には，次のようなものがある。

仲介手数料，更新事務手数料，町会費，鍵交換費用，原状回復特約費用，定額の設備使用料，賃貸保証会社への保証委託料，家財保険などの保険料。

表1-6-7　民間賃貸住宅の管理会社の業務

a.　入居者募集業務	
賃貸借条件の提案，物件の広告，入居者の審査，重要事項説明，賃貸借契約の締結，鍵の引き渡し。	
b.　契約管理業務	
賃料徴収	賃料の徴収，未収金回収，管理費用の支払い代行など。
運営・調整	入居立ち合い，苦情対応，調整・届け出など。
契約更新	更新意思の確認，更新後の契約書作成など。
解約	連絡調整，明け渡しの確認，鍵の受領，敷金清算，原状回復の協議，原状回復工事の指示など。
c.　建物管理業務	
清掃	ふき掃除，ゴミ処理，除草，ワックス掃除など。
建物設備管理	建物，施設，電気設備，給排水，テレビ，消防・防災など。
計画修繕	建物の計画修繕のためのアドバイスや計画書の作成など。
d.　会計管理業務	
月間活動状況報告	収支報告と業務概要報告など。
出納・収納	各種請求，入金，支払い，未支払い明細書の作成など。
修繕履歴などの作成	修繕の明細書作成と過去の修繕履歴書作成など。

2）敷金の償却，保証金の償却など，預った金銭から必ず差し引かれる金額。

社によっても異なる。ゆえに，借りる際には十分に内容を確認する必要がある。

そのため，対価の違いが把握しやすいように，めやす賃料を表示する取り組みも行われている（資料２）。

6・4　賃貸住宅管理会社の役割

6・4・1　管理会社の業務

住宅管理業務を管理会社へ委託することがあり，その業務は，表1-6-7のａ～ｄのように，入居者募集業務，契約管理業務，建物管理業務，会計管理業務の４つに大別できる。この場合の貸主と借主，管理会社の関係は図1-6-8のようになる。

なお，民間賃貸住宅の管理会社は国への登録制度がある（表1-6-8）。

6・4・2　サブリース方式（図1-6-9）

管理会社が住宅所有者（家主）から住宅を借り上げ，それを一般消費者へ貸すのは**サブリース方式（一括借り上げ方式）**と呼ばれ，いわゆる**転貸方式**である。これにより，住宅所有者（家主）は家賃収入の安定化を図ることができ，管理を専門家に任せることができるようになる。しかし，所有者として，全く管理責任がなくなるわけではなく，永遠に家賃が保証されているわけでもない。しかし，そうした誤解を生ませ，賃貸住宅の建設に対する不適切で過激な勧誘が行われたことから，サブリース会社や勧誘者に対しても誇大広告の禁止，不当な勧誘の禁止，契約締結前における契約内容の説明及び書面交付，書類の閲覧等の法規制が行われるようになった（**賃貸住宅の管理業務等の適正化に関する法律**）。

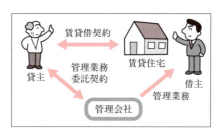

図1-6-8　貸主・借主・管理会社の関係

表1-6-8　民間賃貸住宅管理会社の登録制度

背景と目的
賃貸住宅における良好な居住環境の確保及び不良業者を排除し，業界の健全な発展・育成のため
登録要件
対象：200戸以上管理する業者 事務所ごとに業務管理者の選任
行うべきこと
・管理受託契約の締結前の重要事項説明 ・管理受託契約締結時の書面の交付 ・再委託の禁止 ・分別管理（家賃，敷金，共益費その他の金銭を，自己の固有財産及び他の管理受託契約に基づく管理業務において受領する家賃などと分別して管理しなければならない。） ・委託者への定期報告など ・サブリース業者にはより厳しい規制がある。

（国土交通省　賃貸住宅管理業務適正化法　制度概要ハンドブックより）

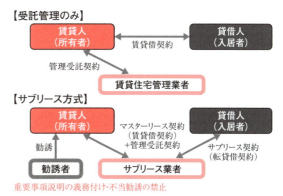

図1-6-9　サブリース方式の仕組み
　　　　（「受託管理のみ」との比較）

6・5 新たな賃貸借方式

6・5・1 間取りや内装を自由にできる方式

(1) **DIY型賃貸借** 空き家の利活用にDIY[3]型賃貸借が注目されている。DIY型賃貸借とは、賃貸住宅の借主がDIYによって独自に間取りや内装を変えることができるというものである。一般的な賃貸住宅では、退去時に原状回復をしなければならず、借主は内装を変更することは難しい。また、貸主側も借主の要望に応じてリフォームや修繕をすることは、費用も掛かってできなかった。このような双方の事情を補足しあう方法（図1-6-10）として、住み手がDIYによって住みやすいように内装等を変更するやり方が拡がっている。

一方、リフォームよりも大々的な改善を可能とするリノベーションを借主が行える、あるいは家主が借り手の意向を踏まえてリノベーションをするという形態も増えつつある。

現代では、上記のような仕組みをうまく活用し、供給が少ないファミリー向けの民間賃貸住宅として、戸建住宅や分譲マンションの住戸を貸すことが期待されている。

(2) **スケルトン賃貸借** 建物のスケルトン部分を住宅所有者が保有し、居住者はスケル

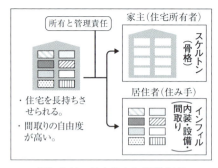

図1-6-11 スケルトン賃貸住宅

トン状態で借り、内装を仕上げる仕組みである。住宅所有者との賃貸借契約に基づき、住み手は居住し、インフィル部分を保有する（図1-6-11）。区分所有マンションのような管理や再生に向けての住み手の合意形成が必要ないこと、集合住宅の共用部分が社会的資産であるという発想などからも注目され、実践されてきた。しかし、スケルトンとインフィルを別の不動産として登記できず[4]、ゆえにインフィルが融資の対象とならないことから、初期投資の負担（住み手が高額に費用をかけてインフィル部分を整備してもその部分に融資が付かない）、流通時の課題（原状回復をどうするのか、インフィルの評価をどうするのか、次の人が内装等を評価しない場合には投資した費用が回収できない等）があり、普及していない現状がある。

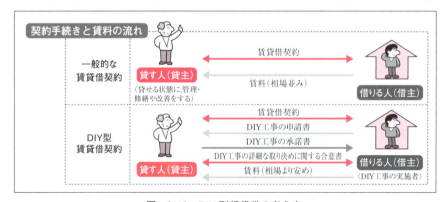

図1-6-10 DIY型賃貸借の考え方

---

3) Do It Yourself
4) スケルトンとインフィルが附合（付合）しているとも考えられている。不動産の付合が成立すると、付合（付着）した動産の所有権が不動産所有者に移転することになる。

6・5・2 諸外国における所有形態

日本では，持家か借家かという2者択一しかないが，世界的には，建物所有者と住み手のさまざまな役割分担がみられる。

(1) **リースホールド制度**（イギリス）　借主は，99年，125年，150年，999年の期間を定めて地主から住宅を借りる制度で，不動産の利用の権利を自由に売買ができる。

接地性のある戸建住宅や長屋の場合は，土地・建物を一体で上記の期間を借りることになる。共同住宅の場合は，土地とスケルトン部分を地主が所有し，住戸部分を上記の期間を定めて長期に借りることになる。

(2) **シェアードオーナーシップ制度**（イギリス）　半分は持家で半分は借家の所有形態である。高騰する住宅価格のなかで，一次取得層の住宅取得を可能にするために生まれた制度である。住宅購入者の初期投資の費用を抑え，かつ，売却益を得る方法として登場した。なお，半分の比率は住宅購入者の費用負担により変えることができる。また，費用負担すれば完全な持家にもできる。

(3) **コーポラティブ制度**（アメリカなど）　建物全体を会社で保有し，住戸利用者はその会社の株主となり，会社から住戸を借りて居住する制度である。

日本でも，賃貸住宅の新たな所有方法，管理方法を導入し，国民がより豊かな暮らしを実践できるようにすることが必要である。

エピローグ

住まいを借りる場合，誰に借りるのかの違いもあるが，経済条件や契約内容もさまざまである。賃料，敷金，礼金，原状回復の特約，定期借家か否かなど，契約内容を十分に確認し，賃貸借契約を締結することが必要である。

また，借りる場合には原状回復義務，善管注意義務，通知義務などがある。管理会社の役割を正しく理解すること，そして，DIY型賃貸借などにより，新たな住まい方も登場している。

コラム8　多世代ホームシェア・異世代ホームシェア

学生がアパートやマンションを借りる方法もあるが，高齢者が暮らす住宅に住む方法がある。多世代ホームシェア，あるいは異世代ホームシェア，世代間ホームシェアといわれる。高齢者は自宅に住み続けたままで一人暮らしの不安を小さくすることができる。

こうした取組みは　スペインからはじまり，ヨーロッパに広がっている。パリでは，2003年の猛暑で独り暮らしの高齢者が亡くなったことを受け，こうした取組みがはじまっている。目的は，高齢者の孤独や，学生の孤独，そして住宅問題への対応などである。

条件は，取組む組織によって異なるが，フランスの事例では，高齢者は60歳以上，若者は18歳以上の学生であること，そして，学生は，高齢者とともに過ごす1週間の夜の食事の回数により，入居負担費用が変わっている。

●居住費

無料で居住する場合は，週6回夕食時に在宅する。家賃を一部負担で居住する場合は，週1回程度夕食時に在宅する。

さらに，夕食を1回もとらない方法もあり，その場合でも家賃は相場より1〜2割，あるいは約半額の場合もある。

●居住条件など

基本は9月から6月の1年間。なお，あらかじめ決めておく契約書があり，学生は，例えば，雨戸を閉める，病院に一緒に行く，薬を取りに行く，美術館に一緒に行くなどがある。

こうした取組みは，日本でも実践されている。

コラム9　かぼちゃの馬車事件

賃貸住宅の管理に関する法律ができた。この法律により賃貸住宅の管理会社が国に登録することとなった。さらにサブリースに関する規制もできた。その背景には「かぼちゃの馬車事件」がある。本事件は、かぼちゃの馬車という名称でシェアハウスを供給していた会社が、オーナーに住宅を建設させ、それをサブリースとして借り上げていたが、入居者が入らず、借り上げの賃料を引き下げ、あげくには倒産した。その結果、オーナーには多額の借金が残った。ローンを貸していた会社（この場合、下の図の銀行）が審査などを不正に行っていたこと、供給会社は建設会社から多額のキックバックを受け取っていたことから価格の割に質の低い住宅であったこと等が明るみになった。そこで、サブリース会社およびその営業を行う会社にも規制をかける法律が成立している。なお、本件は、ローンを貸した銀行にオーナーは住宅を引き渡し、ローンの返済を帳消しにする（相殺）等の調停が行われた。

上記のようなトラブルを防止する目的で「賃貸住宅の管理業務等の適正化に関する法律（略称：賃貸住宅管理業務適正化法）」が、2020年6月12日成立。

サブリース事業をおこなう「特定転貸事業者」と、サブリース方式による賃貸経営を勧誘する者（具体的には建築会社やハウスメーカーなど）を以下のように規制する。

・サブリース事業の広告において誇大表現を禁止
・サブリース事業の勧誘における不当行為
・賃貸人（賃貸住宅所有者）との賃貸借契約において、契約前に重要事項を書面またはメールなどにより説明する義務
・賃貸借契約が締結されたとき書面交付
・サブリース業者の業務や財産状況を記載した書類を、営業所や事務所に備え置き、相手方がいつでも閲覧できるようにする業務

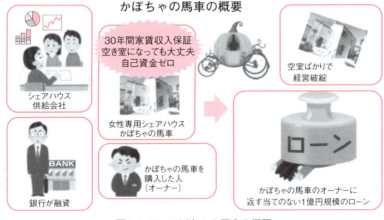

図1-6-12　かぼちゃの馬車の概要

第7章
住まいを購入する

> **プロローグ**
> 　住まいを買いたいけれど，何から始めればいいのかな？　買うと決まれば，どんな手続きをするのだろうか？　気に入ったらすぐに契約するのかな？　住まいを購入するときにどんなことに気をつければいいのかな・・・？

7・1　住宅選びと情報

　住宅を購入する場合についてみていこう。

7・1・1　住宅選びのフローと情報

　住宅を購入する場合は，まず，自分や家族の人生設計から，購入する住宅の立地，マンションか戸建住宅か，予算などを決める。そして，資金計画をたて，具体的に購入する住宅を選ぶことになる（図1-7-1）。そのためには，不動産に関するさまざまな情報を収集して判断する。

　しかし，一般的には不動産取引において，売主と買主とでは**情報の非対称性**[1]が存在する。そこで，住宅の購入者を守るためのさまざまなルールが決められている。

7・1・2　不動産広告

　住宅購入の一次的な情報としては広告があり，広告を見て「この住宅を買おうかな」といった関心を持つ人が多いと思われる。そこで，住宅購入のきっかけとなる広告には，消費者を守るためにさまざまな規制がある。

　（1）**宅建業法**　1つめは，**宅地建物取引業法（宅建業法）**による規制である。宅地や建物

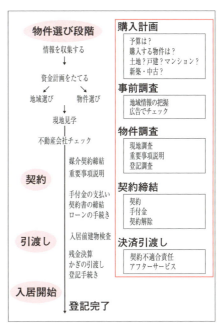

図1-7-1　住宅選びのフロー

の所在地や規模，形質，環境，利用の制限，交通その他の利便，販売代金額と支払方法などの広告表示の決まりが設けられている。

1）市場において，各取引主体が保有する情報に差があること。住宅の売買においては売主と買主の間に，売主のみが専門知識と情報を有し，買主がそれを知らないような状態を指す。

図1-7-2　よくない勧誘例

表1-7-1　不動産広告として，してはいけない表示

① 誇大広告や誤認期待の広告。
② 「市価の3割引」といった二重価格表示*。また，「抜群・日本一」「最高・一級」「特選・厳選」「格安・掘出し物」といった用語も，原則として使用できない。
③ おとり広告：売るつもりのない物件，売ることのできない物件，実際にはあり得ない物件を表示し，客をおびき寄せることだけを目的とした広告。

* 二重価格表示は，次の1.と2.が必要。
　1. 過去の販売価格の公表日及び値下げした日を明示する。
　2. 直前の価格で2か月以上にわたり実際に販売のために公表していた価格である。

(2) **不正景品類及び不正表示防止法**　2つめは**不正景品類及び不正表示防止法**で，価格や取引条件についての表示の規制である。同業者あるいは購入者に，実際のものよりも著しく有利だと誤解を与えるような表示は，不正広告とみなされる。また，お客を誘うための，不正な景品類の提供を禁止している（図1-7-2）。

(3) **不動産の表示に関する公正競争規約**　3つめは，不動産業界の自主規制として，**不動産の表示に関する公正競争規約**である。これは，不動産取引に関する必要な表示事項，表示の基準，不当表示の禁止などが取り決められている（表1-7-1）。

7・1・3　契約時の情報

買いたいと思った住宅について，購入の意思決定をするには，さらに情報が必要である。そこで「こんなことを知っていたら買わなかった」というようなことがないように，宅地建物取引業法では，次のようなことが決められている。住宅売買の際は，契約の成立までに，不動

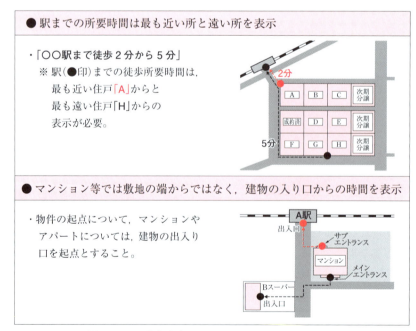

図1-7-3　不動産広告ルール（2022年9月改正の項目例）

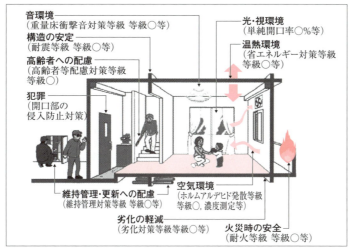

図1-7-4　住宅性能表示制度（新築住宅で10項目）

産業者の宅地建物取引士が，購入者の意思決定に重要な影響を及ぼす項目について重要事項として説明する（重要事項説明内容：表1-7-2）。そして，契約内容については契約書で明記する。契約に必要な情報としては，建物の図面，確認済証，検査済証，付帯設備表，建物状況調査（インスペクション）の結果等があり，マンションでは管理規約，使用細則，長期修繕計画書等がある。

7・1・4　住宅の性能情報

住宅の性能に関する情報として**「住宅の品質確保の促進等に関する法律（品確法）」**に基づく，住宅の品質の**性能表示制度**がある。住宅の性能を表示する基準（共通のものさし）には，新築住宅で10項目あり，それぞれが，さらに細かい項目に分かれ，等級が示されている。その1つの項目である構造の安定等では建築基準法の遵守が最低ラインの等級1となり，等級が上がれば，それだけ性能が高いことを示している（図1-7-4）。性能評価は，設計段階で受ける場合（**設計性能評価**）と建物完成後に受ける場合（**建設性能評価**）がある（図1-7-5）。既存住宅では9項目を示すことになる。

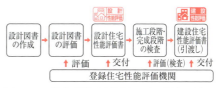

図1-7-5　住宅性能表示制度による評価の流れ

7・2　購入の契約

7・2・1　購入のプロセス

購入したいと思う住宅をさまざまな側面から検討し，その住宅の重要な事項の説明（**重要事項説明**）を宅地建物取引士から受ける。その内容を踏まえて，契約を行う。その際に，**手付金**の授受を行うことが一般的に行われる。次いで，購入代金の支払いを行い，引き渡しを受け，登記を行う。これが購入のプロセスである（図1-7-6）。

7・2・2　購入に関する諸手続き

具体的に，購入に伴う手続きをみていこう。

（1）**契約前の重要事項説明**　住宅購入の契約をする前に，**不動産業者**は買主に対して，住宅に関する重要な事柄を説明する義務がある。これを**重要事項説明**という。不動産業者は，宅地または建物を取得しようとする者（売買の

場合は買主），または，借りようとする者（借主）に対して，契約が成立する前に，**宅地建物取引士を通して重要事項の説明を行い，重要事項説明書を交付する**ことになっている。その際，説明されるべき内容は，表1-7-2に掲げる項目である。

（2）**契約** 住宅の売買契約は，民法では諾成契約とされ，売主と買主との両当事者の合意で成立する。つまり，法的には「売った」「買った」という言葉だけで契約が成立するのである。

しかし，それだけでは住宅の場合に問題が発生することがある。そのため，住宅の売買・賃貸などを業として行う者は宅地建物取引業法（宅建業法）に従わなければならない。「業」とは，それを反復継続して行うことである。法では，不動産業者は，宅地建物の売買契約が成立する前に，重要事項説明を買主に対して書面に

表1-7-2 重要事項説明の内容

● **対象物件に関する事項**
① 登記された内容（権利の種類や所有者の氏名等）
② 法令に基づく制限の概要（都市計画法や建築基準法等に基づく制限）
③ 私道負担（建物の貸借の契約以外の場合）
④ 供給・排水施設の整備状況（飲用水，電気・ガス等）
⑤ 石綿使用の有無と調査内容
⑥ 耐震診断の有無と内容（昭和56年6月1日以降に新築したものを除く）
⑦ 造成宅地防災区域・土砂災害警戒区域・津波災害警戒区域
⑧ 住宅性能評価

● **取引条件に関する事項**（完成前のものは，完成時の形式・構造等）
⑨ 代金（授受される金銭の額，授受の目的）
⑩ 契約の解除に関する事項
⑪ 損害賠償額の予定または違約金に関する事項
⑫ 手付金等の保全措置の概要
⑬ 支払金，預り金を受領する場合の保全措置
⑭ ローン斡旋内容とローン不成立時の措置
⑮ 契約内容の不適合を担保する責任のための保証保険契約
⑯ その他，水害ハザードマップ上の対象物件の位置など

● **既存住宅の場合の追加項目**
① 建物状況調査（インスペクション）の有無と有の場合の結果
② 建物の履歴情報

● **マンションの場合の追加項目**
① 敷地に関する権利の種類及び内容
② 共用部分に関する規約等の定め
③ 専有部分の用途の利用制限の内容
④ 専用使用権に関する規約等の定め
⑤ 特定のものにのみ管理費用等を減免する旨の規約の内容
⑥ 修繕積立金についての規約の内容及び既積立額
⑦ 管理費用の額
⑧ 委託業者の氏名，住所
⑨ 維持修繕の実施状況の記録の内容

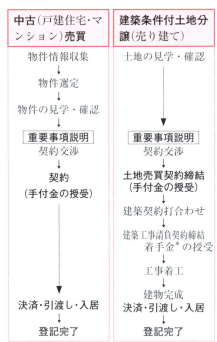

＊不動産売買では，契約時に契約の証として手付金を支払うことが一般に行われている。請負契約の場合は手付金といわず，着手金とか契約金等として支払われるのが一般的である。

図1-7-6　住宅の購入のプロセス

て行い，成立後は遅滞なく，一定の事項を記載した書面として売買契約書を作成することになっている（図1-7-7）。

そこで，住宅という不動産の取引では，単なる合意のみで契約の成立を認めるのではなく，

図1-7-7 契約の成立

①具体的に売買契約書を作成する，②手付金を授受する，あるいは，③その両者が整う場合に，契約が成立したとしている。

(3) 売買契約書の作成　不動産業者が関与する住宅売買には，契約の相手方などに対し，その契約内容のうち一定の事項を記載した書面を交付しなければならない。記載事項は，**必要的記載事項**と**任意的記載事項**とに分かれており，内容の確認が必要である（表1-7-3）。

(4) 手付金　契約時には，**手付金**を支払うことが慣習になっており，業者が売主であるときは，手付金は売買代金総額の2割以内とされている。また，この場合，手付金等の支払額が一定金額を超えるときは，**保全措置**を講じる必要がある。売買代金の10％[2]または1000万円を超える手付金（資料1）等[3]を受け取る場合は，保証機関の発行した保証書を売主業者が発行する。これらの保証書などの交付がないときは，購入希望者（買主）は，手付金等の支払いを拒むことができることになっている。

(5) 契約の履行　買主は，代金を売主へ支払い，領収書を受け取る。最終決済日には，所有

表1-7-3　契約書の内容
（下線の項目が必要的記載事項）

一般的事項
・当事者の氏名・住所
・物件の特定に必要な表示
・売買の目的物や庭木，庭石，クーラーなどの付属物の所属は？
・売買価格は？　手付金は？
・支払い時期は？　支払方法は？
・引渡し時期は？
・移転登記の時期は？
・違約金は？
・ローン条項は？　買い換え条項は？
特　約：業者が売主である場合の取引の特約については規制がある。
手付金の額の制限：売買代金の20％以内とし，それを超える部分については無効。
手付の性格：解約手付とみなされる。
違約金の額の制限：売買代金の20％以内とし，それを超える部分は無効。
契約不適合責任期間の制限：契約不適合責任については，引渡し日から2年以上とする特約を除き，買主に不利になる特約はできない。これに反する特約は無効。

資料1　手付金

売買契約締結の際に，買主が売主に支払う金銭。支払った手付金は契約の履行に着手（実行）したときに，売買代金に充当される。

権移転登記申請書が完備しているか，残工事や補修工事が残っていないかの確認が必要である。

一般的に決算・引渡しが行われる場所に，売主，買主，不動産会社，金融機関，司法書士などが集まり，ローンの実行，残金の決算，登記申請を同時に行う。

所有権移転登記手続が完了したら，**登記識別情報**を受け取り，**登記簿謄本**で内容を確認する[4]。なお，引渡し前には，**境界**の確認，物件の確認などを行う必要がある。

---

2) 造成工事や建築工事が未完成の場合は5％。
3) 契約日以降，物件引渡し前までに支払う手付金のほか，中間金等を含む。
4) 平成16（2004）年の「不動産登記法」改正により登記済証（権利書）に代わり登記識別情報が通知されることになった。

7・3 契約の解除と契約不適合責任

契約を行っても、その後、問題があれば契約を解除[5]できる。法律の規定に基づいた解除方法には、次のような方法がある。

7・3・1 契約解除に関する制度

（1） **クーリングオフ制度**　売主が業者の場合で、テント張りや仮設小屋での販売、押しかけ訪問販売など、事務所など以外の場所で売買契約を締結した場合、売買契約締結（クーリングオフの告知）の日から8日以内に限って、書面により無条件に契約の解除ができる（図1-7-8）。ただし、物件の引渡しを受け、かつ、その代金を全額支払ってしまった場合や、クーリングオフできない場所で契約した場合は解除できない（図1-7-9）。

（2） **債務不履行による解除**　買主が代金を支払ったにもかかわらず、売主（業者）が物件の移転登記や引渡しを行わない場合、買主は民法上の**債務不履行**に基づき、売主に履行を求める催告を行ったうえで、契約を解除する旨を通知し、契約を解除することができる（図1-7-10）。

（3） **消費者契約法による契約の解消**　消費者契約とは、消費者個人と事業者との間で締結された契約のことである。

重要事項について事業者から、事実と異なることや、不確実な事項について断定的な判断を告げられる、あるいは、故意に不利益となる事実が告げられないまま、買主が誤認して行った契約の申込みや意思表示は、取消すことができる。

① 業者の主たる事務所（本店）・従たる事務所（支店）。
② 継続的に業務を行うことができる施設を有する場所（分譲マンションの販売事務所）。
③ 10区画以上の一団の宅地か10戸以上の一団の建物の分譲を行う案内所。ただし、テント張りや仮設小屋であれば、クーリングオフができる。
④ 買主が自宅か勤務先で売買契約の説明を受けることを申し出た場合の、その場所。

図1-7-9　クーリングオフできない場所

図1-7-8　クーリングオフできるケース

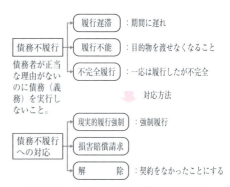

図1-7-10　債務不履行の種類と対応方法

5） 解除は、契約自体を最初からなかったものにする。契約関係を契約締結時にさかのぼり解消することを解除という。解約とはそれ以降の契約を取りやめるものである。

また，事業者が買主の住居などを訪問して契約を勧誘し，買主が退去を求めても退去しない場合や，勧誘を受けている場所へ買主を封じ込めることによって，買主がしかたなく行った契約の申込み，意思表示も取消すことができる（図1-7-11）。

（4）契約不適合責任による解除 契約不適合[6]とは，目的物が種類又は品質に関して契約の内容に適合しないことである。

例えば，宅地として買った土地には家が建てられないなど，契約をした目的が達成できない場合に限り，買主は契約を解除できる。

その他に，手付金放棄による解除（表1-7-4）や，話し合いによる解除（合意解除）などがある。

7・3・2 契約不適合責任とアフターサービス

（1）契約不適合責任 購入した住まいに契約不適合（民法改正により，民法上は瑕疵という言葉が契約不適合になっている）を発見した場合に，契約解除ができるが，解決する方法はそれだけではない。契約不適合とは，目的物が種類，品質又は数量に関して契約の内容に適合しないものであるときである。つまり，契約内容と違ったものを売主が提供した場合である。これに対応すべきが売主の**契約不適合責任**である。この場合には，買主は4つの権利が認められている。1つめは先に見た解除をする権利である。2つめは**追完請求権**で，住まいの補修などで改めて完全なものを受け取る権利である。3つめは**代金減額請求権**で，買主が相当の期間を，補修などを依頼しているにもかかわらず実行してもらえない場合は，その不具合に応じて減額を請求することができる権利である。4つめは**損害賠償請求権**である。なお，解除することは，まずは修繕などを依頼しているにもかか

図1-7-11　消費者契約法に基づく解除方法

表1-7-4　手付金放棄による解除方法

契約履行がされていない状態での解約
・買主が一方的に契約を解除したい場合は，手付金を放棄すれば契約を解除できる。 ・売主が一方的に契約を解除したい場合は，受け取った手付金を返すとともに同金額を支払うと契約が解除できる。これを手付金の倍返しという。
解約手付：手付の額だけの損失を覚悟すると，相手側が債務不履行がなくても相手が履行を着手するまでは契約を解除できる。

わらず実行してもらえない場合になる。これらの制度は消費者を守るためにある。

売主はこれに応じる責任がある（**契約不適合責任**）。民法では，売買契約上の契約不適合責任を問える期間を，買主がそのことを知ったときから1年と規定している。宅地建物取引業法では，宅建業者がみずから売主となる場合は，引渡しから2年以上とする特約をつけることができ，そのため，責任期間は引渡しから2年とするケースが多くなっている。なお，実際には，2年を超えてから発見されるケースも多く，**住宅の品質確保の促進等に関する法律**（品確法）では，瑕疵担保責任特例制度として，新築住宅の取得契約（請負／売買）において，柱や梁など住宅の構造耐力上主要な部分や雨水の浸入を防止するなどの基本構造部分について10年間の瑕疵担保責任（修補責任等）を義務づけている（図1-7-12の1）。また，不動産業者

6）民法改正により瑕疵は，契約不適合の言葉におきかわった。ただし，住宅の品質確保の推進等に関する法律では，「瑕疵」と表記され，民法上の「契約の内容に適合しない（不適合）」は「瑕疵」となる。

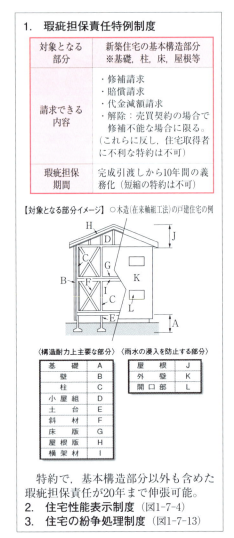

図1-7-12 住宅の品質確保の促進に関する法律（品確法）の概要

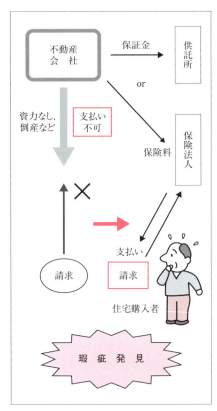

図1-7-13 住宅瑕疵担保履行法の概要

が倒産しても瑕疵担保責任の履行を確保するために，特定住宅瑕疵担保責任の履行の確保等に関する法律（**住宅瑕疵担保履行法**）がある（図1-7-13）。新築住宅を供給する建設業者や宅建業者に対して，瑕疵の補修等が確実に行われるように，保険加入または供託が義務づけられている。

(2) **アフターサービス**　法とは別に，売主が独自にアフターサービスを行うこともあるため，契約内容を十分に把握することが大切である。

なお，**アフターサービス**とは，売主が売買契約に基づいて負う**債務（契約に基づく義務）**で，契約不適合を巡るトラブルを避け，売主の信用確保と住宅購入者に安心感を与えるために設けられている。

(3) **相談・紛争処理**　住宅購入のトラブルがあった際に専門家に相談ができ，また，裁判によらない紛争処理（あっせん，調停，仲裁）を利用することができる。ただし，建設住宅性能評価書付き住宅や，住宅瑕疵担保履行法に基づき，瑕疵保険の加入をしている住宅が対象で，すべての住宅が対象とはなっていない（図1-7-14）。

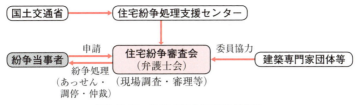

図1-7-14　住宅の紛争処理の仕組み

表1-7-5　あっせん・調停・仲裁

	内容	委員	回数
あっせん	当事者双方の主張の要点を確かめ，当事者間の歩みよりを勧め，解決を図る。	1名	1－3回
調停	当事者双方の主張を聴き，争点を整理し，調停案を作成してその受諾を勧告し，解決を図る。	3名	3－5回
仲裁	当事者双方の主張を聴き，必要に応じ証拠調べや，現地調査をして，仲裁委員が仲裁判断を行う。	3名内	必要回数

エピローグ

住宅を購入するときには，ルールがあり，契約に先立って，必ず重要事項の説明がある。ルールは，基本的には民法に基づくが，住宅という商品取引の特殊性を踏まえて，消費者保護の視点から，かかわる業者や方法についての規制が宅地建物取引業法等の法で決められている。住まいの購入においては，何をどう契約するのか，契約内容をしっかり確認して，契約不適合責任，アフターサービスの内容を理解した上で，購入することが重要である。

コラム10　家を買ったのに…こんなときどうする？？

家を買う契約をしました。しかし，引き渡しまでの間に災害で建物がなくなりました。代金を支払う必要があるか？

民法改正前（2020年3月）までは，旧民法第534条で，「特定物に関する物権の設定又は移転を双務契約の目的とした場合において，その物が債務者の責めに帰することができない事由によって滅失し，又は損傷したときは，その滅失又は損傷は，債権者の負担に帰する。」とあり，買主負担が原則になっていた。しかし，不動産の売買では「商習慣」として危険負担は債務者主義（売主負担）を採用してきた。そこで，民法改正後（2020年4月）では，新民法第536条で，「1. 当事者双方の責めに帰することができない事由によって債務を履行することができなくなったときは，債権者は，反対給付の履行を拒むことができる。2. 債権者の責めに帰すべき事由によって債務を履行することができなくなったときは，債権者は，反対給付の履行を拒むことができない。この場合において，債務者は，自己の債務を免れたことによって利益を得たときは，これを債権者に償還しなければならない。」となった。つまり，建物を渡す義務　債務者（売主），建物をもらう権利　債権者　買主であり，反対の給付とは，「やるべきこと」ということから，買主は売買代金の支払いを拒むことができるといういみで，「買い主は負担しないでよいよ」と明確になった。

第8章
資産を活用し高齢期を暮らす

プロローグ
　高齢期の一人暮らしは大変だ。でも在宅のままなんとかできないかな・・？
　しかし，このままだと不安だし・・介護が必要になるかも・・。サービス付き高齢者向け住宅というものがあるらしいが，それは，老人ホームとどう違うのだろう？　がんばって買った我が家。誰も相続しないので，これを使って老後の快適な暮らしをできないだろうか・・？

8・1　超高齢社会の住まい・まち，暮らし

　超高齢社会の住まい・まち，暮らしについて考えていこう。

8・1・1　超高齢社会

　日本では，社会全体に高齢者が増加していることが大きな課題となっている。すなわち，老老介護や遠距離介護など（表1-8-1），高齢者の問題は個人の問題としての解決は困難で，社会の問題として捉えることが必要である。

　総人口のうち，65歳以上が占める人口の割合が7％以上を高齢化社会，14％以上を高齢社会，21％以上を超高齢社会と呼び，日本は，すでに超高齢社会に突入している。

　高齢化が進行することは，社会全体に大きな変化をもたらす。人口構造が大きく変化して，住まいやまちに与える影響は大きくなる。2015年には65歳以上の人口率は27％弱となり，今後，益々増加し，高齢者のなかでも75歳以上の後期高齢者が増加することが大きな課題となる（図1-8-1）。

　日本人の平均寿命（2023年）は，男性が81.1

表1-8-1　高齢者に関する用語

高齢者	65歳以上。
前期高齢者	65歳以上75歳未満。
後期高齢者	75歳以上。
老老介護	高齢者が高齢者を介護すること。
遠距離介護	高齢者の介護のため，遠方の介護者が通うこと。
平均寿命	出生時における平均余命。
健康寿命	健康上の問題で日常生活が制限されることなく生活できる期間

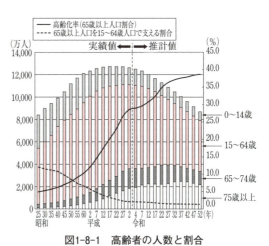

図1-8-1　高齢者の人数と割合
（「統計からみた我が国の高齢者」総務省2022.10）

歳,女性が87.1歳,健康寿命（2024年：男子72.6歳,女子75.5歳）との差は,男性8.5歳,女性11.6歳である。平均寿命と健康寿命の差の約10年間は,自立した生活ができないということで,介護が必要となる。この期間を含めてどのように高齢期を暮らすのかは重要な課題である。

8・1・2　高齢者の特徴

高齢期の住まいやまちを考える前に,まず,高齢者にはどんな特徴があるのか,確認しておこう（図1-8-2）。

① 視力,聴力,臭覚が衰える。物忘れなどもある。
② 運動能力が衰え,骨折の危険性が高い[1]。
③ 小柄である[2]。
④ けがや病気をしやすい。
⑤ 適応能力が低下する。
⑥ 食生活が変化する。
⑦ 早寝早起きになる。
⑧ トイレが近くなる。
⑨ 寒がる。
⑩ 住宅内で過ごすことが多い。
⑪ 収入が低下する。
⑫ 社会的役割の変化から,対人関係が減少する。
⑬ 生活圏が縮小する。
⑭ 余暇時間が拡大する。
⑮ 新しい環境に適応しにくい。

年齢によっても異なるが,介護や医療が必要な場合がある。高齢期には知識力の高まりや時間に余裕がある等がある。そこで,特徴を把握したうえでの対応が必要である。

8・1・3　高齢者の住まいとまち,暮らしの課題

こうした特徴を踏まえて高齢期の住まいやまちを考える必要がある。さらに,年齢を重ねると,認知機能も低下する。高齢者が住宅について困っていることには,次のようなことなどがある（図1-8-3）。

① 住まいが古くなり,傷んでいる。
② 地震が火事などに対する防災設備が不十分である。
③ 住宅の構造や造りが使いにくい。

図1-8-2　高齢者の身体・生活の特徴

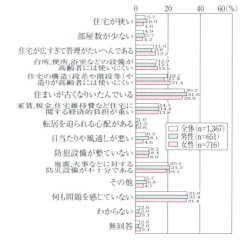

図1-8-3　高齢者が住宅で困っていること
（「令和2年度　第9回高齢者の生活と意識に関する国際比較調査結果」令和2年，60歳以上の対象，内閣府）

---

1) 筋力のピークは20歳代,骨の強度力のピークは40歳代である。
2) 若い人よりも約10cm低い。

④　台所，便所，浴室などの設備が使いにくい。
⑤　家賃，税金，住宅維持費など，住宅に関する経済的負担が重い。
⑥　住宅が広すぎて管理が大変である。

アメリカやドイツ，スエーデンなどに比べると，住まいに対する不満率が高い。

また，住まいのなかで起こる高齢者の不慮の事故として，浴室などでの事故死があり，つまずきなどの同一平面上での転倒，階段からの滑落，建物からの転落などがある。

そこで，高齢者の住まいの課題として，バリアフリー化やトイレ・浴室などに手すりを設置したり，介護のしやすさを考えたゆとりのスペースを設ける，ドアを外開きにするなどがある。

また，介護が必要になったときの住まいとして，約6割の高齢者が，現在のまま自宅にとどまりたいと考えている（図1-8-4）。このことは，アメリカやドイツ，スエーデンなどでも同様である。このように，高齢期の住まいとしては，自宅での対応が求められている。しかし，諸外国に比べると，住まいの不便さから，老人ホームなどの入居を望む率が高く，住宅を改修して住み続けることの希望は多くはない。

また，高齢者にとってのまちに関する課題としては，以下の項目がある。
①　日常の買い物が不便である。
②　公共交通機関が整備されていない。
③　病院などへの通院手段が不便である。

個人で解決できることもあるが，地域や行政との連携が必要になる。また，高齢者が住み替えることで，解決することもある（8・3参照）。

自宅の改修や住み替えには資金が必要となる。高齢者の6割は，資金が足りないと考えており，全体の約1/4が「まったく足りないと思う」としている（図1-8-5）。

8・2　超高齢社会の居住，福祉政策

8・2・1　高齢化の進行

個人の高齢化も大きな課題であるが，このようななかで，日本では，高齢化の進行が他国に比べて速かったために（表1-8-2），高齢化への対処が遅れていたが，次第に整備されつつある。

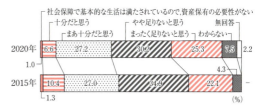

図1-8-5　老後の備えとしての現在の貯蓄や資産の満足度
（「令和2年度　第9回高齢者の生活と意識に関する国際比較調査結果」令和3年，60歳以上の対象，内閣府）

表1-8-2　高齢化の進行

国　名	平成7年 (1995)	平成17年 (2005)	平成27年 (2015)	倍化年数 （高齢化率7%→14%）
日　　本	14.4%	19.9%	26.8%	24年間 (1970年→1994年)
アメリカ	12.6%	12.3%	14.5%	72 (1942年→2014年)
フランス	15.2%	16.4%	18.6%	126 (1864年→1990年)
ド イ ツ	15.4%	19.1%	21.5%	40 (1932年→1972年)
スウェーデン	17.5%	17.3%	20.0%	85 (1887年→1972年)
イギリス	15.8%	16.0%	18.0%	46 (1929年→1975年)
中　　国	6.4%	7.6%	9.5%	25 (2000年→2025年)

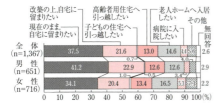

図1-8-4　身体機能が低下した場合の希望する住宅
（「令和2年度　第9回高齢者の生活と意識に関する国際比較調査結果」令和3年，60歳以上の対象，内閣府）

（令和5年度　住宅経済関連データ）

表1-8-3　高齢者福祉・居住政策の推移

制定年	高齢者福祉・居住政策の推移
1963（年）	老人福祉法
1982	老人保健法　2006年に，高齢者の医療確保に関する法律に改正
1989	ゴールドプラン
1994	新ゴールドプラン
1995	高齢社会対策基本法
2000	介護保険制度　スタート（'05，'08，'11，'14，'17，'20，'23年に改正）
2000	ゴールドプラン21
2001	高齢者の居住の安定確保に関する法律（高齢者居住法）制定
2007年	住宅確保要配慮者*に対する賃貸住宅の供給の促進に関する法律（住宅セフティネット法）制定（2024年改正：居住サポート住宅の認定と居住支援法人の役割の強化等）
2011	高齢者の居住の安定確保に関する法律（高齢者住まい法）改正

＊高齢者，低額所得者，子育て世帯等

8・2・2　高齢者のための居住，福祉政策

高齢化への体制整備として，介護保険制度と高齢者居住法の制定等がある（表1-8-3）。

（1）**介護保険制度**　高齢者の介護を家族だけで担うことの限界を考慮し，利用者本位，サービスの質の向上，自立支援，在宅重視を狙いとして，制度化された。これによって，さまざまなサービスを受けることができるようになった。

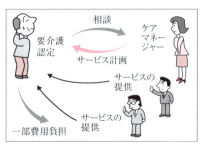

図1-8-6　要介護認定とサービスの提供

資料1　終身建物賃貸借制度

賃借人が死亡するまで更新せずに賃貸借契約が継続する制度で，契約者が死亡した際に，賃借権が相続されない。バリアフリー住宅で，60歳以上の人が対象となり，家賃の全部または一部の前払いが可能である。また，同居していた高齢者（配偶者は60歳未満でも可）は，高齢者の死亡後1か月以内の申出により継続居住が可能である。

なお，契約にあたっては，公証人発行の公正証書が必要である。

資料2　バリアフリーリフォーム融資制度
（高齢者向け返済特例制度）

住宅を担保にしたリバースモーゲージ（図1-8-14）の1つである。住宅金融支援機構による，高齢者自らがバリアフリーリフォームを行いやすくするための融資制度。

これは，生存時の返済負担は利払いだけに軽減し，死亡時に住宅資産等を活用して一括償還できるようにしたものである。

介護保険制度の申請から認定，サービスを受けるまでは図1-8-6のようになっており，認定後，サービスを受けると，利用者は費用の原則1割負担で済む[3]。必要に応じて食費や居住費なども補助が受けられる。

介護保険制度は，介護予防の視点および地域での対応強化，さらに，高齢者の自立支援と要介護状態の重度化防止，地域共生社会の実現を図るとともに，制度の持続可能性を確保することに配慮し，地域包括支援センター（図1-8-7）の機能強化，医療・介護の連携の推進として新たな介護保険施設の創設，制度の持続可能性を高める観点から，特に所得の高い層の負担割合を3割とするなどの対応がとられている。

今後ますます地域包括ケアの強化，自立支援，重度化予防が重視されることになる。

3）一定以上の所得がある者は2割あるいは3割負担となる。

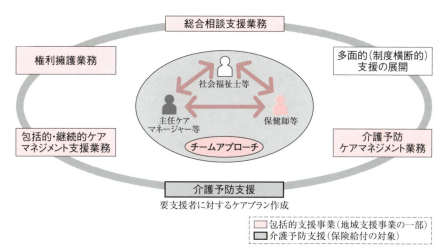

図1-8-7　地域包括支援センターの業務

(2) **高齢者の居住の安定確保に関する法律（高齢者住まい法）**　高齢者が安心して居住できる住宅制度として，以下①〜④の制度が創設され，法改正を経て⑤，⑥が整備された。

① 高齢者円滑入居賃貸住宅制度：高齢者が安心して居住できる賃貸住宅の登録制度
② 終身建物賃貸借制度：高齢者が終身にわたり安心して居住できる仕組み（資料１）。
③ 高齢者向け返済特例バリアフリーリフォーム融資制度：自宅のバリアフリー化の推進（資料２）。
④ 高齢者専用賃貸住宅制度：高齢者が居住することを前提に，一定基準を満たしている居室や共用スペースがあるとして，都道府県単位で許可・認可された住宅。
⑤ サービス付き高齢者向け住宅（サ高住）の登録制度：高齢者円滑入居賃貸住宅と高齢者専用賃貸住宅制度を改正（2011年）し，あらたに整備された高齢者向け住宅の登録制度（図1-8-8，表1-8-4）。
⑥ 高齢者の住み替え推進として，住宅の建設・購入資金等に係わるリバースモーゲージ型住宅ローン（毎月利息のみ返済，死亡時に元金を一括返済，あるいは死亡時に元利金を一括返済）がある。

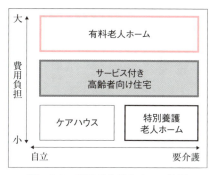

図1-8-8　高齢者向け住まい，施設

表1-8-4　サービス付き高齢者向け住宅の登録制度

a. 登録基準
① 住宅：床面積は原則として25m^{2}以上。便所・洗面設備などの設置，バリアフリー。
② サービス：少なくとも，安否確認（状況把握サービス）や生活相談サービスを提供する。
③ 契約：高齢者の居住の安定を図る契約とし，前払家賃などの返還ルールや保全措置が講じられる。
b. 事業者の義務
① 入居契約にかかわる提供するサービスなどの登録事項情報を開示し，入居者に対する契約前の説明を行う。
② 誇大広告の禁止。
b. 継続の場合
① 行政は，住宅管理やサービスに関して報告を徴収し，立入検査・指示を行い，事業者を指導・監督する。

8・3　高齢期の住まいとまち，暮らし

高齢期の住まい・まちとして，高齢者が自宅に介護保険を利用し居住し続けることもあるが，高齢者用住宅や施設に移る，立地の良いマンションに移るなどの選択もある。

8・3・1　高齢期の住まい

(1) **住替え**　高齢期に住宅を住み替えるには，住宅を探すだけでなく，さまざまな検討すべきことがある。例えば，現在の住宅が持家の場合，貸したほうがよいか，売却したほうがよいか。または，次の住宅はどのようなタイプにするのがよいか。こうした条件の整理をしたうえで，新しい住宅を選択することになる。

高齢者が郊外の戸建住宅を貸し，その費用で，立地のよい都心の賃貸マンションに住むことも考えられる。戸建住宅の広い庭は，子育て環境に恵まれているので，この住宅を若い子育て世帯に借すことにする（図1-8-9）。しかし，若い世帯にとっては，数10年前の設備や間取りは魅力的ではない。そこで，リフォームをしたいと思うが，リフォーム費用がかかり，退去時には，原状回復費用も請求される。一方，リフォーム費用を貸主である高齢者が負担するのは，老後の生活費用を考えると荷が重いことになる。そこで，借り手が負担する DIY 型賃貸住宅（第1部第6章参照）が生まれてきた。

また，自宅を賃貸に出し，家賃収入を得ることで生活資金にできるように，**移住住みかえ支援機構**（図1-8-10）による借り上げ制度がある。

(2) **高齢者向け住宅と施設**　高齢者が安心して生活するためには，生活を支援してくれるサービスと住宅・施設が必要であり，それらの例として表1-8-5のような住宅・施設がある。表でみるとおり，それぞれの利用の権利，権利の譲渡，支援サービスの内容が異なり，また，居室や共用施設の状態，対価の支払い方法などが異なる。

日本における高齢者用住宅や施設は，諸外国

図1-8-9　高齢者の住宅に，若い世代が居住

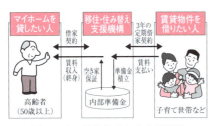

図1-8-10　移住住みかえ支援機構

表1-8-5　高齢者向け住宅・施設，マンション

	サービス付き高齢者向け住宅	高齢者用区分所有型マンション	有料老人ホーム
利用権	賃借権（借家権）	区分所有権（不動産購入）	主として利用権
権利の譲渡等	譲渡・転貸・相続はできない。借地借家法で居住保障。	譲渡・転貸・相続はできる。	譲渡・転貸・相続はできない。
支援サービス	安否確認（状況把握サービス）と生活相談サービスは必須。世話のサービスは別契約。	生活支援サービスの有無は管理組合ごとに異なる。実質は混合契約が多い。	居室・食事・身の回りの世話，介護がすべて提供される混合契約。

に比べ数も少なく（図1-8-11，図1-8-12，資料3，4），種類も少ない。また，事業者の倒産もあり，高齢期の暮らしをどのように安心なものとするのか，行政がどのように関与すべきかなどの課題がある。

資料3　住宅金融支援機構による高齢者の居住支援策

● リ・バース60：住宅金融支援機構と提携している金融機関が提供する満60歳以上の人向けの住宅ローン。毎月の支払は利息のみで，元金は死亡時に一括して返済または担保物件（住宅および土地）の売却により返済。

● 災害復興住宅融資〈高齢者向け返済特例〉：地震等の災害で住宅に被害が生じた旨の「り災証明書」を交付されている満60歳以上が利用できる住宅復旧のための建設資金または購入資金に対する融資。返済はリバース60と同様

● まちづくり融資〈高齢者向け返済特例〉：借入申込時満60歳以上が自ら居住するためにマンション建替え事業などによる住宅の建設または購入をする際に利用できる融資。返済は上記と同じ。

● マンション共用部分リフォーム融資〈高齢者向け返済特例〉：共用部分のリフォーム工事を行うに当たり，一時金を負担する高齢の区分所有者または将来の修繕積立金を一括払いするために一時金を必要とする高齢の区分所有者が利用できる融資。

資料4　リタイヤメントコミュニティ

🇺🇸 RC（Retirement Community）は，55歳以上の人の居住の場で，アクティブシニアコミュニティともいう。

CCRC（Continuing Care Retirement Community・図1-8-13）は，RCの中でも，自立した生活を行う状態（Independent Living：IL）から居住し，医療や介護が必要になった場合にも居住し続けられる，または併設・近隣に設置された施設への移動を可能とするものである。多くは60歳以上からの居住となっており，州の許可・登録制が多い。

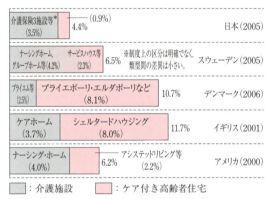

図1-8-11　各国の高齢者の居住状態

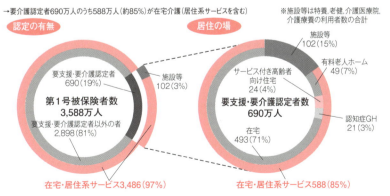

図1-8-12　高齢者の住まいの現状（2022年2月現在）
（出典は巻末に掲載）

90　第1部　住まいとまち（不動産）のしくみを知る

*ADL：日常生活動作
図1-8-13　CCRC

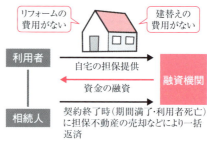

図1-8-14　リバースモーゲージの仕組み

8・3・2　資産を活用した暮らし

（1）**リバースモーゲージ**　高齢化に対応したリフォームを実施する費用のために，高齢者が住宅を手放してしまうと，住む所を失ってしまう。しかし，住宅をリフォームしないと住みにくい。あるいは，いま，住んでいるマンションが建て替えられることになったが，このマンションには友人が多いので，建替え後も住み続けたい。しかし，建替え費用を負担できない。こうした場合に，住宅を担保にして必要な費用を借り，その費用を死亡したときに住宅を売却して返却する方法が，**リバースモーゲージ**である（図1-8-14）。日本では，まだ普及は少なく，対象となる住宅も限定的である。

また，海外では多様なリバースモーゲージの

図1-8-15　ヴィアジェの仕組み

図1-8-16　リースバックの仕組み

表1-8-6　リバースモーゲージとリースバックの相違

	リバースモーゲージ	リースバック
不動産活用の仕組み	住まいを担保に融資を受け，死亡後に住まいを売却し，融資を一括返済する	住まいを売却し，買い取った事業者から住まいを借りて居住する
事業者	銀行，住宅金融支援機構	不動産業者等
すまいの所有者	居住者自身（所有権をもち住み続ける）	不動産業者（借家権で住み続ける）
保有の税	支払う必要がある	支払う必要はない
利用対象者	55歳以上など制限有	制限なし
費用の使途	住まいに関することに限定される場合がある	限定なし
対象不動産	戸建て住宅，マンションは対象外の場合もあり	制限なし（ただし，市場性などの条件等がある）

制度がある。フランスでは古くから「高齢者付き住宅（ヴィアジェViager）（図1-8-15）」（高齢者は自宅を売却するが，亡くなるまで居住できる）として普及しており，その他，アメリカのリバースモーゲージ（HECM：Home Equity Conversion Mortgage），イギリスの住宅資産流動化融資（エクエティリリースEquity Release）等がある。これらの制度が成り立つ背景の一つには，住宅が住み手に適正に維持管理され続けることがあり，資産価値を維持している点がある。

（2）**リースバック**（図1-8-16）　高齢者が住み慣れた住まいに住み続け，かつリフォームの資金など得る方法として**リースバック**方式もある。この方法は，一旦住まいを売却するが，売却した住まいを借りて住むことになる。ゆえに，住みなれた住まいに住み続けることができること，売却したことで一時に収入を得ることができることなどがある。しかし，利用できる住宅が限定される，家賃を支払う必要があり，長期の場合には，売却費を上回る賃料総額となることなどの課題がある。

8・3・3　高齢者の居住支援によるまちづくり

地域での自治会・町内会，NPOなどによる高齢者の買い物支援，安否確認，食事の提供，ゴミ出しの手伝いなどがみられる（表1-8-7）。例えば，横須賀市では行政と大学，地域が協力し，学生が道路に接道していない谷戸に居住し

表1-8-7　高齢者居住を支援するNPOの取組み例

① **住宅の提供・改修**：グループホーム用に住宅の提供，短期入所サービスの提供，シェルターの確保，バリアフリー改修，サブリース，グループリビングの運営など
② **賃貸住宅への入居支援**：契約手続きの立会，生活ルールや環境の把握と説明，死亡時の残存家財の処分，物件情報の提供，家賃債務保証会社の紹介など
③ **生活支援**：トラブル対応，電話相談，見守り，安否確認，金銭管理，弁当配達，食事提供，荷物配達，移動支援など

ている高齢者の生活を支援している。こうした行政や市場のサービスが届かないところに，地域で新たなプラットフォームをつくり，高齢者の居住を支援するまちづくりの必要性が高まっている。例えば，高齢者の移動手段を確保するための自家用有償旅客輸送や許可・登録の必要ない輸送などの地域での取り組みやまちづくりである。

8・3・4　高齢期の資産のマネジメント

高齢者となり，認知症となる事例が増えている（表1-8-8）。高齢者が認知症になり判断能力が衰えた場合に結んだ契約は有効なのか。すべて無効となるわけではなく，また，本人や家族が取り消すことはできない（成年後見人等がいる場合は別）。

まず，高齢者が有効な契約を結ぶためには，その時点において一定の判断能力（**意思能力**）

表1-8-8　認知症の人の将来推計

年	平成24年（2012）	平成27年（2015）	令和2年（2020）	令和7年（2025）	令和12年（2030）	令和22年（2040）	令和32年（2050）	令和42年（2060）
各年齢の認知症有病率が一定の場合の将来推計人数／（推定有病率）	462万人 15.0%	517万人 15.2%	602万人 16.7%	675万人 18.5%	744万人 20.2%	802万人 20.7%	797万人 21.1%	850万人 24.5%
各年齢の認知症有病率が上昇する場合の将来推計人数／（推定有病率）		525万人 15.5%	631万人 17.5%	730万人 20.0%	830万人 22.5%	953万人 24.6%	1016万人 27.0%	1154万人 33.3%

資料：「日本における認知症の高齢者人口の将来推計に関する研究」（平成26年度厚生労働科学研究費補助金特別研究事業九州大学　二宮利治教授）

が必要である。本人に意思能力がない場合は，契約は無効とされる。同一人であっても心身の状況により意思能力があると認められる場合と否認される場合がある。

ではどうすればよいのか。認知症などの理由で判断能力が不十分な者を保設し，支援する法制度として**成年後見制度**（法定，任意）がある。また，信託をする方法もある。ある財産（金銭や不動産だけでなく，著作権のような権利も含まれる）を保有する者（委託者）が，その財産を受託者に譲り渡し（信託的譲渡），受託者は受託財産を管理・運用し，そのなかで得た収入のうち諸経費，信託報酬を差し引いた運用益を信託配当として委託者又は委託者が指名した第三者（受益者）に支払う仕組みである。営利信託（信託銀行や信託会社の信託業者に信託）と民事信託（信託業者以外の個人や法人に信託）や家族信託（家族に信託）がある。

高齢者の住まいが空き家となり，地域に迷惑をかけること等がないように，高齢者，その家族，地域や社会にとって不動産の安全，安心な取引できる体制を整えることは重要である。

エピローグ

　高齢期を在宅で過ごすサポート体制も整ってきている。また，高齢者用の住宅や居住施設には多様なものがあり，入居の権利の取得方法や生活支援サービスの状態，契約内容，対価などが異なる。サービス付き高齢者向け住宅は安否の確認と生活相談サービスのある住宅である。また，住替えなどのため，自宅を賃貸にする，自宅を担保に借金し，死亡時に返却する方法としてリバースモーゲージ等もある。自分にあった住宅・施設とサービスを選択しよう。

コラム11　アメリカの CCRC への行政の関与

　CCRC は，アメリカにおける高齢者のためのコミュニティで，概ね60歳以上の高齢者が，自立している段階から要介護・医療が必要な段階までの継続居住が可能である。入居の権利は，利用権・賃借権・区分所有権（不動産購入）の場合がある。非営利法人でも，営利法人でも経営はできるが，非営利法人が多い。

　行政は，消費者の権利の保護のために，事業者に法律に基づき，経営の安定の視点から，① 事業計画・財政状況などの経営性を判断して許可，② 経営面にわたる情報の積極強制開示，③ 監査報告と立入り検査，④ 流動資産の保持を規制し，居住者の権利保障の視点から，⑤ 90日間のキャンセル期間の設定，⑥ 契約内容の明確化，⑦ 居住者の意見を運営に反映する体制，を課している。

　このように，行政は事業計画の立案やその後の運営にも関与し，情報開示の推進により市場を整備している。また，事業者自身も常に経営状態の改善に努め，居住者の意向が反映できる体制を実質的に組織化し，入居率を高める努力をしている。

　日本でも，CCRC の検討や取組みも見られる。例えば，オークフィールド八幡平は，岩手県八幡平市にあるサービス付き高齢者向け住宅である。2015年に第一期の建物となる，32戸の居住棟とレストラン棟が完成している。また，夏は涼しく過ごし，冬はスキー三昧の生活を満喫することができ，首都圏からの移住もみられる。居住者は農に携わったり，地域でレジャーを楽しんだり，大学で授業を受けたりしている。

　そのほかに，区分所有型マンションと老人ホームの形態等がある。しかし，アメリカのように消費者の権利保護の視点からの行政の積極的な関与はない。

第 2 部
住まいとまちのマネジメントを実践する

第 1 章　集合住宅の歴史を知る　　　……………　95
第 2 章　マンションを所有する　　　……………105
第 3 章　マンションを管理する　　　……………111
第 4 章　マンションを維持管理する　……………123
第 5 章　マンションを建て替える　　……………133
第 6 章　マンションを解消・1棟リノベ・
　　　　　コンバージョンする　　　……………141
第 7 章　マンションで暮らす　　　　……………149
第 8 章　まちをマネジメントする1　……………159
第 9 章　まちをマネジメントする2　……………171

第 1 章
集合住宅の歴史を知る

> **プロローグ**
> 今は一般的になった集合住宅。
> 日本で集合住宅はいつ頃から登場したのか？
> 賃貸か分譲か，どのような所有方法だったのだろうか。そして，誰が何のために建設されたのだろうか。

1・1 近世までの集合住宅

人が集って住む集合住宅とはいつからできたのかをみていこう。

1・1・1 集住のためのマネジメントルール

古代から人類は協力して身の安全を守り食糧を確保するために集まって暮らす**集住体**をつくってきた。集住体とは「住居が寄り集まってできた人間の生活空間[1]」という意味である。人が集まり都市をつくるようになってからは，**町家**をはじめとした**集合住宅**が現れ，高密度に人が暮らす工夫や知恵が，**町式目**（表2-1-1）などのマネジメントルールと併せて現れてきた（コラム13）。

1・1・2 長屋

中世から近世，近代を経て，アパートと呼ばれる集合住宅が現れるまで，都市の庶民階層の居住を支えてきたのは**長屋**である。

長屋とは，一棟の建物を壁一枚で区切った形式の住戸で，各住戸の玄関が接道するような間取りをしている（図2-1-1）。間口を狭めることで一つの敷地に多くの住宅を配置することがで

表2-1-1 享保8年室町薬師町規則（町式目）の内容

行　　　政	訴訟などに関する規則
町　役　人	町の運営を担う役員に関する規則
会　　　合	会合に関する規則
防犯・防火・治安	災害時対応や相互扶助に関する規則
相　　　続	養子や家の相続に関する規則
家の売買	家の売買に関する規則
冠婚葬祭	家族生活の変化の周知に関する規則
出　　　銀	町の運営にかかる費用に関する規則

図2-1-1 表勝手の長屋の外観

き，人口密度が高い都市部の住宅で発展した。

都市に労働階級の人口が増加すると，賃貸住宅として各地に長屋が建設された。表通りに面して長屋が建設されることもあったが，表通りから引き込まれた露路（ろじ）に面して長屋形式の借家，**裏長屋**が多く建設された。裏長屋で

1）巽和夫ほか：『集住体を設計する』，彰国社，1995.10

は住戸内にわずかな炊事場と寝食のための畳空間があり，井戸や便所（後架や惣雪隠と呼んでいた）は複数の世帯で共同利用されていた（図2-1-2）。

1・2　近代の集合住宅

近代になると「アパート」と呼ばれる集合住宅が出現する。

1・2・1　御茶ノ水文化アパート

東京では大正時代に都市住宅の変化が現れ始める。アパートという鉄筋コンクリート造の集合住宅が登場したのである。先駆的な例として**御茶ノ水文化アパート**（東京，1925年）が挙げられる。明治時代の初めから文明開化が謳われ，大正時代の社会でも西洋文化を積極的に取り入れる風潮があった。御茶ノ水文化アパートは，設備が充実した新しい都市居住の住宅形態として，アメリカのアパートメント・ハウスを模倣して建設された（図2-1-3，図2-1-4）。

発起人は法学博士の森本厚吉で，設計はアメリカ人建築家のヴォーリズが担当した。鉄筋コンクリート造4階建の賃貸住宅で，42戸の住戸と店舗，カフェ，車庫，洗濯室，ゴミ焼却炉，食堂などの共用部分があった。各住戸の掃除は共同の使用人（メイド）が行い，洗濯物は外部の洗濯屋にメイドが出すといった生活サービスがついており，アメリカの中流アパートをそのまま模倣したものであった。家賃は高価で，在日外国人の入居希望が多かった。

1・2・2　同潤会アパート

もう1つの先駆的な例として**同潤会による**アパートが挙げられる。1923年に起こった関東大震災によって東京と横浜で465,000戸の住宅が倒壊，焼失した。義援金を基金として当時の内務省社会局（現，厚生労働省）に設立されたの

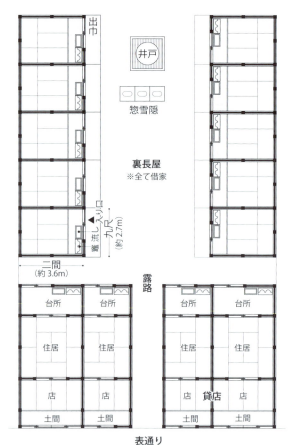

図2-1-2　裏長屋の構成

図2-1-3　御茶ノ水文化アパートの外観スケッチ
（出典：『実業の世界』（実業之世界社，1925.12））

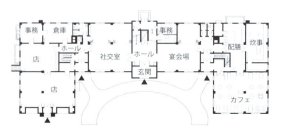

図2-1-4　御茶ノ水文化アパート1階
1階には共用施設があり，2階以上に住戸がある

が同潤会である（1924〜1933年，16カ所）。

同潤会は、「震災で被災した住宅を復興する」ことに加え「都市における労働者の増加による住宅不足を解消する」ことを目的とし、住宅を建設した。

同潤会による住宅の建設費は政府からの低金利貸付で賄われており、同様の民間賃貸の家賃と比べて安く抑えられていた。同潤会によるアパートは鉄筋コンクリート造で、耐震や防火が意識されていた（図2-1-5）。

それだけでなく、水道や電灯、ガス栓、当時では珍しい水洗便所やダストシュートなど、新たな技術や設備によって日本人の居住性の向上をリードする役割を果たした。

また、アパートには共用の洗面所や食堂が併設されており、生活の共同化を誘導したコミュニティを造成する先掛けとなった。

建設省による公営住宅の設計資料[2]によると、同潤会の各団地には管理事務所が設けられており、管理専用の職員がその事務所に常駐していた。管理事務所の職員数は平均1.9名で、一人当たりの担当戸数平均は約120戸程度だった。それらの職員は住宅の小さい修繕にその場で応える役割を果たしていた。

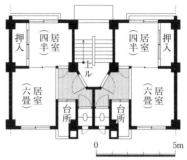

C 號代表階：6,4.5畳の二居室を有するもの
図2-1-5　同潤会青山アパート平面図

図2-1-6　設備共用型
（裏長屋が上下に重なった形の木賃アパート）

1・2・3　木賃アパート

鉄筋コンクリート造や各住戸の設備が整ったアパートの建設はその時代の若者にアパートへの憧れを抱かせた。一方、アパートの家賃を支払う経済的な余裕がない都市労働者は、**木賃ア パート**（木賃宿）を選ぶことになる。木賃アパートは高度経済成長期に急増した木造の賃貸集合住宅をさし、多くの場合2階建てだった。形態的には裏長屋や表勝手長屋が上下に重ねられた形式で、階段や廊下から各戸に移動する立体化した長屋である[3]（図2-1-6，図2-1-7）。

図2-1-7　設備専用型
（表勝手長屋が上下に重なった形の木賃アパート）

2）建設省住宅局編：『住宅建設要覧：公営住宅の一団建設のための設計資料』，日本建築学会，1953
3）西山夘三：『日本の住まいⅠ』，戦前のアパート，p.118，勁草書房，1975

1住戸の広さは4畳半～8畳程度に押し入れがついた程度で，壁一枚で隔てられているために生活音が隣に聞こえる粗雑なつくりのものであった。しかし一戸建の貸家を借りるより経済的で，下宿や間借りといった家主世帯との日常的なかかわりを疎ましく感じる居住者が，木賃アパートを選ぶ傾向にあった。木賃アパートには管理業務を行う従業員（用務員や管理員）がいることもあった。新しい住宅形態は居住者を管理の側面から支える職種とともに登場したといえる。

1・2・4　住宅地の登場

住宅が集まってできた**住宅地**も集住体の1つである。都市部では，多様な建築の用途の中に住宅が混在してまちが形成されてきた。

第一次世界大戦の影響で日本は重工業を中心とした大戦景気が起こり，都市部には労働者が増え，住宅が著しく不足した。欧米で発表された『**明日の田園都市**』（エベネザ・ハワード，1910年）による，住宅問題を都市計画を通じて解消しようとする考えは日本の計画的な住宅地開発に影響を与えた。

新しい住宅地は住宅不足の解消と居住の質の底上げという福祉的な必然性から都市部の周辺や郊外に，計画的に開発された。

政府は公共団体や公益団体に低金利の融資をし，国有林の払い下げなど，労働者向けの借家を建設するための住宅地開発を促した。

こうして1919年から東京や大阪で市営の住宅地や市営の住宅がつくられた。その多くは独立住宅ではなく，**二戸一住宅**や長屋などであった。先に述べた同潤会も住宅地を開発している。住宅地には商店，浴場，運動場，集会場，郵便局，派出所，学校などの**福利厚生施設**がつくられた。

1921年には「住宅組合法」が制定され，持ち家を建設したい個人で**住宅組合**をつくり，政府が住宅建設費用を低金利で融資した。住宅金融公庫法（第1部第3章参照）に先駆けてつくられた持ち家政策といえる。しかし，手続き等が複雑であまり成果がなかった。ただ，その「住宅組合法」は，住宅の所有形態の歴史からみれば重要なターニングポイントであった。労働者の住宅はこれまでの歴史の中でみれば，賃貸という所有形態が一般的であったことを思えば，それが理解できる。

1・2・5　建売住宅

現在でも定着しているのが住宅を建設してから販売するという**建売住宅**の宅地開発である。建売住宅は既に建設された住宅を購入できるため，入居までの時間が短く手軽に住宅を取得できる。その一方で，住宅の間取りの計画に居住者がかかわる自由度は低く，購入者にとっては品質にかかわる情報がわかりにくい。

建売住宅の先駆けとなったのは社宅街や電鉄会社が建設した住宅地である。社宅とは，資本家が一定の労働力を確保するために建設した集合的な住宅である。独身世帯には寮や寄宿舎が，家族のいる世帯には独立した住戸プランの集合住宅や戸建て住宅が一般の賃貸住宅に比べて割安な家賃で提供された。社宅は優秀な労働力を確保する報償としても利用された。

他方，電鉄会社は沿線の電鉄利用者数を確保するために，戦前から分譲宅地を開発し，住宅地をつくる導入手段として建売住宅を販売していた。戦中から戦後まで（1950年代中ごろ）は，戦中に集中攻撃を受けた線路の補修や復興を優先したため，一旦は開発が停止されていた時期もある。住宅地開発は沿線に住むことが上流住宅に暮らすというイメージで郊外地の宅地開発が進められた。宅地の規模は15～30坪，平屋や2階建てが多く，庭やガレージがついたものも珍しくなかった。

1・3 現代以降の集合住宅

1・3・1 戦後の建売住宅と住宅地開発

1960年代からは、高度経済成長期によって農村から都市部へ人口の流入が増え、都市部に狭小な建売住宅が建設されるようになる。住宅の供給主体は中小の**ディベロッパー**（開発事業者、分譲会社）で、戦災によって都市部にできた空き地のうち、比較的交通の便が良いところが選ばれた。

都市の**スプロール**[4]が進むと、都市近郊の田畑などが**ミニ開発**によって10〜20戸程度の小さな住宅地になる現象も見られた。それぞれの住宅規模は10〜15坪で、主流は木造の2階建であった。外見は良くても住まいの質は低く、構造や基礎や設備などに不備があるものが少なくなかった。

このように建売住宅は、住宅の性能や性質がブラックボックス化しても建売の状態であれば不備が確認できない。そのため、住宅の問題は住宅の供給不足や建築計画の問題だけでなく、消費者問題にまで拡大していった。

1・3・2 住宅地におけるマネジメント

住宅地開発が進む中、1924年には**クラレンス・ペリー**によって**近隣住区論**が提唱され、コミュニティづくりを念頭に入れた住宅地計画が議論されるようになる。各地に建設されたニュータウン（図2-1-8）にも影響を与え、地域住民が利用できる共用施設や空間が計画的に配置されるようになる。やがて、それらは町内会などの主体によって協働的に管理されるようになり、メンテナンス行為を通じた地域マネジメント（まちづくり）活動へと展開していった。

図2-1-8　第一種低層住居専用地域（平城ニュータウン）の風景
計画的な住宅地として1980年代に開発された平城ニュータウン（奈良県・奈良市）。この地域の建築の条件として、建蔽率（40％）、容積率（60％）のほか、建築物の高さの限度（10m）

図2-1-9　住宅金融公庫の建設基準に合う住宅例
（出典：『新住宅読本』、早川文夫、相模書房、1950）

1・3・3 公的住宅と積層集住のライフスタイル

日本に積層した集合住宅の歴史は戦後、日本人の住まいの歴史に定着していく。その後押しとなったのが日本の公的な住宅の誕生である。戦中は空襲などで都市部では多くの住宅が被災し、戦後の復興では十分な住宅の数を供給していくことに大きな力が注がれることになった。

政府は日本の**住宅政策の3本柱**（**住宅金融公庫法**、**公営住宅法**、**日本住宅公団法**）を施行する。ここから公的な住宅建設が本格化する。

① **住宅金融公庫法**（図2-1-9）

我が国最初の住宅政策として登場したのは1950年の**住宅金融公庫法**である。これは戸建て住宅を自力再建できる国民に対して、住宅の建設費を融資する政策であった。融資の条件として、規模や構造、材料などの基準が決められた（表2-1-2）。

---

[4] 都市の急速な発展により、市街地が無秩序、無計画に広がっていくこと。

② 公営住宅法

1951年に**公営住宅法**が施行された。公営住宅とは、各自治体が供給する比較的低所得者層に対する賃貸住宅のことであり、福祉的な性質をもつ住宅である（図2-1-11）。

当時の公営住宅には**監理員**と、その補助をする**管理人**が居住者の生活補助にあたっていた。監理員は「たんに家賃の取立にあたるいわゆる『差配』のようなものではなく、公営住宅及びその環境を良好な状態に維持するため入居者を指導することのできる識見と能力を持ち合わせる者[5]」とされ、地方公共団体の専任職員が配置を義務付けられた。1955年の調査結果[6]によると、監理員は平均20戸程度の住戸を受け持っていた。一名の監理員に3－4名の管理人が補助につき、入居者の生活のサポートを行っていた。

③ 日本住宅公団法

1955年には、**日本住宅公団法**が施行された。その法律によって設立された日本住宅公団は、都市に居住する中産階級を対象に新しいライフスタイルや住宅形式の集合住宅を積極的に啓蒙、普及する役割を持っていた。

公団住宅の計画において提案された空間として、**食寝分離**を達成するための**ダイニングキッチン**（DK）が挙げられる（図2-1-10）。

図2-1-10　DK のはじまり　51C型

表2-1-2　初期の住宅金融公庫からの融資条件

申込人に対する要件（貸付を受けることができる者）
（1）自ら居住するための住宅を必要とする者であること。
（2）公庫からの資金の貸付を受けなければ住宅を建設または購入することができない者であること。
（3）住宅の建設または購入に必要な資金のうちでその者の負担すべき額を有し、かつ元利金の償還の見込が確実な者であること（申込人およびその世帯員の総収入月額が当初償還元利金の7倍以上であること）。
（4）建設または購入しようとする住宅に入居する予定の家族が1人以上ある者であること。
（5）住宅を建設しようとする敷地を所有しているか、または借地しているか、あるいは敷地の入手または借地の見込が確実な者であること。
（6）元利金の償還に関して確実な保証人のある者であること。

融資物件に対する要件（貸付を受けることができる住宅）
（1）住宅については30平方メートル（約9坪）から60平方メートル（約18坪）まで。
（2）土地については198平方メートル（約60坪）まで。
（3）併用住宅の場合は、店舗、事務所等の非住宅部分の面積が住宅部分の面積より広くないこと。
（4）各戸に2室以上の居住室、便所、炊事場を設けること。
（5）便所を改良式便槽または水洗式便所にすること。
（6）木造住宅は1戸建てとし、簡易耐火構造住宅以上の耐火性能を持った構造の住宅のみ2戸建て、または連続建てを認め、共同住宅は2階建て以上の耐火構造住宅とし、木造は認めない。
（7）木造住宅については、布基礎の強制、柱、火打梁、火打土台、筋かい等の部材寸法を定めること。

貸付金の限度額
（1）木造または防火構造の住宅の建設およびこれらに付随する土地または借地権の取得を目的とする貸付金については住宅の建設費（建設費が標準建設費をこえる場合においては標準建設費）または、土地もしくは借地権の価額（価額が標準価額をこえる場合においては標準価額）の7割5分に相当する金額。
（2）簡易耐火構造の住宅または耐火構造の住宅の建設およびこれらに付随する土地、または借地権の取得を目的とする貸付金については、住宅の建設費または土地もしくは借地権の価額の7割5分に相当する金額。

貸付金の利率、償還期間および償還方法
（1）貸付金の利率は年5分5厘。
（2）貸付金の償還期間は、
　（イ）木造または防火構造の住宅およびそれに付随する土地については、15年以内。
　（ロ）簡易耐火構造の住宅およびそれに付随する土地については20年以内。
　（ハ）耐火構造の住宅およびそれに付随する土地については30年以内。
（3）償還方法はいずれも原則的には毎月払いの割賦償還。

5）鬼丸勝之：『公営住宅法詳説』、p.139、理工図書、1951
6）建設省住宅局：『公営住宅実態調査結果報告 昭和28年』、p.8、1955

1・3・4 マンションの登場
① マンションブームの到来

1950年代半ばから高度経済成長期に入る。都市への人口流入が加速し，都心部の地価が高騰した。その影響で都市での住宅需要は高まり，通勤者向けに中層化した集合住宅が民間事業者によって分譲販売されるようになった。これがマンションブームの始まりである。

1962年には**区分所有法**が制定され，分譲マンションの所有や管理の権利関係が明確になった。区分所有というのは，一つのマンションに複数ある住戸をそれぞれ違う所有者，**区分所有者**が持ち，その区分所有者全員が管理組織である**管理組合**を構成してマンションの管理をするというものである。

〈第一次マンションブーム〉

1960年代は東京オリンピック（1964年）のための都市整備を機に景気が良くなり，都心に民間分譲マンションが建設される**第一次マンションブーム**（1963-64年頃）が起こる。

その特徴としては，立地が首都圏の都心部に限られていること，デザインや建物の質が高く，それに応じて価格が高値であることが挙げられる。1965年に建てられたコープオリンピアはその好例で，総住戸数は161戸で，スーパーやレストラン，クリニックなどの生活利便施設が併設されていた（図2-1-12）。

〈第二次マンションブーム〉

1960年代後半からは**第二次マンションブーム**（1968-69年頃）が訪れる。マンション価格は中流層の手の届くものとなり，都心部以外にも建設がされるようになった。

第一次マンションブームに比べてエレベーターが備え付けられた5階以上の高層マンションが多く建設されたが，住戸規模は第一次マンションブームに供給された住戸（60～70㎡）より小規模（60㎡）になった。

〈第三次マンションブーム〉

1970年代にはマンションを供給するディベロッパーが登場する。

当時の民間マンション供給者は収益性を担保しようと，300戸から1,000戸にもおよぶ大規模なマンションを建設し，1戸あたりの建設コストを低く抑えようとした。それが**第三次マンションブーム**（1972-73年頃）と呼ばれるもので，結果的に，大規模敷地を確保するために立地は郊外へと拡大した。住戸面積は前時代のマンションに比べてさらに小さくなる傾向にあり，販売のターゲットは若年層へと移行した。住棟は住戸を効率よく配置し，敷地内には郊外生活に欠かせない自動車の駐車スペースや子どもの遊び場などが計画された。

1970年からは，住宅金融公庫の融資が区分所有マンションの購入にも適用されるようになり，マンション居住の促進を後押しした。

図2-1-11　公営住宅の例

図2-1-12　コープオリンピア外観

〈第四次マンションブーム〉

1974年頃に第一次オイルショックの影響でマンションの活発な流通は一旦は収まりをみせる。マンションの価格は安定的なものとなる一方、一般労働者の所得が伸びたことで、マンション価格と所得の差が縮まった。その結果、中高層マンションの需要に伴って供給が再び伸び、**第四次マンションブーム**（1977-79年頃）が訪れる。**超高層マンション**が増加するのもこの時期以降の特徴である。

第四次マンションブームは1980年頃からの住宅価格の急騰によって下火になるが、住戸計画や建て方、形態、設備に関する工夫を付加価値としたマンションが登場した[7]（表2-1-3）。

② **マンション管理問題の出現**

1975年以降はマンションの管理に関する問題が表出した時期でもある。区分所有法では区分所有者が管理組合を組織して区分所有共同住宅の管理にあたることが法律で決められていた。しかし実際は、管理組合が**管理会社**に管理業務を委託するケースが一般的であった。管理会社は、マンションのディベロッパーなどのグループ会社である場合が多い。

大規模化した建築物の維持管理の技術や知識、集合住宅における生活のモラルや近隣トラブルへの対策は、資産としての住宅の価値だけでなく、居住性や快適性にも影響がおよぶことが社会的に認識されるようになった。そこで1979年には、マンション管理事業を営む法人や個人が集まり**高層住宅管理業協会**（現在の**マンション管理業協会**）が設立されるに至った。

③ **投資対象としてのマンション**

〈第五次マンションブーム〉

1980年代半ばには**第五次マンションブーム**（1986-89年頃）が起こる。この時期は平成景気、バブル経済期と呼ばれる好景気の初期に

あたる。好景気による余資の運用先として不動産への投資が活発になり、不動産価格が本来の不動産の価値（value）とかけ離れた値段（price）がつけられて取引がされるようになった。その影響を受けてマンションは投資対象として購入される傾向が強くなっていった。

第五次マンションブームを牽引したものは、**賃貸用ワンルームマンションやリースマンション**といわれている。購入以降は賃貸物件として賃料を回収し、不動産価格が上昇した時点でそれを売却して値上がり分の利益を得ようという意図によるものである。このような投資目的の

表2-1-3　1980年台前半にみられたマンションの変化

ライトコート	建物内に設けた吹き抜けのこと。光の井戸（ライトウェル）と呼ぶこともある。採光や通風が確保しにくい部屋に光や風を外部から取り入れるための工夫となった。
スキップストップ方式エレベーター	スキップアクセス方式とも呼ばれる。各階に止まらないエレベーターのことで、マンションの住戸をメゾネットタイプ（住戸内に階段を設けて上下階で一つの住戸にする住戸計画）にするものもある。エレベーターの停止階が少ないため、外廊下の代わりに住戸やテラスなどにすることができ、豊かな住宅平面が実現できる。一方、一階分のみを住戸にする従来のフラットタイプのマンションにスキップストップ方式のエレベーターが採用される場合は、非停止階にアクセスするための共用階段や外廊下が必要となるため住戸計画については従来の各階停止のエレベーターが敷設したマンションと大きな違いはない。
アルコーブ式玄関	外廊下から住戸に入る際の玄関扉を、外廊下と住戸の間の壁面線から1-2m程度住戸側にずらしてできた空間のことをアルコーブと呼ぶ。アルコーブに門扉を設置して玄関ポーチを設けるマンションもある。
タイル貼の外壁	モルタルを成分としたリシンという仕上げ材料を吹き付けた外壁が一般的だったが、個性や高級感を出すためにタイル貼りの外壁仕上げが登場する。
切り妻屋根	それまで一般的だった陸屋根は屋上スペースが確保でき、物干しなどの用途に使われることが多かった。しかし中層棟と高層棟が混在する団地内では特に中層棟の屋上の物干しの風景が高層階居住者に批判的に捉えられることがあり、切り妻屋根が採用された。
オートロック	1970年代から高級マンションに採用されていたが、ファミリー向けの一般的な価格のマンションにも1980年台から採用されるようになった。

7) 高層住宅史研究会編：マンション60年史 同潤会アパートから超高層へ、住宅新報社、1989

マンション購入は，区分所有者がその住戸に住んでいない状況を引き起こす。快適性や適切な建物の維持に不在区分所有者が直接関与するには管理の委託が進み，区分所有法に込められた意図と実態がかけ離れていくこととなった。

都心部に投資対象の高額マンションが建設される一方で，一般のファミリー層向けのマンションは都心部の地価の高騰により郊外，遠隔郊外へと立地が遠のく傾向がみられた。

> **エピローグ**
> 集合住宅とは分譲マンションだけでなく，長屋や同潤会アパート等も含まれる。
> 分譲マンションは1960年代から本格的に供給される。都市では地代が高いため，集合住宅のように高密化した住宅が多くなっている。

コラム12　再生・保存された同潤会アパート　ー表参道ヒルズー

表参道ヒルズは，明治神宮へと続く表参道に面して2006年に建設された商業施設である。

この敷地には大正時代に同潤会青山アパート（RC造3階建，10棟）が建てられていた。1951年からは住宅営団（同潤会の後継組織）から東京都に移管され，建物は区分所有，土地は借地という形で引き継がれた。当時の青山アパートは地域のランドマークとなっていた上に，モダンな雰囲気の住宅に著名人や文化人が住んでいたことで有名だったが，老朽化により建て替えようという意見が1968年から出ていた。

当初は，ある不動産企業が協力して建て替え計画が始まり，青山アパートでは1985年に管理組合法人が設立された。しかし東京都からの土地の払下げ価格が高価すぎたため，折り合いがつかずに20年間かけた建て替え計画は頓挫した。

1990年代に入り，今度は地域の再開発の提案が森ビルから提案される。複数回に渡り，市民で相談をしている期間に阪神淡路大震災が発生した。早急に建て替えをとの声が住民から上がり，計画は一旦は前進する。しかし，近隣の小学校を含む一体的な開発計画案や景観として愛されてきた青山アパートの取り壊しに対する反対意見が地域から出てきた。その結果，小学校の敷地はそのままに，青山アパートの建物再生・保存しながらアパートの敷地を商業施設にする，現在の計画に至った。2002年には建て替えが決定し，現在の表参道ヒルズが完成した。

図2-1-13　同潤会青山アパート外観
出典：『國際建築時論2月號』國際建築協會事務所，1927

図2-1-14　表参道ヒルズ

コラム13　昔からあった地域のマネジメントルール

平安京は朝廷が造成した都市である。応仁の乱で都市は被災し、その後に復興されたまちが現在の京都市都心都のまちの原型となった。市民の都市住宅として造られたのが**町家**（図2-1-15）である。道の両側に立ち並ぶ町家は、共用する表通りの管理などを住人で協力して行い、その繋がりから地縁共同体としてまちを運営するようになった。このように通りを挟んで両側に形成された共同体を**両側町**と呼び（図2-1-16）、現代の京都の**お町内**や**元学区**の起源となっている。お町内にはそれぞれにまちのルールを明文化した**町式目**があった[8]（p.95、表2-1-1）。

江戸時代（近世）は江戸や上方に借家経営のために長屋が建てられ、町人（労働者）の住まいとなった。幕府によって町人の行動は厳しく統制されていた。長屋の管理や近隣トラブルが発生した場合、解決のためのルールブックとなったのは、江戸幕府が作った法令集である**公事方御定書**だった。賃貸人（長屋の所有者）である**家主**と賃借人（長屋の居住者、関西では**家守**と呼ばれた）である**店子**との間で賃貸借契約が結ばれる。長屋の管理をするのは**大家**（長屋の管理者）で、所有者から住宅の管理を委託された住宅の**差配**を担当した。長屋の所有者のうち他の町内に住む者は、必ず大家に住宅の管理を任せることになっていた。大家が行う差配と

図2-1-15　京町家（秦家住宅）

は、住宅の修繕、家賃の徴収、店子の監視や長屋内のトラブルの解決などを指す。

当時は治安の維持や徴税等の理由から、農村でも都市でも土地を所有しない農民や町人は、勤め先や地主、家主が行動の監督者となっていた。長屋の所有者は多くの場合、家業と借家経営を兼業している富裕層であり、直接的な管理業務は第三者に任せていた。監視役といえば物々しいが、落語の一節などでは少し異なる印象の繋がりが垣間見える。日頃の住宅管理などで顔を合わせる**店子**と**大家**との間には、住まいを通じた主従関係、親子関係に似たような繋がりが描かれていることがある。政治・制度上の関係性が地域のコミュニティ形成にも派生していたことがわかる。

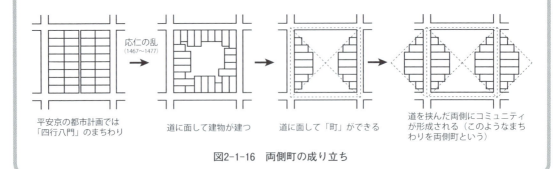

図2-1-16　両側町の成り立ち

8）京都市歴史資料館：『京都式目集成』、京都市歴史資料館、1999

第2章
マンションを所有する

> **プロローグ**
> 分譲マンションを買ったのだけれど，何を買ったのだろうか？　どこを買ったのだろうか？　土地はどこが私の部分だろうか。そこに子ども部屋を建てていいかな……。楽しみだな。

2・1　マンションの所有形態

「マンションを買う」とは，マンションを区分所有することである。区分所有とは何を所有することなのだろうか。

2・1・1　区分所有とは

区分所有とは，1つの建物を各号室ごとに区分して所有することである。同じようにみえる建物でも，賃貸マンションではひとりの所有者（オーナー）がいて，居住者は所有者から借りて住むことになる。建物全体を所有者が所有する。一方，分譲マンションといわれる建物は，開発事業者（ディベロッパー）である分譲会社が，住戸ごとに分譲するために開発する。102

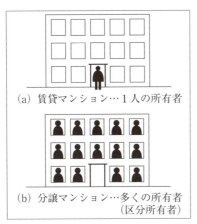

図2-2-1　マンションの所有形態

図2-2-2　専有部分と共用部分

号室，103号室と部屋ごとに分譲する。その結果，102号室，103号室と部屋ごとに所有される。これが**区分所有**である。分譲マンションでは多くの所有者が存在する。この人たちを**区分所有者**という（図2-2-1）。建物が同じ形をしていても，ひとりで所有している場合と区分所有している場合とでは所有形態が異なり，管理の方法も異なることになる。前者はひとりの所有者が管理をし，後者では区分所有者によって共同で管理を行うことになる。

2・1・2　専有部分と共用部分（図2-2-2）

各号室（住戸）を**専有部分**といい，基本的には各**区分所有者**（住戸の所有者）が利用し，管理を行う。皆で使う廊下や階段，エレベーター，建物の外壁，屋上などは，**共用部分**といい，区分所有者が共同で利用し，管理をする。

106 第2部 住まいとまちのマネジメントを実践する

これらは，基本的にはすべての区分所有者の共有である。つまり，住戸を購入した人は，共用部分の持分，土地の権利である**敷地利用権**（土地の所有権や借地権）の持分も一緒に購入することになる。

2・1・3 住戸と共用部分の持分と敷地の権利がセット，区分所有法で規定

住戸を買うともれなく，共用部分の持分と敷地利用権がセットでついてくる。日本の不動産では土地と建物が別の不動産であるが，それをマンションでは土地と建物が一体になる仕組みとなっている。それはマンションで，土地と建物を別々に所有することを認めると，所有関係が煩雑になるからである。マンションが大型化すれば，土地と建物の登記簿が膨大になり，複雑になる。ゆえに，取引の安全などを考えて，マンションの場合は，専有部分と土地の権利は原則として分離できないように区分所有法で定め，登記上では土地の権利は専有部分の登記の表題部に示される方法がとられる（図2-2-4）。つまり，一体的に取り扱いがされる仕組みである。こうした区分所有している建物の所有と管理の方法を定めたものが，**区分所有法**（建物の

資料1　区分所有法の構成（1962年制定）

第一章　建物の区分所有
　　第一節　総則（第1条〜第10条）
　　第二節　共用部分等（第11条〜第21条）
　　第三節　敷地利用権（第22条〜第24条）
　　第四節　管理者（第25条〜第29条）
　　第五節　規約及び集会（第30条〜第46条）
　　第六節　管理組合法人（第47条〜第56条の7）
　　第七節　義務違反者に対する措置（第57条〜第60条）
　　第八節　復旧及び建替え（第61条〜第64条）
第二章　団地（第65条〜第70条）
第三章　罰則（第71条・第72条）
附則
　　マンションでは2棟以上を団地と呼ぶ

区分所有等に関する法律）である（資料1）。

なお，区分所有法は民法の特別法になる。民法では，1つの建物には同じ権利を1つしか認めていない「**1物1権主義**」であるが，区分所有では1つの建物に，所有権，所有権…と，複数の所有権を認めることになる。ゆえに，特別な法律がつくられている。区分所有法で規定されていないことは民法に従うことになる。

区分所有法は1962年にでき，1983年，2002年，2025年（予定）に大幅な改正を行っている。改正のたびに，個人の財産権が制限され，団体としての共同の利益が優先される傾向にある。例えば，所有権に関わる共用部分の変更や規約の改正が，区分所有者全員から多数決に（1983年改正），さらに要件の緩和（2025年改正），建替えの決議は全員合意から多数決（4/5以上）で（1983年），多数決決議の際の要件（老朽化の要件，敷地の同一性と使用目的の同一性は不要に）を撤廃（2002年），さらに多数決要件の緩和（4/5以上から一部3/4以上に，2025年）等である（資料2）。

2・1・4 専有部分の考え方

どんな場合でも建物を区分所有することができるのか。法律を見てみよう。区分所有法の第一条に，「（建物の区分所有）一棟の建物に構造上区分された数個の部分で独立して住居，店舗，事務所又は倉庫その他建物としての用途に供することができるものがあるときは，その各部分は，この法律の定めるところにより，それぞれ所有権の目的とすることができる」とある。つまり，区分所有するには，①構造上区分されていること，②独立して用途を足せるものである。①は柱があり，壁や天井などで仕切られていること，②は住宅であればそこで居住が独立して行えることである。**構造上・利用上の独立性**があるという。

資料2　区分所有法改正の主な項目

●1983年の主な改正点
①専有部分と敷地利用権の分離処分禁止
②共用部分の変更及び規約の設定，変更又は廃止は全員の合意→集会の特別多数決（3/4以上の賛成）
③区分所有者で構成する団体を構成し（当然成立），法人には特別多数決で（3/4以上の賛成，区分所有者の数30人以上）
④共同の利益に反する行為をした場合等に他の区分所有者全員または管理組合法人は集会の決議に基づきその行為の差し止め請求，または特別決議（3/4以上）に基づき，専有部分の使用禁止訴えもしくは区分所有権敷地及び利用権の競売請求
⑤建替えは全員合意→老朽化，損傷，一部滅失その他の事由による建物の建替えが相当とする場合は区分所有者及び議決権の4/5以上の多数による集会決議で建替え可能

●2002年の主な改正点
①共用部分の維持・管理に関する訴訟における管理者の当事者適格
②管理組合の法人化の人数要件（30人以上）を撤廃
③大規模修繕は，区分所有者及び議決権の各過半数決議
④建替え決議の要件（老朽化等）の撤廃。ただし，手順，説明会の開催などの規定
⑤集会での議決権，管理組合の文書作成につきIT化に対応した電磁的方法・電磁的記録の使用

●2025年の主な改正点（予定）
①所在等不明区分所有者を確定し，集会の決議の母数から除外
②管理不全共用部分，専有部分の財産管理人制度
③専有部分に影響を与える1棟リノベーション（建物の更新）を多数決で決議
④一定の要件に合うマンションにおいては建替え決議要件を3/4以上に
⑤区分所有関係の解消決議は4/5以上で，一定の要件に合うマンションでは3/4以上に
⑥国外に住む所有者に国内管理人選任を規約で義務化を可能に
⑦管理に関する区分所有者の責務を規定

表2-2-1　法定共用部分と規約共用部分

	考え方	具体的な場所例
法定共用部分	専有部分に通じる廊下，階段室，その他の構造上，区分所有者全員または一部の共用に供されるべき建物の部分	廊下，階段室，支柱，耐力壁，外壁，屋上などの建物全体の基本的構造部分，建物の玄関ロビー，エレベーター室，エレベーター，電気配線，ガス，上下水道の主配管
規約共用部分	区分所有権の対象となり得る建物の部分（構造上・利用上の独立性があるもの）	管理員室，集会室，倉庫

2・1・5　法定共用部分と規約共用部分

　共用部分には，**法定共用部分**と**規約共用部分**がある。法定共用部分とは，どのマンションでも必ず共用部分として取り扱われる部分である。具体的には，共用部分でなくてはならない場所として，廊下，階段室，壁やエレベーターなどがある（表2-2-1）。一方，規約共用部分とは，各マンションごとに規約で定め，共用部分とする場所である。区分所有権の対象ともできるが，規約で共用部分と明記している場合である。例えば，管理員室，集会室，倉庫などがある。

2・1・6　専用使用，マンションにおける専有部分と共用部分の設定

　共用部分であるが，専用使用しているところがある。まちがえやすいが専有部分ではない。

　（1）バルコニーは専有部分？　　専有部分とは，区分所有者が所有している部分であり，**専用部分**とは，その区分所有者が専用に利用できる部分であって，必ずしも専有部分とは限らない。例えば，バルコニーは共用部分であり，該当住戸の区分所有者が専用使用している部分だからといって，勝手に取り壊したり，囲んで部屋にしたりすることはできない。また，バルコニーは，一般的に非常時の避難経路として使用

されるため，大きな柵をつくったり，通行できなくしたりすることも許されない。

なお，バルコニーや玄関扉，窓ガラス，1階に接する庭，屋上テラスについては，一般的にその住戸の区分所有者が専用使用権をもっているが，利用のしかたは規約で規定されるものである（図2-2-3）。

(2) 窓ガラスの管理は？ 窓ガラスは共用部分なので，勝手に窓枠を好みのものに変えたり，色つきガラスに変更したりすることはできない。しかし，もし不注意で割れば，各区分所有者の責任で修復することになる。共用部分のうち，各住戸に付属する窓枠，窓ガラス，玄関扉，その他の開口部にかかわる防犯，防音，断熱など，住宅性能向上のために行う改良工事を，区分所有者みんなで取り組むことはできる。

マンションの規約で，共用部分と専有部分の設定を行うことができる部分もあり，かつ専用使用権の設定も規約で行うことになる。

原則として共用部分の修繕は管理組合が行い，専有部分は各区分所有者が行うことになる。配管・配線などのうち，特定の専有部分で専用する枝管・枝線は専有部分，それ以外は共用部分であり，よって枝部分は，各区分所有者の管理責任となる。ただし，規約の定めで異なるケースもあり，例外もある（資料3）。

2・2 マンションの敷地利用権

2・2・1 敷地権化

マンションの住戸の登記を見れば，そのマンションの敷地はどこかを示す状態になっていることを，**敷地権化**と呼ぶ。敷地権化は，権利そのものではなく「マンションの専有部分と土地の共有持分をまとめた登記の形態」である。では，具体的にマンションの登記を確認しよう。図2-2-4が登記で敷地権化した事例である。

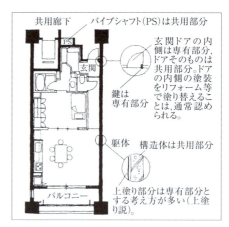

図2-2-3 共用部分と専有部分の考え方
（標準管理規約による）

2・2・2 土地の持分（資料4）

マンションの敷地はみんなで利用する権利を持っている。この土地は全員で共有することになる。よって，わたしはここを持つなど，分かれているわけではない。また，マンションの1階で専用庭がある場合でも，共有でもつみんなの庭を専用していることになる。よって，勝手に子供部屋を建てることはできない。また，専用の庭であってもマンション全体の環境，景観を考えることが重要になり，勝手に増改築や物をつくることはできない。

土地の持分はどう決まっているのか。専有部分の面積に応じることになる。通常は，専有部分の面積合計を分母とし，自分の専有部分の広さが分子となる持分となる。ただし，規約で別の定めをすることも可能で，例えば，全員同じなどの設定がある場合もある。

資料3 専有部分と共用部分の取り扱い

共用部分と専有部分の配管の取替えを同時に行うことが合理的な場合，長期修繕計画において専有部分の配管の取替えを位置づけ，工事費用を修繕積立金から拠出することについて規約に規定し，先行して工事を行った区分所有者への補償を十分留意した上で実施する。

資料4　土地及び共用部分の共有の持分　区分所有法14条

・各共有者の持分は，その有する専有部分の床面積の割合による。
・床面積は，壁その他の区画の内側線で囲まれた部分の水平投影面積による。
・規約で別段の定めをすることを妨げない。

2・2・3　敷地利用権，法定敷地と規約敷地

家を建てるためには土地が必要だが，必ずしも土地は所有権である必要はない。借地権でもよい。**所有権**と**借地権**があり，どちらでも建物を建てる権利を持たないと住宅は建てられない。この権利をマンションで「**敷地利用権**」という。

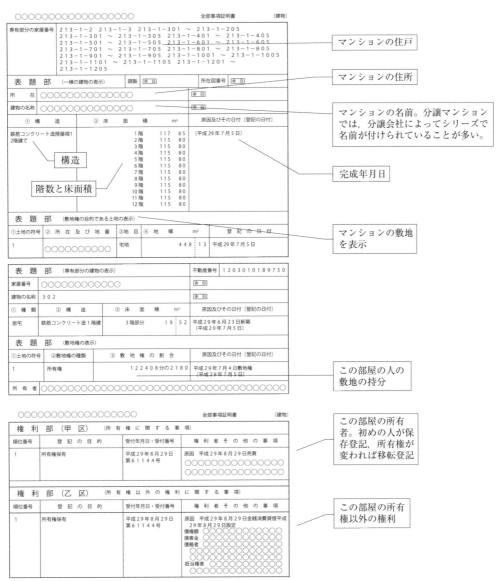

図2-2-4　マンションの登記事例

マンションの敷地の設定には，建物が所在する土地（**法定敷地**）と，規約によって敷地とする土地（**規約敷地**）がある（図2-2-5）。区分所有者が建物及び建物が所在する土地と一体として管理又は使用する庭，通路，その他の土地で建物直下の法定敷地である1筆の土地以外は，全て規約で「敷地」にする必要がある。

敷地に見えていたが実は他人の土地だった，あるいは分譲会社がもっていて売却してしまったなどがあり，道路に接しない敷地になったなどの事例がある。敷地の範囲の確認が必要である。

なお，敷地利用権は所有権である場合が多いが，借地権の場合もあり，借地権には「**普通借地権**」と「**定期借地権**」がある（第1部第1章参照）。

2・3 団地型マンションの所有形態

区分所有のマンションが2棟以上ある場合は「団地型」と呼ばれる。所有形態は大きく3タイプある（図2-2-6）。

タイプ1は，全体で土地を所有する。土地のみ全体で共有である。タイプ2も全体で土地を所有し，かつみんなで共有する集会所がある。タイプ3は，建物も各自の敷地も棟別に所有するが，集会所の土地建物のみ全体で所有する。なお，所有や管理方法によって，建替え時に一括建替え等ができるか否かが変わってくる（第2部第5章）。

なお，団地型マンションではより権利関係が複雑であったり，公道を含む場合もある。また，まちや近隣に与える影響も大きくなりやすいため，所有形態を正しく把握した上で，まちへの配慮も必要である。

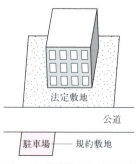

図2-2-5 法定敷地と規約敷地

> **エピローグ**
> マンションの敷地はみんなでもっている。マンションを買うって部屋だけに気を取られるが，共用部分を持ち，敷地ももつことになる。そして，マンションでは各住戸の専用庭であっても，みんなの土地なので勝手に子供部屋を建ててはいけないことになっている。

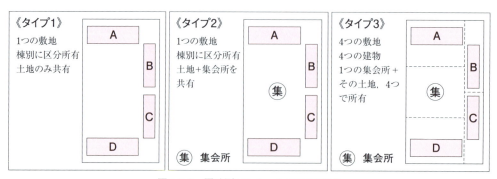

図2-2-6 団地型マンションの所有事例

第3章
マンションを管理する

プロローグ
マンションでは，何かいろいろルールがあるみたいだけれど，なんでルールがあるのだろうか…？それにしても管理組合って入らないといけないかな。忙しいからやめておこうかな。

3・1 マンション管理の基本的な仕組み

マンションの管理の仕組みを見ていこう。

3・1・1 管理組合

マンションでは，1つの建物であるがゆえに，共用部分をみんなで管理する必要がある。さらに各自が勝手な住まい方やリフォームをすると，近隣に迷惑がかかることになる。そこで，区分所有した建物の所有や管理は，**区分所有法**（建物の区分所有等に関する法律）に従うことになる。

各マンションでは，さらに独自にルールを定め，運営する。その主体が，**区分所有者**全員で構成される**管理組合**である。管理組合には，必ず区分所有者全員が入ることになる。住戸を購入した瞬間から，自動的に組合の構成員となり，「私は入りたくない」，「私はまだ署名していないから・・」などというわがままは通用せず，全員がルールに従うことが求められる。

通常，我々が管理組合と呼んでいるものは，区分所有法第3条で示す「管理を行うための団体」のことである（資料1）。

「管理を行うための団体」は規約，集会，管理者を備え，管理組合となる（図2-3-1）。管理組合は建物や施設の維持管理（メンテナンス），防災や地域との連絡や利用に係る生活管理を行い，そのために，組織の経営や運営などの運営管理（マネジメント）を行う（表2-3-1 標準管理規約で定められた管理組合の業務）。

3・1・2 マンション管理の基本3本柱

管理組合の業務を遂行するために，その運営は，区分所有法をベースとし，規約，集会（総会），管理者を基本として進める。

(1) 管理規約　どのマンションでも，そしてマンション以外の区分所有の不動産のすべてに適用できるように，最低限のルールだけが，区分所有法で決められている。そこで，このマンションでは「リフォームをする際にはこうしてください」，「ペットを飼ってはいけません」，「事務所にしないで下さい」「ピアノ教室

資料1　区分所有法（第3条）

区分所有者は，全員で建物ならびにその敷地および附属施設の管理を行うための団体を構成し，この法律の定めるところにより，集会を開き，規約を定め，および管理者をおくことができる。

図2-3-1　管理組合

表2-3-1 管理組合の業務

1. 敷地や共用部分等の保安、保全、保守、清掃、消毒及びごみ処理
2. 組合管理部分の修繕
3. 長期修繕計画の作成・変更・管理
4. 建替え等の合意形成のための調査業務
5. 設計図書の管理
6. 修繕等の履歴情報の整理・管理
7. 共用部分等の保険関係
8. 専用使用部分に必要な関与
9. 敷地や共用部分等の変更・運営
10. 修繕積立金の運用
11. 官公署、町内会等との渉外業務
12. 風紀、防災等の居住環境の維持及び向上業務
13. 広報及び連絡業務
14. 管理組合の消滅時の残余財産清算
15. その他

はご遠慮ください」「管理費と修繕積立金はこのように負担しましょう」などのルールを決めておくのが、**管理規約**である。

管理規約は、マンション内の憲法ともいわれ、そこを買った人や、住む人々の利用・管理の仕方のルールを決めたものである（図2-3-2）。

しかし、管理規約で何でも決められるわけではなく、区分所有法の規定に反する内容は無効となる（表2-3-2）。つまり、区分所有法の内容には、集会の決議や規約であっても変えることができない**強行規定**と、規約や集会で決められる**別の定め**の項目がある。区分所有法に記していないことや「区分所有法では大原則こうであるが、規約などで別の定めをしてもよい」という項目については、規約で定めることができることになっている。

なお、マンションの管理規約のモデルとして、**マンション標準管理規約**がある。建物の形態や用途を考慮して3タイプが示されている。

1. 単棟型：1棟のマンション用。
2. 団地型：2棟以上のマンション用。棟と棟の調整、棟と全体の調整が必要（図2-3-3）。
3. 複合用途型：1階に店舗があり、2階以上が居住用等、1つの建物に複数の用途を含むマンション用（図2-3-4）。

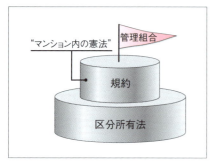

図2-3-2 管理組合の運営のルール

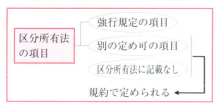

表2-3-2 区分所有法と規約の関係

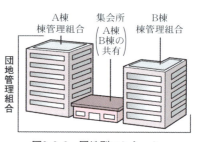

図2-3-3 団地型マンション

図2-3-4 複合用途型マンション

(2) **集会（総会）** マンションでは，大事なことは区分所有者全員が集まる集会（総会）で方針を決める（図2-3-5）。法律では「**集会**」であるが，現場では「**総会**」と呼ばれている。総会で決まったことは，管理規約に書いてあることと同じ効力を持つ。そのため，総会には区分所有者は全員参加する権利と議決権をもち，直接その決定にかかわる。

最低，年1回は総会を開き，事業報告や会計報告をはじめ，次年度の事業計画・予算案を審議し，理事の交代などを決める。臨時に集まる必要がある場合には，**臨時総会**を開く。

集会での決議には，**普通決議事項**と**特別決議事項**とがある。次年度の事業計画や予算案などは普通決議事項で，マンション管理の大きな方針の変更は，特別決議事項になる。例えば，共用部分の変更や敷地や附属施設の変更は特別決議（表2-3-3　特別Ⅰ），**規約の改正**や**管理組合法人**にするなども特別決議（表2-3-3　特別Ⅱ），建替えも特別決議（表2-3-3　特別Ⅲ）となる。

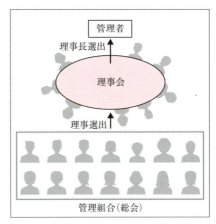

図2-3-5　集会（総会）

そして，普通決議事項は過半数，特別決議事項は3/4以上の区分所有者と議決権の多数の賛成，建替えは4/5以上の多数の賛成が必要である。なお，議決権は，通常のマンションでは専有部分の床面積の割合に応じることになっている（図2-3-6，資料2）。

(3) **管理者**　管理者とは，各マンションでの管理の最高責任者で，管理組合の代理人でもある。通常のマンションでは，管理組合で理事

表2-3-3　総会での決議要件（2025年改正予定：1)〜5)部分）

決議の種類	決議方法 議決権	決議方法 所有者	該　当　項　目
普　通	1/2以上	1/2以上[1]	収支決算と事業報告，収支予算と事業計画，理事・監事の選任・解任，管理会社の変更，管理委託業務の更新や変更，管理費などの金額の決定や変更（規約に書いてある場合は規約変更となるので3/4以上），使用細則の設定・変更・廃止，長期修繕計画の作成・変更，積立金の取り崩し，資金借り入れ，義務違反者への停止の請求など
特別Ⅰ	3/4以上[2]	3/4以上[3]，規約で1/2に可	共用部分の変更＊，建物の敷地や附属施設（共有）の変更
特別Ⅱ	3/4以上[3]	3/4以上[3]	規約の設定・変更・廃止，管理組合の法人化，管理組合法人の解散，団地規約の承認，義務違反者に対する使用禁止・競売・引き渡しの訴えの提起，建物の価格の1/2を超える建物の減失の復旧[4]
特別Ⅲ	4/5以上[5]	4/5以上[5]	建替え，団地内の建物一括建替え

＊その形状または効用の著しい変更を伴わないものを除く。
1) 規約で別の定めがない場合（標準管理規約では議決権総数の半数以上が出席し，議決権の1/2以上）。
2) 瑕疵があるときなどの場合は2/3以上　　3) 出席者で決議　　4) 2/3以上（出席者）で決議
5) 耐震性の低い場合等は3/4以上

を選び、理事会を組織し、理事長が管理者になっていることが多い（図2-3-5）。

　管理組合の理事，理事会については，区分所有法では特に規定していない。つまり，「理事を選び，理事会を組織せよ」とは，法律では特に規定していない。ただし，管理組合を法人にすると理事が必要で，これは区分所有法で規定されている（表2-3-4）。

　法人の有無にかかわらず，現実にはほぼ100％強のマンションで理事を選出[1]し，理事会がつくられている。それは，理事会がマンション管理で重要な役割を果たすためである。また，法律では「管理者は誰にせよ」とは規定していない。実態として，区分所有者から選出されることが多いが，理事に区分所有者以外の専門家がなることも可能である[2]。

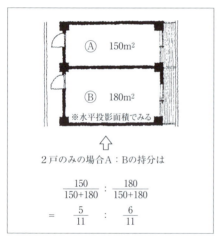

図2-3-6　議決権割合（専有面積に基づく場合）

資料2　議決権の新たな考え方

住戸の価値に大きな差がある場合においては，単に共用部分の共有持分割合（専有部分の床面積の割合）によるのではなく，専有部分の階数（眺望や日照など），方角（日照など）等を考慮した価値の違いに基づく割合を基礎として，議決権の割合を定めることも考えられる。

　理事会は，総会で決めたことを，より具体的に進めるために相談したり，総会で審議する案をつくるなどを行う執行機関である。具体的には，収支決算案，事業報告案，収支予算案・事業計画案をつくったり，規約や使用細則[3]の変更・廃止の案づくり，または，長期修繕計画の作成や変更の案づくり，専有部分のリフォームの承認など，多岐にわたる事案に係わる管理組合の舵取り役をして，大切な役割を担っている。

表2-3-4　管理組合と管理組合法人
（区分所有法の考え方）
約10％のマンションが管理組合法人である＊。

	管理組合	管理組合法人
法人格の有無	無（当然成立）	有
理事の選出	決まっていない	選出
代表理事	決まっていない	選出
管理者	選出可	無
監事	不要	必要
規約	不要	必要
登記	不要	必要

＊令和5年度　マンション総合調査（国土交通省）より

表2-3-5　管理費の項目

1	管理員人件費
2	公租公課
3	共用設備の保守維持費・運転費
4	備品費，通信費その他の事務費
5	共用部分等の火災・損害保険料
6	経常的な補修費
7	清掃費，消毒費及びごみ処理費
8	管理会社等への委託業務費
9	専門家雇用の費用
10	管理組合の運営に要する費用
11	その他

1）国土交通省「令和5年度　マンション総合調査結果」より（不明を除く）。
2）外部管理者方式あるいは第三者管理者方式という。
3）管理規約には記載しきれないマンションでの共同生活・共同利用に必要な細かなルール。

3・1・3 管理費・修繕積立金

マンションでは，管理に必要なお金は管理費として集める。管理費に含まれる項目には，管理会社への委託の費用，管理員雇用の費用，エレベーターの保守点検費，共用部分の清掃費などがある（標準管理規約の考え方，表2-3-5）。

必要な金額を算出し，月々各区分所有者が負担する。負担する割合は，議決権と同様に専有部分の面積に応じることが多い。

毎月集める費用として別に**修繕積立金**がある。これは**計画修繕**に備えて，区分所有者が毎月積み立てる費用である。修繕積立金の使途は規約で定めておくことになる（標準管理規約の考え方，表2-3-6）。

3・2 専門家の支援

3・2・1 マンション管理会社の仕事

管理組合がさまざまな業務を行うことを支援しているのが，管理会社である。多くのマンションで管理会社へ管理業務を委託しているのが実態である。

管理会社[4]が行う管理の仕事には，大きく分けて次の4つがあげられる（表2-3-7）。

1. 出納業務・会計業務・管理運営補助などの**事務管理業務**。
2. 管理員による受付や点検などの**管理員**[5]**業務**。
3. 廊下や階段，マンション玄関などの清掃，植栽の手入れなどの**清掃業務**。
4. エレベーターや受水槽などの設備の保守・点検といった**建物・設備管理業務**。

管理組合が，管理会社へ何を委託するかは，**管理委託契約書**で決めることになり，そのモデルとして，マンション**標準管理委託契約書**がある。

4）マンション管理適正化法では管理会社はマンション管理業者としている。
5）マンション管理業界では管理人を管理員と表記している。

表2-3-6　修繕積立金の使途

1	計画的に行う修繕
2	不測の事故等で必要となる修繕
3	敷地及び共用部分等の変更
4	建物の建替え及びマンション敷地売却の合意形成に必要な調査
5	その他

表2-3-7　マンション管理業務の分類

事務管理業務	基幹事務	1）管理組合の会計の収入及び支出の調定 2）管理組合会計の出納 3）維持又は修繕に関する企画又は実施の調整
	基幹事務以外	1）理事会支援業務 2）総会支援業務 3）その他
管理員業務	1）受付等の業務　2）点検業務 3）立会業務　4）報告連絡業務	
清掃業務	1）日常掃除　2）特別掃除	
建物・設備管理業務	1）建物点検・検査 2）エレベーター設備 3）給水設備 4）浄化槽・排水設備 5）電気設備 6）消防用設備等 7）機械式駐車場設備	

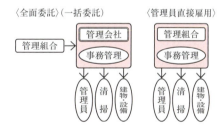

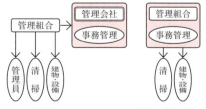

※一部委託には，いろいろな委託の仕方がある。
図2-3-7　管理会社への委託の仕方

116　第2部　住まいとまちのマネジメントを実践する

　管理会社へどれくらいのことを委託するかの**委託形態**には，**全面委託**と**一部委託**（部分委託）とがあり，管理会社に委託しないで，管理員のみの雇用，管理員も雇用しない自力管理（自主管理）の管理形態もある（図2-3-7）。

3・2・2　マンション管理士

　専門的知識をもって，管理組合の運営その他マンションの管理に関し，管理組合の管理者等又はマンションの区分所有者等の相談に応じ，助言，指導その他の援助を行うことを業務とする者として**マンション管理士**がいる。いわば，各マンションのホームドクターである。各マンションで困ったことがあり，行政に相談に行っても具体的なアドバイスまでは受けれないことがある。また，各マンションに行って詳細な説明などを行うことも行政では難しい。

　そこで，各マンションの状態に応じて支援を実施する専門家として，マンション管理適正化法で創設された資格としてマンション管理士が

ある。管理会社と独立して業を行うマンション管理士は，行政の相談会の相談員，セミナーの講師，実態調査の調査員など行政のマンション施策の支援や，管理組合から単発で相談を受けたり，顧問となり継続的な支援等を行っている。また，幅広く多様な業務を行うなかで，今後益々管理組合運営をサポートするために顧問や監事，理事や管理者等の役員になることや建替え等のコーディネート業務の需要が高くなると考えている。そのため，より専門性等が求められることから，経験や知識を継続的に身に着ける場や機会が必要となっている。

3・2・3　第三者（外部）管理者方式

　管理者を専門家として，マンション管理士や管理会社等に委託する事例がある（表2-3-9）。第三者管理者方式あるいは外部管理者方式という。この場合に，専門家として誰に依頼するか，理事会を組織化するかしないかにより，表2-3-10のタイプがある。また，新規の分譲段階からの導入の場合と，既存のマンションで役員のなりて不足から導入する場合等がある。外部管理者方式の課題として，管理者という最も大事な管理の執行・責任部分を外部の専門家に委

表2-3-8　マンション管理士の業務実態と需要

	実施	需要
管理組合の顧問業務	53.7	85.4
外部専門家監事業務	14.7	59.6
外部専門家理事業務	11.2	61.2
第三者（外部）管理者業務	9.3	57.1
管理会社の変更	49.4	43.7
規約の作成・変更	71.8	73.9
管理費・修繕積立金の見直し	57.4	66.6
長期修繕計画作成の助言	64.9	68.5
大規模修繕工事関連	62.2	62.8
耐震改修の情報提供	32.4	32.9
建替えのコーディネート	8.5	34.0
災害の復興支援	8.9	29.1
自主管理の事務管理業務	30.5	51.2
単発の相談・助言	84.9	67.4
相談会の相談員	87.3	66.0
セミナーなどの講師	66.4	56.3
管理実態調査の調査員	60.6	48.5

　調査は2022年1月にマンション管理士会に所属しているマンション管理士を対象に実施した。マンション管理士として仕事をした経験がある259名対象
実施：マンション管理士業務として経験した人の率
需要：管理組合からのニーズが高いと考えられる業務との回答率

表2-3-9　第三者管理者方式の実施状況
（マンション総合調査結果より）

構成率 （%）	理事長 区分所 有者*	管理 会社	マンション 管理士	その他	選任 無不明
令和5年度	92.4	3.5	0.1	0.1	3.9
平成30年度	87.9	6.0	0.0	0.4	5.8
平成25年度	88.6	5.7	0.0	0.2	5.4

網掛け部分は第三者管理者方式を採用している事例
＊理事長＋他の区分所有者

表2-3-10　標準管理規約における第三者管理者方式

タイプ	A. 理事長 外部専門家型	B. 外部管理者 理事会監督型	C. 外部管理者 総会監督型
理事会の 有無	あり	あり	なし
理事長の 選出	理事長 （外部専門家）	理事長 （区分所有者）	なし
管理者	外部専門家	外部専門家	外部専門家

網掛け部分は外部専門家を示す　標準管理規約を参考に作成

託しながらも，管理組合，区分所有者が主体性を保ち，どのように組合の運営をするのか。管理者による不正などが起こらないようにしなければならないことがある。すでに，外部管理者方式による問題としては，1) 不適切な修繕積立金の管理，2) 区分所有者の名簿の開示を拒否するため区分所有者の集会を開けず，管理者の解任ができない，3) 管理者の関係会社への工事の発注，4) 管理費の不適正な利用，5) 独断専横的行為等がある。こうしたことが生じないように，利益相反等の防止，多額の金銭事故・事件の防止，事故が起こった際の対処方法，紛争処理，管理者の適格性や業務範囲の明確化・適正化，区分所有者によるチェック体制と行政による監督の必要性等がある。日本では主にガイドラインで誘導することにしているが，フランスやドイツでは管理者に関する法規制がある（表2-3-11）。

表2-3-11 諸外国の第三者管理者制度（フランス・ドイツ）

	フランス	ドイツ
第三者管理者方式実施率	8割	不明（多くは不動産会社），法人又は個人
第三者管理者	法人又は個人	
管理者資格	国家資格あり	資格なし（研修）
選任・解任	集会，任期途中は事由がいる	集会，重大な事由がなければ解任できない
任期	3年	3年（初回），5年
損害賠償対応	保険加入	特になし
利益相反防止	工事競争入札	特になし
チェック体制	理事会（原則義務）	管理顧問会（任意）

3・3 住戸内の利用のルール

3・3・1 用途転用のルール

マンションを通常の住居として利用する以外に，事務所に利用したり，脱法シェアハウス（図2-3-8，資料3）や民泊（表2-3-12）として利用するなど，利用の仕方が多様化している。賃貸にすることを禁止することは財産権の侵害にあたるが，互いが快適に暮らすために，用途

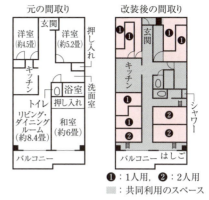

図2-3-8 脱法シェアハウスの平面例

資料3 脱法シェアハウスの例

マンションの1室がシェアハウスになる例がある。

住宅の居室には，採光や換気のための窓を設けるなどの建築基準法上の制限，火災報知機の設置などの消防法上の制限，共同住宅には遮音性能や避難経路の確保などの規制，さらに自治体の条例など，さまざまな規制が適用される。東京都の建築安全条例では，共同住宅の居室は広さが7 m^2 以上，道路や窓先空地に窓を設けることなどの制限がある。

こうした規制をかいくぐったシェアハウスは，利用者の安全性とともに，他の居住者の安全性にも大きな影響を及ぼしている。

そのため，規約で禁止するとともに，専有部分のリフォームを管理組合がしっかりと把握することが必要である。

表2-3-12 マンションでの民泊

民泊とは，一般の住宅の空き家・空き室を，ホテルや旅館などの宿泊施設の代わりに，有料で旅行者へ提供することである。

マンションでの問題・トラブル例
① 共用部分での騒音　② ゴミの投棄
③ 共用施設の占領　④ 治安の悪化
⑤ 近隣トラブル　⑥ 衛生面の問題　等

対処方法の困難さ
行政でも立入り検査ができないため，問題解決に時間を要する。住宅宿泊事業法（民泊新法）によりマンションでも可能なことから問題・トラブルの予防措置としては，管理規約で禁止等を明確に規定する。

を制限することは，法的に問題がないとされている。むしろ，どのような利用が望ましくないのかを明確にし，共同の利益のために，規約で用途を制限することが必要である。

3・3・2　そのほかのルール

マンションで，区分所有者同士が互いに快適に暮らすためには，さまざまなルールが設けられている。住戸のリフォームの仕方，ペットの飼育，楽器演奏の時間と音量の制限，入居・退去時の届け出，自転車置き場の使い方，ゴミの出し方・置き配など，管理規約のほかに，使用細則を定めてルールが整備されている。

3・4　マンションの管理の適正化

3・4・1　マンション管理適正化法

区分所有の共同住宅としてマンションが多く供給されるようになり，マンションの管理問題が社会問題となった。そこで，「**マンション管理適正化法**（マンションの管理の適正化の推進に関する法律）」が，2000年（平成12年）に制定された。これにより管理組合，区分所有者が主体となって管理することが，改めて位置づけられ，国は，マンション管理のあるべき姿を示し，国および地方公共団体は，管理組合の活動を支援する。また，国家資格としての**マンション管理士**が新たに創設された（図2-3-9，資料5）。

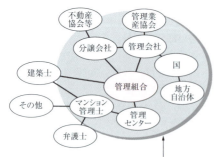

図2-3-9　マンション管理適正化法の体系

資料4　豊島区のマンション管理推進条例の内容

・各主体の責任の明確化
・適正管理の推進
・防災・防犯
・地域コミュニティ（町内会加入等について協議）
・マンション管理状況の届け出の義務化（問題がある場合に，マンション名の公表）

資料5　マンション管理適正化法の内容

国の責任　国土交通大臣はマンションの管理の適正化の推進をはかるための基本的な方針を定めなければならない。

区分所有者，管理組合の責任　管理組合はマンション管理適正化指針の定めるところに留意してマンションを適正に管理するように自ら努めるとともに，マンション管理適正化推進施策に協力するよう努めなければならない。マンションの区分所有者等は，マンションの管理に関し，管理組合の一員としての役割を果たすように努めなければならない。

国および地方公共団体の支援責任　国および地方公共団体は，マンションの管理の適正化に資するために，管理組合またはマンションの所有者などの求めに応じ，必要な情報および資料の提供その他の措置を講じるように努める。

管理会社　管理組合から管理業務の委託を受ける場合には，その委託内容の説明会を開き，管理組合の管理者や区分所有者などに管理業務主任者がその説明をする。契約をするとその内容を書面で管理組合に渡す。

管理会社は国に登録する。その際，管理会社の財産と管理組合の財産を分けること，定期的に管理組合の管理者等に管理業務主任者は管理の状況を報告する。登録期間は5年で，問題があれば登録が取り消される。

分譲会社の責任　管理組合に次の図書を引き渡す。
1）付近見取図　　2）配置図
3）仕様書（仕上げ表を含む）
4）各階平面図　　5）2面以上の立面図
6）断面図または矩計（かなばかり）図
7）基礎伏図　　　8）各階床伏図
9）小屋伏図　　　10）構造詳細図
11）構造計算書（地盤情報を含む）

分譲会社（宅地建物取引業者）には，1年以内に管理組合に，設計に関する図書を引き渡すことを義務づけた。

管理会社は国に登録する制度となり，そのため，管理会社には**管理業務主任者**（国家資格）の設置などが必要となった。

2020年には，管理不全マンションが登場し，一方では，がんばって管理しているマンションが市場でなかなか評価されないことから，①国はマンションの管理の適正化の推進を図るため基本方針を策定し，都道府県等はマンション管理適正化推進計画を策定，②都道府県等は必要に応じて管理組合の管理者等に，助言，指導，勧告を行うことができる，③適切な管理計画（修繕の実施，資金計画，管理組合の運営状況等）をもつマンションの管理組合を認定する制度を創設した（図2-3-10）。

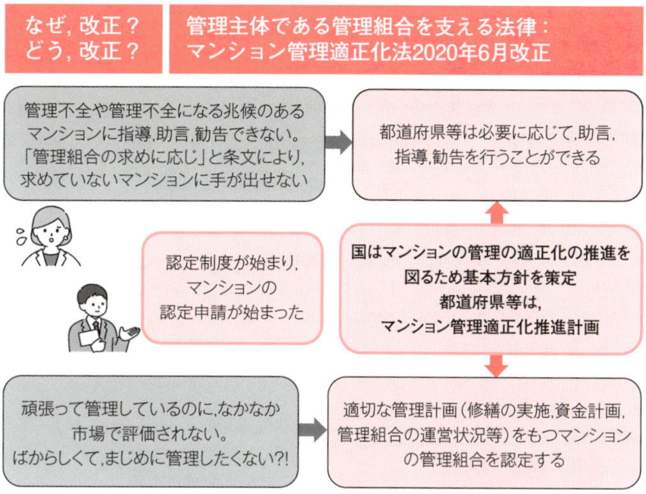

図2-3-10　マンション管理適正化法　改正

表2-3-13　東京都のマンション管理施策

	管理（防火・環境含む）	耐震化	建替え等の再生
施策全般	マンションの適正な管理の推進に関する条例，管理状況届出制度，マンションの管理の適正化に関する方針，マンション実態調査		東京マンション管理・再生促進計画
啓発	マンション管理ガイドブック，安心して既存住宅を売買するガイドブック，メールマガジン，管理計画認定マンション訪問レポート，マンション省エネ・再エネガイドブック，マンション太陽光発電導入ガイド	マンション耐震化通信　耐震改修成功事例見学会	マンション再生ガイドブック
	分譲マンション総合相談窓口，マンション管理・再生セミナー		
技術的支援	マンション管理アドバイザー制度，省エネ・再エネアドバイザー派遣，マンション専門相談，既存マンション省エネ・再エネ促進事業	耐震化推進サポート事業	マンション建替え・改修アドバイザー制度
財政的支援	マンション改良工事助成制度，東京とどまるマンション普及促進事業，充電設備など導入促進事業	耐震化アドバイザー派遣助成，耐震診断・耐震改修助成事業，建替え・除去助成事業	都市居住再生促進事業，まちづくりと連携したマンション再生まちづくり制度　建替え工事期間中の仮住居の支援
市場整備	マンション管理計画認定制度，東京とどまるマンション情報登録・閲覧制度，マンション環境性能の表示制度，防犯優良マンション・駐車場登録表示制度		マンション円滑化法による要除却認定と容積率の特例許可

120 第2部 住まいとまちのマネジメントを実践する

3・4・2 マンション管理条例および施策

国の取組みとは別に，都道府県・区市町村でのマンションに関する条例や施策がある。東京都豊島区では，マンション管理状況の届け出の義務化をしたマンション管理推進条例（資料4），東京都では管理と，耐震化の促進，建替えに分け，マンション管理の指導・支援・市場誘導等に努めている（表2-3-13）。

エピローグ

マンションでは，互いが快適に暮らし，資産価値を守るために，管理組合，理事会，管理規約，集会（総会），管理者があり，さまざまなルールが決められている。また，自分の住戸を使う場合でも，互いが快適に暮らせるように，建物を傷つけないようにするためにルールを守る必要がある。管理組合に入り，活動に協力することはマンションを買った人の責務である。

コラム14　マンションを経営する

京都市に築約50年，約200戸のマンションがある。専門家や業者任せにせず，管理員，清掃員をマンション住民から直接雇用する。それは，住民の昼間のマンション常駐率を高め，ローテーションで勤めることができるため，高齢者を介護する人等の職の支援にもつながる。

管理組合がマンションのマスタープランを作成し，省エネ対策として共用部分の電気代を削減するために高圧一括受電方式や共用灯のLED化，住戸ガラスの断熱化，外断熱，太陽光発電設備の導入等を行っている。

また，将来の建替えに備え，隣地を購入する。購入した不動産をコミュニティホールに改装し，ゲストルームや子供絵本文庫やマージャン室を開設している。マンション独自で中古住宅の売買時に管理の情報を提供する。建替え時にグループホームをマンション内に持ち，管理組合がリバースモーゲージをしたいと考えている。マンション全体を居住価値・資産価値向上のために経営している事例である。

コラム15　マンションを地域に開く

京都市に築約40年，約200戸のマンションがある。このマンションでは集会室等が地域貢献施設となるように改修を行った。交流室は，地域の人も気軽に使えるように全面開放できる窓や扉に改装し，1階の元個人事務所を2つ買い取り，会議室と管理組合事務所に。さらに井戸をつくり各フロアに水栓を設置している。利用が多い駐輪スペースは，約半分が共用自転車であり，多様なタイプの共用自転車がある。庭には所狭しと様々な実のなる木がある。地域の人も使える交流室等は，子供の自習室として使われることがある。マンション内の集会室を使っ

て，住民のお得意な芸の発表会や教えあい，ケーキ作り教室やお茶会，大人カフェや楽しみ満載の防災訓練，そして週に2回，移動販売も来て，ここにも地域の人も訪れることができる。また，マンションは近隣の人の災害時の避難場所にもなっているため，マンション内の安心・安全と共に地域にも寄与しており，ここで遊んだ地域の子供が大きくなってマンションを購入する等の事例もあり，人の老いの予防にもつながっている。マンションを地域に開き，地域の拠点とする事例である。

第3章 マンションを管理する　121

コラム16　マンション管理適正化法の整備

　マンション管理適正化法ができた背景には，マンション内で，管理組合の運営のトラブルがあった場合にも独立した第三者に相談できる体制が十分でない，修繕積立金を管理会社に預けていたけれど，会社が倒産しお金がかえってこない，管理会社への業務委託の内容の説明不足による管理会社と管理組合のトラブル，大規模修繕の際に設計図書がないなどの問題やトラブル，課題があった。

　そこで，こうした問題を予防し，管理組合や区分所有者が主体となってマンションの管理を進めるための支援体制を構築する必要があったため，2000年にマンション管理適正化法が整備されている。

コラム17　マンション管理適正化法の改正（2020年の改正）

　マンション管理適正化法の改正によって生まれた，行政による管理組合への指導・助言・勧告を行う基準と，管理組合の認定制度の基準は以下になる。

助言・指導・勧告を行う判断基準の目安	管理計画認定の基準（全国）
○管理組合の運営	
・管理者等が定められていない ・集会（総会）が開催されていない	・管理者等及び監事が定められている ・集会（総会）が定期的に開催されている
○管理規約	
・管理規約が存在しない	・管理規約が作成されている ・管理規約にて下記について定めている ・緊急時等における専有部分の立入り ・修繕等の履歴情報の保管 ・管理組合の財務・管理に関する情報の提供
○管理組合の経理	
・管理費と修繕積立金の区分経理がされていない	・管理費と修繕積立金の区分経理がされている ・修繕積立金会計から他の会計への充当がされていない ・修繕積立金の滞納に適切に対処されている
○長期修繕計画の作成及び見直し等	
・修繕積立金が積み立てられていない	・長期修繕計画（標準様式準拠）の内容及びこれに基づき算定された修繕積立金が集会（総会）で決議されている ・長期修繕計画が7年以内に作成又は見直しがされている ・長期修繕計画の計画期間が30年以上かつ残存期間内に大規模修繕工事が2回以上含まれている ・長期修繕計画において将来の一時金の徴収を予定していない ・長期修繕計画の計画期間全体での修繕積立金の総額から算定された修繕積立金の平均額が著しく低額でない ・計画期間の最終年度において，借入金の残高のない計画となっている
○その他	
	・組合員名簿，居住者名簿が適切に備えられている ・都道府県等マンション管理適正化指針に照らして適切なものである

＊上記の国の基準にあわせて各自治体による基準が加わることになる。

第4章
マンションを維持管理する

> **プロローグ**
> マンションを修繕するといっているけれど，どこが傷んでいるのかな？ 欠陥マンションだったのだろうか‥。それにしても，マンションっていつまで住めるのだろう？

4・1 マンションのメンテナンス

マンションの維持管理，メンテナンスのしくみをみていこう。

図2-4-1 マンションの修繕

4・1・1 マンションの修繕

マンションの修繕は，区分所有者全員の協力のもとで行う必要があり，進め方には，計画性・合理性・民主性が求められる。そのため，計画修繕を適正に進めることが必要となる。

(1) **経常修繕と計画修繕**　建物の修繕には，大きく分けて経常修繕と計画修繕とがある（図2-4-1）。経常修繕とは，どこかが傷み，故障したなどに対応する日常的に行う小規模な修繕や，緊急時の対応による修繕である。一方，計画修繕とは，マンションで安心・安全に暮らすために，また，長持ちさせるための傷みの予防や傷んだところの早期対応を適切にするものである。マンションの構造部分は，主に鉄とコンクリートでできているが，時が経てば劣化するので，定期的に適切な時期に適切な対応が必要である（図2-4-2）。

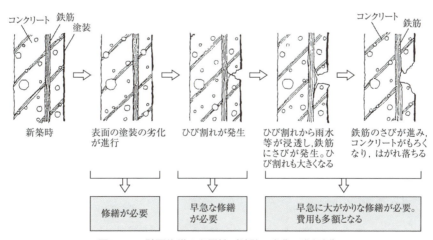

図2-4-2 計画修繕の必要性（外壁の劣化の進行例）

(2) **長期修繕計画と修繕積立金**　マンションの共用部分の修繕は，区分所有者全員が協力し，費用を負担する。そのためには，すべての区分所有者が納得し，費用を負担できるようにする必要がある。あらかじめ，いつ，どのような修繕を，どの程度の費用をかけて行うかの目標像を共有し，それに必要な費用を積み立てて準備をする。これが，**長期修繕計画**の立案と，それを根拠とした**修繕積立金**である。

分譲会社が長期修繕計画書つきでマンションを販売することが多いが，その場合でも，時間が経過すれば計画内容の見直しが必要となる。それは，計画通りに建物が傷むとは限らず，逆に，そんなに修繕を急がなくてもよい場合もあるからである。また，逆に，計画よりも急いで修繕を行ったほうがよい場合もある。

このように，計画内容の見直しのためには，建物の傷みぐあいを診断することが，人間と同様に必要で，それを，建物の**劣化診断**または**調査・診断**という（図2-4-3）。

なお，入居時に設定されていた修繕積立金の金額が低く抑えられている場合があり，築年数が経つとだんだん金額を上げることが必要な方法（**段階増額積立方式**）がある。必要な費用を毎年均等に負担する方法（**均等積立方式**）が将来につけをまわさないため望ましい（図

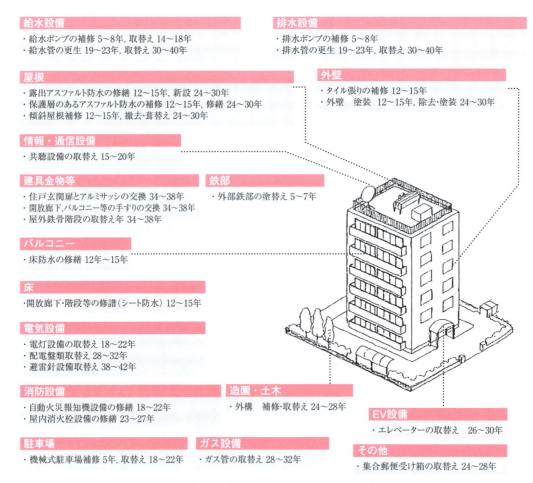

図2-4-5　マンションの修繕項目とその周期
（周期は，国土交通省　長期修繕計画作成ガイドライン・同コメント（2021年9月）より）

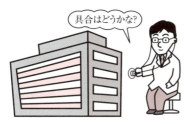

具合はどうかな?

図2-4-3　建物の劣化診断

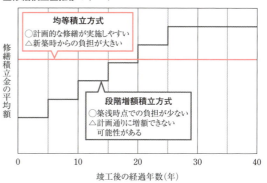

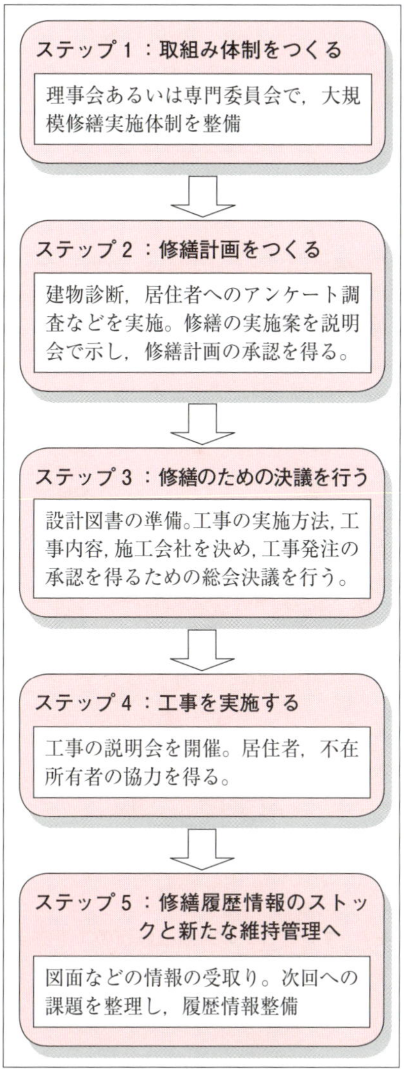

2-4-4)。なお，長期修繕計画の計画期間は，30年以上で，かつ大規模修繕工事が２回以上含まれる期間以上とする。

(3)　**修繕周期**　建物をいつどのように修繕すべきかは，その建物の建てられた状態，その後の経過によって異なってくる。目安としては，鉄部の塗装は５～７年ごとに，外壁の塗装や屋上防水の補修は12～15年ごとに，また築20年ぐらいから，設備関係の工事等が必要となる(図2-4-5)。こうした，外壁や屋上，設備の大規模で費用のかかる修繕を**大規模修繕**と呼ぶ。

4・1・2　大規模修繕の進め方 (図2-4-6)

(1)　**取組み体制**　大規模修繕を実施するには，総会決議が必要である。しかし，いきなり決議をすることは難しいため，まず，大規模修繕に取組む体制を整える。マンションでは，毎年，理事会の理事などの役員が交代するケースが多く，これでは，なかなか**大規模修繕**に取り組めない。そのため，修繕のタイミングを逃すことになりがちなので，**大規模修繕専門委員会**を理事会の諮問機関としてつくる方法が考えられる。

(2)　**修繕工事計画の作成，情報開示，広報**　区分所有者に工事の内容を説明し，正しい理解を促すことが必要である。「勝手に決めた」等といわれないように，区分所有者の意見を聞き，意見が反映できる場と機会を積極的につくることである。

(3)　**総会決議**　工事内容の検討，金額の見積り，工事の実施方法，業者・施工者の選定が

■修繕積立金推移のイメージ
均等積立方式
○計画的な修繕が実施しやすい
△新築時からの負担が大きい
段階増額積立方式
○築浅時点での負担が少ない
△計画通りに増額できない
可能性がある
修繕積立金の平均額
0
10
20
30
40
竣工後の経過年数(年)

図2-4-4　修繕積立金の積み立て方式

ステップ１：取組み体制をつくる
理事会あるいは専門委員会で，大規模修繕実施体制を整備
ステップ２：修繕計画をつくる
建物診断，居住者へのアンケート調査などを実施。修繕の実施案を説明会で示し，修繕計画の承認を得る。
ステップ３：修繕のための決議を行う
設計図書の準備。工事の実施方法，工事内容，施工会社を決め，工事発注の承認を得るための総会決議を行う。
ステップ４：工事を実施する
工事の説明会を開催。居住者，不在所有者の協力を得る。
ステップ５：修繕履歴情報のストックと新たな維持管理へ
図面などの情報の受取り。次回への課題を整理し，履歴情報整備

図2-4-6　マンションの大規模修繕の進め方

表2-4-1 過半数決議で可能な改修工事

工事名	内容
バリアーフリー化	建物の基本的構造部分を取り壊す等の加工を伴わずに，階段にスロープを併設したり，手すりを追加したりする工事
耐震改修	柱や梁に炭素繊維シートや鉄板を巻きつけたり，構造躯体に壁や筋かいなどの耐震部材を設置する工事で，基本的構造部分への加工が小さいもの
防犯化	オートロックの設備を設置する際，配線を空き管路内に通したり，建物の外周に敷設（ふせつ）したりするなど，共用部分の加工の程度が小さい場合 防犯カメラや防犯灯の設置工事
IT化	光ファイバーケーブルの敷設工事を実施する場合，その工事が既存のパイプスペースを利用するなど，共用部分の形状に変更を加えることなく実施できる場合 光ファイバーケーブルを通すために，外壁，耐力壁などに工事を施し，その形状を変える場合でも，建物の躯体部分への加工は大きくなく，外観を見苦しくない状態に復元する場合
計画修繕	鉄部塗装工事，外壁補修工事，屋上等の防水工事，給水管更生・更新工事，照明設備・共聴設備・消防用設備・エレベーター設備の更新工事
そのほか	窓枠，窓ガラス，玄関扉などの一斉交換工事。不要になったダストシュートや高置水槽などの撤去工事 小規模な集会室，駐輪場，駐車場の増改築

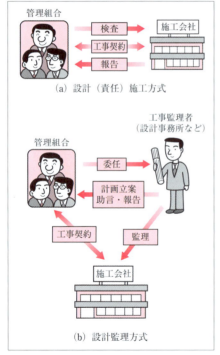

図2-4-7 マンションの大規模修繕の工事実施方法

できたら，それらを総会へ諮る。さらに，修繕工事のために修繕積立金を取り崩すには，総会での意見聴取と決議が必要である。通常の大規模修繕は，普通決議でよい（表2-4-1）。計画修繕として行う。

なお，区分所有法では，大規模修繕という用語は使われておらず，**共用部分の変更**と呼ばれている。また，大規模な改修工事を伴う場合は，3/4以上の賛成が必要である（表2-3-3参照）。

(4) 施工方式と修繕履歴の蓄積・活用　工事の実施方法には，**設計（責任）施工方式**と**設計監理方式**とがある（図2-4-7）。設計（責任）施工方式は，管理組合と施工会社とが工事設計から施工までを一括して契約する方式である。設計監理方式は，工事設計を施工会社から切り離して設計事務所などの専門家に委託し，そのうえで，施工会社が契約どおりに工事を実施しているかどうかの監督をしてもらう方式である。

さらにCM（「Construction Management, コンストラクション・マネジメント」）方式があ

る。発注者・受注者の双方が行ってきた，設計の検討や，工程管理，品質管理，コスト管理など各種のマネジメント業務を，コンストラクションマネージャー（CMR）が行う方式である。

工事が始まると，工事監理者と管理組合は定例会を開き，情報交換するとともに，居住者へも広報を通じて，工事の進捗状況を知らせる。

工事終了時には，修繕に関する書類を工事監理者から管理組合が引取り，保管して次回の修繕などのメンテナンスに活用する。

4・1・3　向上型メンテナンス

築年数が立つことで建物が**陳腐化**しないように，大規模修繕の際に改善工事を取り入れたり，社会の状況にあわせて，初期の性能から質を向上させるタイプの向上型メンテナンス（修繕＋改善）が必要になる（図2-4-8）。

（1）向上型メンテナンス　マンションの向上型メンテナンスとしては，外壁の色の変更や共用部分の改装を行うなどがある（図2-4-9）。その際，色の決定には，居住者の投票結果を取

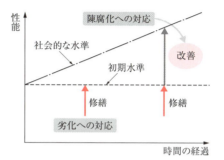

図2-4-8　向上型メンテナンス（修繕＋改善）の必要性

図2-4-9　マンションの向上型メンテナンスの事例（具体的な改善例　築25年）（スペースユニオン提供）

128　第2部　住まいとまちのマネジメントを実践する

表2-4-2　大規模修繕工事の発注方法

	責任施工方式	設計監理方式
調査診断・修繕設計	施工会社	設計事務所等
施工	施工会社	施工会社
工事監理	施工会社	設計事務所等
特徴	初期の段階から施工も考慮した検討が可能となる	管理組合の立場に立ち施工会社の仕事をチェックできる

表2-4-3　向上型メンテナンスにおける改善事例

　管理組合が主体となり，また，適切な技術者を選定し，専門家によるアドバイスが有効に働いているマンションでは，以下のような事例が多い。

共用部分

・宅配ロッカーの設置。
・郵便受けの取替え。
・オートロックの設置。
・駐車場の増設や立体駐車場化・機械式の廃止。
・自転車・バイク置場の増設。
・管理員室の増設・新設・改修・用途変更（例：コミュニティルームへ）。
・集会所の増築・増設・改修・建替え。
・エレベーターの改修・新設（図2-4-10）。
・テニスコートの増設。
・耐震補強の実施。
・エントランスホールの改修。
・キッズルームをシェアオフィイスへ。

専用部分

・居室の増築。
・サッシュや窓ガラスの交換。
・玄関ドアの取替え。
・室外機置場の設置。

外構・庭など

・高齢化に対応したスロープや階段に手すりを設置。
・防犯カメラの設置。
・風除けスクリーンの設置。
・不法車進入禁止のロボットゲート，センサーライト，自転車盗難防止用のチェーンの設置。
・遊具等の取替え。
・植栽の入替え。
・モニュメントや案内板の設置。
・プールの撤去と共同庭への改修。

り入れるなど，修繕への関心を高め，日頃，コミュニケーション不足に陥りがちな居住者同士の絆を高める工夫なども考えられる。

　その他，日常生活に大きなメリットがある改善としては，表2-4-3に掲げるような事例がある。

　(2)　リノベーションと課題　　向上型メンテナンスのなかでも，大規模に改修する方法を，リノベーション（renovation）と呼んでいる。リノベーションとは，古い建物を新たな使用に耐えられるように修繕，改造することであり，増床，建物の用途変更，外装衣替え，住戸内部全面改造，共用空間の大規模改変，外部環境整備など，大々的な改修をさしている。このことに対してリフォーム（reform，alteration）とは，建設後年数が経って陳腐化した建物の内装，外装，設備，デザイン等を改良することである。

　マンションでは，大規模な改修は区分所有者の合意形成が難しい。合意形成が困難なのは，新たな費用負担が求められることもあるが，大規模な工事をするうえでの，①建築確認済証や検査済証の存在，②建物の履歴情報の存在，③再生した建物の新たな資産価値を評価する仕組み，④それを踏まえた金融体制，⑤消費者の理解などの欠如がある。また，工事中の仮住まいの問題や居ながらの工事の実施も課題になってくる。

　こうした状況で，不動産的アプローチで問題解決を行った事例がある（図2-4-10）。エレベ

ーターの設置は技術的には可能であるが，設置費用や運営費用が掛かり，区分所有法に基づき3/4以上の賛成で合意をとるのは難しい。そこで，立場が違う区分所有者の意見を，費用負担による調整という手法を用いて，合意に結び付けている。つまり，空間の改善を，法律面や経済面を踏まえて実現している。

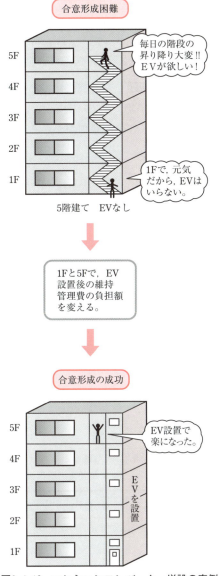

図2-4-10 マンションエレベーター増設の事例

4・2 マンションの耐震改修

4・2・1 耐震診断

耐震診断とは，地震に対する建物の強さや被害の程度を判断することである。

日本では，1978年の宮城県沖地震を受けて，1981年に建築基準法施行令が改正され，建物設計の考え方が大きく変更になった。そのため，1981年より前につくられたマンションを**旧耐震基準**のマンション，それ以降につくられたマンションを**新耐震基準**のマンションと呼んでいる。旧耐震基準のマンションは，耐震性能が低い可能性が高く，阪神・淡路大震災，東日本大震災では被害が多くでた。**耐震診断**を行い，IS値（表2-4-4）を確認し，耐震補強の必要性を判断することが必要である。

表2-4-4 耐震性を示す IS 値

耐震性を示すものとして IS 値がある。地震力に対する建物の強度，靱性を考慮し，建物の階ごとに算出する。	
IS 値	倒壊・崩壊の危険性
0.6以上	低い
0.3以上	ある
0.3未満	高い

4・2・2 耐震改修工事実施と合意形成

耐震性が低い場合には，耐震改修工事（耐震補強工事ともいう）を行う必要がある。そのためには，区分所有者の合意形成が必要である。

（1）**工事施工上の課題**　耐震改修の仕方によっては，各住戸への影響が異なってくる。例えば，耐震工事として枠付き鉄骨ブレイス補強をした場合には，ある特定の住戸にブレイスが入る，つまり，自分のベランダ前にバッテン印の補強がされる場合がある。

ほかにも，補強工事のために，専有部分が狭くなる場合がある。さらには，住みながらの工事実施が難しい場合がある。

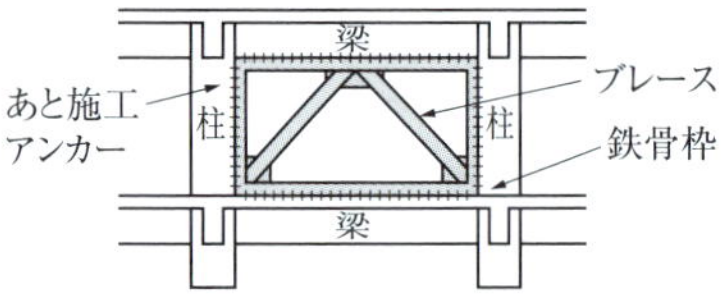

130 第2部 住まいとまちのマネジメントを実践する

（a）枠付き鉄骨ブレース補強

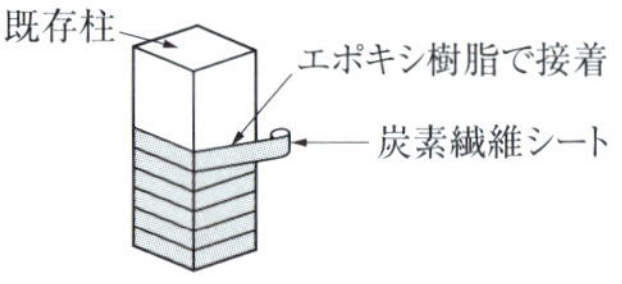

あと施工アンカー　梁　柱　ブレース　柱　鉄骨枠　梁

（b）炭素繊維巻き補強

既存柱　エポキシ樹脂で接着　炭素繊維シート

図2-4-11　耐震補強工事の例

(2) 法律上の課題　大規模な耐震改修工事は，区分所有者の3/4以上[1]の賛成が必要となる。さらに，工事を実施し，自分の住戸の前にブレイスが入る，あるいは専有部分が狭くなる人には，「特別の影響を及ぼす人」として，承諾を得る必要がある（区分所有法17条）。こうした決議をした際に，工事に賛成せず，反対した者に対して，建替え制度とは異なり（第2部第5章参照），売り渡し請求ができないという問題も生じてくる。

なお，2013年に改正された建築物の耐震改修の促進に関する法律（**耐震改修促進法**）により，マンションで耐震改修が必要な場合には行政へ「要耐震改修認定建築物」の認定を申請し，認定を受けると，耐震改修工事の合意形成は3/4以上の賛成ではなく，過半数以上の賛成で行えることになっている。

(3) 経済的な課題　耐震改修のための工事費は，戸当たり平均で約230万円[2]と，大規模修繕に比べて2〜3倍の費用がかかる。耐震改

表2-4-5　再生・解消メニューと合意形成比率

	メニュー	老朽化の場合	被災し，復旧する場合	耐震性が低い場合
再生	1．建替え	4/5以上の多数（区分所有法）【4/5，但し外壁隔離など一定の要件あり3/4以上の多数】	4/5以上の多数（被災マンション法）【2/3以上の多数】	4/5以上の多数（区分所有法）【3/4以上の多数】
	2．耐震補強＋修繕	3/4以上の多数（区分所有法）【3/4（出席多数）】	1/2を超える滅失があった場合，3/4以上の多数（区分所有法）【2/3（出席多数）】	1/2以上の多数（耐震改修促進法）さらに【2/3以上の多数（区分所有法，但し瑕疵に当たる場合）】
	3．大規模改修（1棟リノベーション等）	3/4以上の多数（区分所有法）場合によっては全員合意*（民法）【3/4以上の多数（出席多数）場合によっては4/5，但し外壁隔離など一定の要件あり3/4以上の多数（区分所有法）】		3/4以上の多数（区分所有法）。場合によっては全員合意*（民法）【3/4以上の多数（区分所有法）】
解消	4．解消（敷地売却）	全員合意（民法）【4/5，但し外壁隔離など一定の要件あり3/4以上の多数（区分所有法）】	4/5以上の多数（被災マンション法）【2/3以上の多数】	4/5以上の多数（マンション建替え円滑化法）【3/4以上の多数（区分所有法）】

＊所有関係に影響を及ぼす場合。　（　）内は根拠法を示す。　【　】は2025年以降の区分所有法の改正方針を示す。

1）区分所有者の定数を，規約で過半数までに変更することは可能（表2-3-3特別Ⅰ参照）。
　2025年以降の区分所有法の改正で耐震性不足が瑕疵に当たると判断されれば2/3以上の多数となる。
2）マンション管理業協会計算。なお，耐震改修工事（耐震補強工事ともいう）の費用は工事内容により戸当たり10万程度から300万円程度と幅広い実態がある。

修工事は費用がかかるため，費用負担困難層の存在という経済上の課題がある。費用を負担できない人に対しては，住宅金融支援機構にリバースモーゲージという制度があるが，現実には条件等があり，利用が難しい状況がある。また，耐震改修工事に費用をかけても，耐震性向上について，市場ではあまり評価されていないという問題がある。宅地建物取引業法では，重要事項説明で耐震診断の有無と，「有」の場合だけ情報の開示が求められている。すなわち，マンションの売買時に，耐震性に関する**情報開示**の必要性が実質的にはない状態であり，こうした不動産取引体制の課題も現実問題としてある。

4・3　長期マネジメント計画

4・3・1　長期マネジメント計画

マンションを長持ちさせるには長期の視点で計画をすることが重要である。その基本として，長期のマネジメント計画の立案がある。**長期マネジメント計画**とは，①マンションの長期的な管理運営の方針，ハード的な維持管理，ソフト的な組合運営の取組みに関する長期的な計画である。長期修繕計画は，25～30年程度の計画だが，長期マネジメント計画は，その2倍や3倍のスパンで考えること，さらに，ハードだけでなく，ソフトな対応も一緒に考えることになる。計画は，建替えや解消等と簡単にぶれないように，概ねの方針を示すもので，台風の予想図みたいな役割である。

4・3・2　長期マネジメント計画の内容

長期マネジメント計画では次のことを整理し，決める。①マネジメントの方針，長期のビジョン，長期の目標である。例えば，「適時適切な修繕と改修で快適な住環境を作り，築80年を目指して若い世代を呼び込み，世代交代を進める住環境を整えよう」としている。築約50年のマンションがある。②マンションの固有の基本情報を整理する。所在地，敷地面積，所有形態，法定建蔽率と現在の建蔽率，法定容積率と現在の容積率，竣工年，総戸数，階数，棟数などである。現在の課題や将来起こりうる課題を考える。③建物のハードな状態を把握する。④管理・運営・利用の状態についてである。さらに，⑤マンションを取り巻く状況や，⑥再生の方針などを相談し，記載する。計画を創る意義は，マンションの区分所有者で将来ビジョンを共有できることがある。

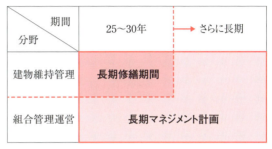

図2-4-12　長期マネジメント計画

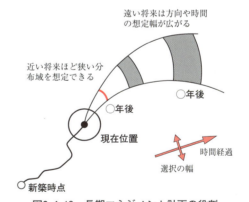

図2-4-13　長期マネジメント計画の役割

> **エピローグ**
>
> マンションでは，建物を長持ちさせるために，計画修繕が必要である。また，時代にあったものにするために向上型メンテナンスとしての取組みやリノベーション工事も大切である。そうすれば80～100年は住むことができる。マンションという空間の改善には，法に基づき，経済的側面も踏まえた合意形成として不動産学的な視点で考えることが必要である。

コラム18　価値を上げる取組み

マンションの価値が上がるということは，どういう意味や効果をもつのだろうか。

多くの人が「住んでみたい」「買いたい」と思うようなマンションは市場価値が上がる。需要が高まればその価値が上がる。

「ここが終の棲家なので，売却しないから値上がりも値下がりも関係ない」と思うかもしれない。しかし，マンションは区分所有，つまり建物躯体を区分所有者で共有している。そのため，居住者自身が変わらなくても，周りの環境が変わることで今まで通りの生活が続けられなくなる可能性がある。例えば，市場の評価が下がり売却価格が低くなることで，自身の資産が目減りする。また，これまで形成されてきた価値観と異なる人が入居する可能性もある。また，売却したくともいつまでも買い手がつかず，従前居住者や購入した事業者などが管理費や積立金などの支払いを怠らせる恐れもある。その場合，管理や理事会の運営にも影響が及ぶ。

自分たちのマンションの環境や価値を維持・向上させることは，自分の資産を守ることであり，そして毎日の暮らしを守ることでもある。

では，マンションの価値を下げないために，あるいは価値を上げるためにどのようなことをすれば良いのだろうか。

① 現代のニーズに応える

例えば，住民の高齢化の場合はどうだろう。以前は平気だったエントランスの階段が年々辛くなり，外出の機会が減ってしまう可能性もある。この対応としてバリアフリー化を進めることが有効である。階段を迂回できるスロープの設置は，その解決法の1つである。スロープを設置する場所の確保が難しい場合はリフトをつけることも考えられる。

建物の老朽化の場合はどうだろう。建物の修繕とともに断熱性能を高めるなどの省エネルギー対策や設備の更新が考えられる。また，耐用年数を超えた機械式駐車場の撤去や電気自動車の充電設備の設置なども必要になってくるだろう。

② 見栄えを良くし，愛着が持てるようする

マンションは外からは見えない管理や運営の面が重要であるが，その効果は外観や敷地内の様子に現れる。日頃から清掃や手入れされているかは印象に大きな影響を与える。特に，エントランス部分や共用部の見栄えが重要である。共用部のポストの口からのはみ出しや床への散乱を防ぎ，清掃も行き届かせることで美観に力を入れているマンションもある。

住まいへのニーズは生活環境の変化や技術の進展等により変わる。時代のニーズに応えることは，選ばれるマンションとして価値を上げることにつながる。これには費用を要することも少なくない。計画的に資金の準備と実施できる体制をとっておくことが必要である。

図2-4-14
マンション全体に外断熱を施した。各世帯の電気代圧縮に繋がった（Nマンション，京都市）

図2-4-15
エントランスにある集合ポストを刷新　マンションのイメージを大きく変えた（Hマンション，京都市）

第5章
マンションを建て替える

> **プロローグ**
> マンションを建て替えるっていうけれど，いったい誰が，いつ決めたんだ。
> 建替えに反対したのに，どうして建て替えるんだ。僕は，どうなるんだろう。不安だなー。

5・1 マンションの建替え

マンションの建替えについてみていこう。

5・1・1 建替え決議までのプロセス

マンションの計画修繕を適切に行っていても，いつかは建物が終わりを迎えるときがくる。諸外国では，マンションは超長期に使うあるいは建物を解体し，区分所有関係を解消することが前提となっているが，日本の制度では建て替えることが前提となっていた。マンションの建替えは，個人の居住や所有（財産）に与える影響が大きいため，法できめ細かくルールが決まっている。

マンションを建て替えようという決議，すなわち，**建替え決議**までには，大きく3つのステップがある（図2-5-1）。

① 準備段階：マンション区分所有者の有志が集まり，建替えに関する基本的な勉強会を開く。
② 検討段階：管理組合のなかに検討組織を設け，具体的な検討を開始する。
③ 計画段階：管理組合として，建替え計画を進めるための**建替え推進決議**（図2-5-2）を行う。建替え推進決議後，建替えの具体的な計画や費用負担を示したうえで，**建替え決議**を行う。

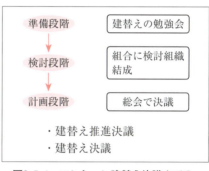

図2-5-1 マンション建替え決議までのプロセス

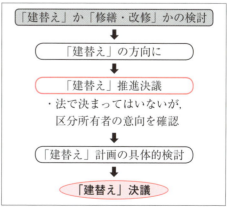

図2-5-2 建替え推進決議と建替え決議

5・1・2　マンションの建替え決議

マンションの建替え決議は，区分所有法に従って進められる。法第62条1項では「集会においては，区分所有者および議決権の各5分の4（以下4/5と表記）以上の多数で，建物を取り壊し，かつ，当該建物の敷地もしくはその一部の土地または当該建物の敷地の全部もしくは一部を含む土地に新たに建物を建築する旨の決議（以下「建替え決議」という。）をすることができる」と規定している。

2002年の法改正で「老朽化」や「過分の費用」の要件がなくなり，「敷地」や「用途」の自由度が高まっている（表2-5-1，図2-5-3）。そこで，「4/5以上の賛成さえ得られればよいのかな？」と考えられるが，建替えに必要な費用はどのくらいかかるのか，建替えした際の区分所有権はどうなるのか，修繕と比べるとどうかなどを十分に検討したうえで，総会で決議しなければならない。

具体的には総会でマンションを建て替えるか否かを決める決議には，図2-5-4に示す通知・説明事項①～⑥が示されていなければならない（区分所有法62条）。

これらの内容から，各区分所有者は建替えをするかしないかを十分に検討する。決議をする総会の招集手続きは，総会開催日よりも少なくとも2か月前に行われなければならない。また，総会の1か月前には，説明会を行うことも必要である（図2-5-4）。総会では，再建建物の設計概要，かかる費用，区分所有権の帰属等を踏まえて，建て替えるか否かを決議する。

なお，耐震性が低い場合等は2025年以降の区分所有法の改正で決議要件が3/4以上となる予定である。

5・1・3　団地型マンションの建替え決議

1つのマンションが2棟以上で構成されている団地型マンションの建替え方法として，棟ごとに建て替える**棟別建替え**と，団地全体を建て替える**一括建替え**とがある（図2-5-5）。

⑴　**棟別建替え**　　各棟の建替えは，棟の区分所有者および議決権の4/5以上の多数による集会決議，または，区分所有者全員の同意が必要である。

さらに，このような団地型マンションでは，1棟の建替えが他の棟にも影響することから，団地全体の集会（総会）で，建替えを承認されることが必要となる。

承認決議は，団地管理組合の総会で，議決権の3/4以上[1]の多数による決議が必要である。

表2-5-1　建替え決議に関する区分所有法2002年の改正

建替え決議の方法は，2002（平成14）年の区分所有法で改正されている。4/5以上の多数決は同じであったが，旧法第62条にはさまざまな条件があった。

要件	旧法第62条	新法第62条
老　朽　化	老朽，損傷，一部の滅失その他の事由により	なし（何をもって老朽化が論点となる）
過分の費用	建物の価額，その他の事情に照らし，建物がその効用を維持し，または回復するのに過分の費用を要するにいたったときは，	なし（過分の費用とはどれだけかが論点となる）
合意形成比率	集会において，区分所有者及び議決権の各5分の4以上の多数で	同じ
敷　　　地	建物の敷地に	建物の敷地もしくはその一部の土地または当該建物の敷地の全部もしくは一部を含む土地に（図2-5-3）
用　　　途	主たる使用目的と同一とする建物	なし（過半を他の用途にできる）

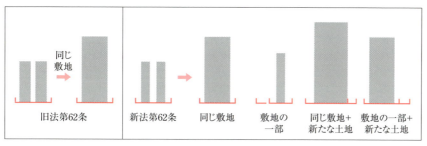

図2-5-3　敷地要件の緩和（2002年法改正）

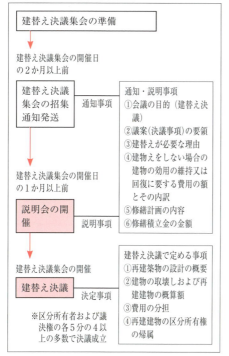

図2-5-4　1棟の区分所有建物における建替え決議までの手続き
（区分所有法第62条関係）

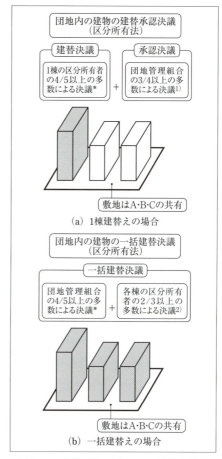

図2-5-5　団地型マンションの建替え決議

この際，各自の議決権は，土地の共有持分割合となる。また，建替え棟の区分所有者であって，建替え決議に賛成しなかった場合であっても，承認決議が行われる際には，その建替えに賛成したとみなされる。

建替え棟のすぐ北側にある棟など，ある棟がその建替えによる特別な影響が及ぼされる場合は，その棟の3/4以上の議決権を持つ区分所有者の賛成が必要となる。

＊耐震性が低い場合等は2025年以降の区分所有法の改正で決議要件が3/4以上となる予定である。
1）2025年以降の区分所有法の改正で特定建物に客観的な緩和事由があるときは議決権の2/3以上で出席者の多数決による決議を可能とする予定である。
2）2025年以降の改正で，各棟につき，区分所有者又は議決権の各1/3を超える反対がない限り，一括建替え決議は成立。

① 団地内建物の全部が区分所有建物。
② 建物の敷地は建物の区分所有者の共有。
③ 団地管理組合規約で，団地内の建物が管理の対象となっていること。

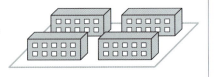

図2-5-6　一括建替え決議のための要件（区分所有法70条）

表2-5-2　マンション建替え事例（東京都調布市）

	建替え前	建替え後
竣工年	1971年	2015年
分譲会社	東京都住宅供給公社	旭化成不動産レジデンス
延床面積	10,470m²	35,055m²
階数・棟数	地上5階・5棟	地上8階 地下1階（南棟） 地上6階 地下1階（北棟）
総戸数	176戸	331戸
間取り	3DK	2LDK～4LDK
各戸専有面積	約50m²	56.14m²～94.64m²
建替えの経緯	平成20年8月：建替え推進決議並びに事業協力者決定 平成23年12月：一括建替え決議成立 平成24年5月：建替え組合設立認可 平成25年4月：解体着工 平成27年5月：竣工	
一括建替え決議　マンション建替法・組合施行	

（旭化成不動産レジデンスHPより）

表2-5-3　マンションの市街地再開発事業による建替え

1. 地方公共団体が都市計画として再開発事業を決定
   a. 市街地再開発事業の施行区域要件を満たすことが必要。
   ・高度利用地区等内にある。
   ・区域内の建物の2/3以上が老朽化などをしている。
   ・区域内に十分な公共施設がない等により，土地利用が不健全であることなど。
   b. 区分所有法の一括建替え決議は不要。
2. 再開発組合の設立認可
   旧：全員の合意
   ↓（2016年　都市再開発法改正）
   新：全体の2/3以上の合意

承認決議総会の招集手続きは，開催日の少なくても2か月前に行い，再建建物の設計概要書類も添えなければならない。

(2) **一括建替え**　団地型マンションであるからといって，どのマンションでも一括建替えができるわけではない。一括建替えするには，①敷地の所有関係として，全体の共有であること，②管理組合の運営として，団地全体の規約に基づいて管理が行われていること等が必要である（図2-5-6）。この際の各自の議決権は，土地の共有持分割合[3]となる。

一括建替えへの決議方法には，大きく分けて2つある。
① 団地全体の集会で，全体の区分所有者および議決権の各4/5以上の賛成と，各棟の区分所有者および議決権の各2/3以上の賛成[4]により一括建替え決議を行う（区分所有法70条）。
② 各棟の建替え決議の際に，複数棟を一括建替えすることもあわせて承認決議する。このような決議を行えば，該当する棟の全区分所有者が合意したとみなされる（区分所有法69条）。

一括建替えへの建替え決議は，団地全体が新しいマンションになるという計画と設計の概要，費用概算額と費用負担割合，所有権の帰属方法を確認したうえで行われる。

---

3) 規約で別段の定めがない場合は，専有部分の床面積の割合。
4) 2025年以降の区分所有法の改正で「各棟につき区分所有者又は議決権の各1/3を超える反対がない限り」に変更予定である。

（3）**再開発法を用いた建替え**　団地型マンションの建替えの困難性を考慮し，**都市再開発法**による市街地再開発事業として建替えが進めやすくなった（表2-5-3）。そのための法制度が整えられたことにより，区分所有者の2/3以上の合意で，再開発としてマンションを建て替えることが可能となった。ただし，すべての地域で適用が可能なわけではない。

　区分所有法による建替え決議は，敷地内建築物すべて区分所有であるときしかできず，また敷地の分割もできなかったが，この方法を用いることで，敷地内に単独所有の建物がある場合でも多数決で合意形成ができ，**敷地分割**も可能となっている。

5・1・4　建替え決議後の手続き

　マンションの建替え決議が成立した後，区分所有法に従うと，次の過程をたどることになる。
① 決議の際に建替えに賛成でなかった人[5]へ，参加するかどうかの確認を書面で行う。
② 2か月以内に返事をしない，または，全く返事がない場合は，建替えに参加しないものとみなす。
③ さらに2か月間に，買受け指定者などは，今度は建替えに参加しない人々の建物や敷地利用権を**時価**（資料1）で売渡すように請求する[6]（**売渡し請求**）。
④ 売渡し請求に応じた区分所有者の建物や敷地利用の権利を移転する。
　なお，建替え決議を行い，2年が経っても建

資料1　時価とは何か？

　建替え決議が成立した時点における，区分所有権と敷地利用権とを一体として評価した評価額。
　次の①と②の方法から総合的に判断する。
① 〔（建替えが完成した場合における再建建物および敷地利用権の価額[7]）－（建替えに要した経費）〕×持分
② 〔（再建建物の敷地とすることを予定した敷地の更地価額[8]）－（現存建物の取壊し費用）〕×持分

物の取壊し工事に着手しない場合は，買い取られた人はマンションの返却を請求できる[9]。ただ，何らかの理由ですぐに工事にかかれない正当な事由があれば，返却を請求できない。

5・2　賃貸借の終了

　マンションで建替え決議が成立しても，区分所有者から住戸を借りて居住している賃借人にその効果が及ばず，賃借人に立ち退いてもらうことが困難な場合がある（図2-5-7）。賃借人は，借地借家法で守られているからである。そこで，2025年以降の区分所有法の改正で，建替え決議があったときは，賃借人に対して賃貸借の終了を請求できるとする予定である。請求された場合には，6か月を経過することによって賃貸借は終了する。なお，住戸を貸している賃貸人（区分所有者）は，賃借人に対して，賃貸借の終了により通常生じる損失の補償金を支払うことになる。

5）例えば，決議に出てこない，何もいわない人。
6）その後に区分所有権が相続されたり，売却されたりした場合でも，その譲受人や被相続人は，建替え決議に従って手続きを行う。
7）近傍類似地域の新築分譲マンションの販売事例等から，再建建物の新築販売価格の総額を算出する。
8）近傍類似地域において，再建建物に類似する分譲マンションの敷地にする目的で，開発事業者によって取得された事例を対象とする取引事例比較法によって算出するのが相当である。開発事業者が負担する開発経費が反映された価格となる。
9）これは，「建て替えるから…」とだまし取ったり，あるいは追い出すことを狙いとして工事に着手しないことなどを防ぐためである。

図2-5-7 賃借人への対応（従来）

5・3 マンション建替え決議後の事業の課題と円滑化

区分所有法で建替え決議をした後，マンションの建替え事業を円滑に進めることを目的に，マンションの建替え等の円滑化等に関する法律[10]（**マンション建替え円滑化法**）が2002年6月に制定された。

この法律ができたのは，マンション建替えを進めるうえで，次のような問題があったからである。

① マンション建替えの相談をしたくても，身近な地方公共団体が取り上げてくれない。

② 建替えの合意形成をして，建替え工事を施工会社と契約をしたくても，建替え組合には法人格がないので，契約に不安を感じるといわれる。

③ マンション購入時のローンが残っており，融資銀行（抵当権者）の同意が得られにくい。

④ 建替えを機にマンションを出て行く区分所有者や借家人がいるが，出て行く先が見つからないため，建替えを進められない。

このような問題に対応するために，この法律では，以下のように定められている。

資料2　マンション建替え円滑化法の内容
（本文補足）

- 民間ディベロッパーなどでも参加組合員になれる。
- 建替え組合は，総会における4/5以上の多数決により，権利変換計画を定め，知事の認可を得る。認可を得た権利変換計画に従い，区分所有権や抵当権などの関係権利が再建されたマンションへ移行する。
- 組合は，権利変換計画に関する総会の議決に賛成しなかった組合員に対し，その区分所有権等を時価で売り渡すよう，請求できる。逆に，賛成しなかった組合員も，組合に対して，その区分所有権を時価で買い取ることを請求できる。

① 地方公共団体・国は，マンションの建替えを円滑にできるように支援する。

② 建替え合意者5人以上で定款および事業計画を定め，知事の認可を得て，法人格をもつマンション建替え組合を設立する。申請については，建替え合意者の3/4以上の同意を得ることが必要である。

③ 旧マンションの権利関係から新マンションの権利関係へ，登記を一括申請できる体制が整えられた。

---

10) 制定時は，「マンションの建替えの円滑化等の推進に関する法律」という名称であり，「等」に含まれる「建替え勧告」が実際には行われないことから，2015年の改正時に勧告制度が廃止され，建替えにあわせて建物の解体除去・敷地売却制度が位置づけられたことから，「マンションの建替え等の円滑化に関する法律」に名称が変更となっている。

④ 施行者，地方公共団体・国は，賃借人も含めた居住の安定を考慮する。

マンションの建替えの合意は，基本は私法で行うが，建替え組合をつくり，反対者の権利を買い取り，工事を行う。新たなマンションとしてスタートするための事業の円滑な推進には，公法や国・地方自治体の住宅政策・居住政策との連携が必要となっている。

エピローグ

マンションの建替えは，区分所有者が全員参加した総会の決議で決まることになる。全員が参加できるように，2カ月以上前に案内し，1カ月以上前に説明会を開く。建替え決議後，建替えを反対した人は，時価で住戸を買い取ってもらうことができる。また，転居に伴い，必要に応じて行政のサポートを得ることができる。マンションは個々人の私有財産の集合体であるが，円滑な建替えのために行政の関与が一定ある。

資料3　建替えに向けての多様な取組み

○仮住まい無にする

マンション建替えの課題のひとつに仮住まいの問題がある。小・中学生などの子供がいる場合は学区が変わらないエリア，高齢者はかかりつけの病院等が行きやすい場所を希望する。よって仮住まいのエリアが限定され，かつ大量の住まいが一時に必要となるため，仮住まいを探すことが難しい場合がある。また，仮住まい先に転居し，そこから建替えマンションに転居となると2度の引越しが必要である。そこで，「仮住まい無」とする取組みがある。団地型マンションで，団地の一部を先に取り壊し，建替えマンションを建設し，残りのスペースでは住み続ける，あるいは先に取り壊した部分に居住していた人の仮住まいとする方法である。

基本的には全ての住戸を建替え組合が取得→建替え不参加者はマンションから退去→参加者で，先行解体エリアの居住者の中から，高齢者や子供のいる家庭が優先的にマンション内仮住まいに。残りエリア居住の建替え参加者は継続居住。共に建替え組合に家賃を支払う。ただし，移転の必要性の有無に応じて，仮住まい支援金を組合が居住者に支払う。仮住まい住戸用に貸し出される部屋はクリーニングをし，設備やリフォームの状態などの情報を開示し，希望者を募る。

○隣のマンションと一緒に建替える

単独建替えではなく，隣のマンション等と一緒に建替えると，①敷地が大きくなる，②敷地形状が良くなる，③接道条件が良くなる等から，容積率が大きくなり効率的な建替えが可能となる場合がある。よって，隣地を取り込んでの建替え事例が増えている。

○地域貢献施設の整備

建替えによる近隣住民への配慮から災害時の避難場所の提供や，備蓄用倉庫などをはじめとする地域に貢献する施設・設備をつくる等がある。

コラム19　マンションの建替えの合意形成

マンション建替えには，多くの区分所有者の賛成がいる。どのように合意形成に導いたのかという質問に対して，あるマンションの建替え組合の委員長の次のような話がある。

「区分所有者ごとに，『マンションの今後』を考えるときに，考え方も違うし，そもそもマンションの建替えをよく理解していない人もいる。特に，理解していない人が『友達が反対と言っているから反対』というようなケースもある。これらに対しては，基本的には，目標を明示して合意形成をすすめるようにしてきた。また，全体説明会だけでは理解できない人もいるし，自分の意見を言えない人もいるので，管理組合では「談話室」という名称で，お茶を飲みながら，話も建替えの話に限定せずに自由に話をできる場を設けた。これ以外に，事業協力者には，個別面談を何度もやってもらった。」

このように建替えを行う場合には，ひとりひとりが納得できるような丁寧な対応が必要となる。

コラム20　マンション建替えの実態

日本ではマンションの建替え事例は被災マンションを除くと300件もなく（2024年6月現在），成功した事例は容積率に余裕がある，追加費用戸当たり2000万円ほどかかっている等があり，今後，すべてのマンションで建替えすることの困難性が高いと考えられる。

なお，国土交通省が把握しているマンション建替円滑化法に基づく建替事例等（単棟型59件，団地型42件）をもとに見たところ，単棟型では建替決議時の平均築年数は37.7年，住戸数は建替え前53戸で，建替え後は1.58倍になり84戸，住宅床面積67.2m^{2}から74.1m^{2}へ，階数は7.1階から12.3階へとなっている。団地型では，建替決議時の平均築年数は43.5年，住戸数は建替え前133戸で，建替え後は1.66倍になり221戸，平均床面積51.9m^{2}から72.4m^{2}へ，階数は4.6階から9.9階になっている。

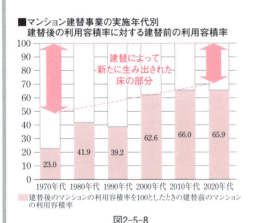

図2-5-8

図2-5-9

第6章
マンションを解消・1棟リノベ・コンバージョンする

> **プロローグ**
> マンションを解消するって聞いた。どうも，建替えが難しいらしい。だから，建物を解体し，土地を売って解散するらしい。それは寂しいな‥ほかに方法がないのかな？

6・1 マンションの解消

マンションの再生で建替え以外の仕組みをみていこう。

6・1・1 再生の新たなメニュー：解消

マンションの再生には，耐震改修，大規模な改修，建替えがあるが，マンションの終焉の方法として解消がある。**解消**とは，「建物解体・除去，敷地の売却，管理組合の解散，共有関係の解消」である。（図2-6-1）

東日本大震災によって大きな被害を受けたマンションでは，建替えではなく，解消が選択された。こうしたことを想定していない日本の法スキームでは民法の大原則に従い，全員合意が必要であった。しかし，それでは災害時には大変困難となることから，**被災マンション法**（被災区分所有建物の再建等に関する特別措置法）

で，被害を受けたマンションでは，4/5以上の多数決で解消ができるようになった（2013年改正）。また，耐震性が不足するマンション等については，マンション建替え円滑化法の改正により，行政の認定を受けると4/5以上多数決によってマンションおよびその敷地を売却できる制度ができた（図2-6-2 2014年及び2020年改正[1]）。

しかしこれではすべてのマンションで解消はできない。築年数が経つマンションが増加する中で，多数決で行えるマンションの終焉の方法が建替えのみでは，建物の再生，暮らしの再生が困難になる。そこで，どのマンションでも多数決で解消ができる道を開くこととなった。

2025年以降の区分所有法の改正で，全てのマ

図2-6-1 マンションの解消制度

---

1) 2020年の改正で耐震性不足のマンションに加えて，外壁の剥落等により危害を生じるマンションも対象となっている。

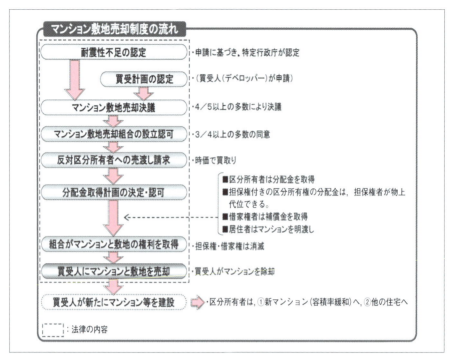

図2-6-2　耐震性の低いマンションの敷地売却およびマンション建替え制度

表2-6-1　客観的な緩和事由

1. 地震に対する安全性に係る法等の基準に適合していないもの
2. 火災に対する安全性に係る法等の基準に適合していないもの
3. 外壁、外装材等が剥離・落下し周辺に危害を生ずるおそれがあるもの
4. 給水、排水その他の配管設備の損傷、腐食しているが修繕が困難なもの
5. 高齢者、障害者等の移動等が困難なもの（バリアフリーになっていないもの）

ンションを対象とし、建物敷地の一括売却、建物取り壊し一括売却等、区分所有者及び議決権の各4/5以上の賛成で可能となる予定である。客観的な緩和事由（耐震が低い等　表2-6-1）がある場合は3/4以上となる予定である。

6・1・2　解消のタイプ

今までに解消されたマンションには大きく分けて3タイプある。第一のタイプは管理不全マンションの解消である。第二のタイプは被災マンションでの解消である。第三のタイプは老朽化マンションの解消である。3つのタイプをみていこう。

(1) 管理不全マンションの解消

管理を適正に行わず、外部不経済を及ぼすような**管理不全マンション**が日本で増えている。管理組合が機能せず、管理が行われていない。こうした場合に、空家対策法（空家等対策の推進に関する特別措置法）を適用し特定空家と認定し、マンションを**行政代執行・略式代執行**で解体した事例がある（資料1、2）。**特定空家**の認定までに時間がかかり、その間、地域や近隣への影響が大きい。

⑵　被災マンションの解消

　地震で被害が大きかったマンションでは，建替えよりも解消する事例が多い。東日本大震災，熊本地震ともに解消が主な再生手法となっている。被災マンション法に基づき，4/5以上の合意をもって手続きを進める場合，民法により全員合意で手続きを進める場合がある。後者が選択される理由には，建物の**公費解体**（資料3）に区分所有者全員の同意が求められる等がある（資料3）。

⑶　老朽化マンションの解消

　老朽化したマンションの解消を多数決で行う場合には，マンション建替え等円滑化法に基づいて決議を行い，進めることになっていた[1]。実際に解消した事例では，当初は建替えを検討していたが，新マンションを取得するための費用が多額になること，建替えよりも解消を選択した方が，土地が高く評価されるなどの理由から解消した事例がある（表2-6-2）。なお，今後は，区分所有法に基づく決議も可能となる。

　解消制度の決議要件が緩和されるが，法的側面だけでなく，経済的な側面の環境が整わないと決議が困難と予想できる。解消で得られる敷地売却費の取り分（戸当たり資産価値）が中古売買価格と大きく乖離（かいり）がある場合，特に売買価格よりも資産価値が大きく下回る場合は合意形成が困難と考えられる。例として，横浜市の旧耐震基準のマンションで戸当たり資産価値と中古売買価格を比較してみると，結果が図2-6-3になり，50％未満が最も多い。

　また，土地を売っても解体費すら捻出できないマンションもあることから今後は**解体準備金**などのマンションの終焉の為の体制づくりが必要である。

資料1　行政代執行等で解消した事例

> 1972年築　滋賀県野洲市　9戸
> 　　　管理組合が機能せず，管理がされない
> 2010年　県は建築基準法10条第1項（資料2）
> 　　　に基づき，勧告
> 2018年7月　大阪北部地震，台風で壁が崩落
> 　　　アスベストの露出
> 　　　建築基準法に基づき所管滋賀県に立入検
> 　　　査など依頼
> 　　　問題解決につながらず
> 2018年9月　空家特措法に基づき，特定空家認
> 　　　定，指導，勧告，命令
> 2020年7月　行政代執行・略式代執行により解
> 　　　体
>
> 　　　　　　　　　　　　　（コラムで解説）

資料2　建築基準法10条第1項（保安上危険な建築物等に対する措置）

> 　特定行政庁は建築物，敷地，構造又は建築設備について，損傷，腐食その他の劣化が進み，そのまま放置すれば著しく保安上危険となり，又は著しく衛生上有害となるおそれがあると認める場合においては，当該建築物又はその敷地の所有者，管理者又は占有者に対して，相当の猶予期限を付けて，当該建築物の除却，移転，改築，増築，修繕，模様替，使用中止，使用制限その他保安上又は衛生上必要な措置をとることを勧告することができる。

資料3　公費解体

> 　被災した家屋等のり災証明の判定が「全壊」となった場合，その家屋等は「本来の機能を持たない物件」，すなわち「廃棄物」とみることもできる。この「災害廃棄物」は所有者から申請があれば公費で「撤去」することを「補助対象」とできる。
> 　なお，極端な激甚災害の場合には，半壊以上の撤去を補助対象にすることもある。（東日本大震災，熊本地震の場合）
> 　マンションの場合は，公費解体の申請に区分所有者全員の合意書が求められた。なお，マンションの地中にある杭などは公費解体の対象にならない。

1）2025年以降の区分所有法改正で区分所有法に基づいて決議ができる予定である。

144　第2部　住まいとまちのマネジメントを実践する

表2-6-2　多数決で解消した事例

事　例	都心型	郊外型
立　地	東京都新宿区	千葉県船橋市
竣工年	1963	1966
経過年	56（解消決議時）	53（解消決議時）
解消決議年	2019	2019
戸　数	33戸	120戸　5棟
解消理由	建替え検討，既存不適格で困難，解消が経済的に有利で選択	建替えを検討，開発事業者がつかない。
建物状態	耐震性不足，既存不適格	全棟が耐震性不足
関与者 管理組合・区分所有者以外	コンサルタント，弁護士，不動産鑑定士，補償コンサルタント，税理士，敷地売却組合	コンサルタント，弁護士，不動産鑑定士，敷地売却組合（途中まで，途中で円滑化法の利用中止）
解消に反対する理由 売渡請求有無，訴訟有無	大規模リフォームをし，中古で購入したため 有，訴訟有	借家にしていたため 無
買受人：	近隣事業者	1棟所有の企業と3社に声掛け →高い価格設定者に売却
従　後	オフィスビル	更地，戸建住宅地
解消の課題等／ 阻害要因・促進要因等	①建替え（権利変換）なら非課税であるが，解消は課税される。②コンサルタント雇用の必要性を，組合はなかなか理解できない。③前例がないので，反対者等と裁判をしても，**断行の仮処分**[1]が認められない可能性がある。結果，裁判が長びくと事業が進められない。④土地の売却よりも先に，区分所有者に分配金をわたす必要があるが，その資金調達が困難である。⑤高齢者の居住支援が必要である。⑥購入金額よりも土地を販売して得られる分配金が高いと，区分所有者の合意が容易になる。	①団地型の解消制度がないので，全棟で4/5以上の多数合意を実施＊（2025年以降の区分所有法の改正で団地型で一括対象決議可能に）。②生活保護者の居住先を探すことが困難である。③マンション建替え円滑化法を使うと費用がかかるため，途中から組合をつくらないで**等価交換**[2]で実施した。④中古売買価格より高値での買取だったため，合意形成が円滑に行われた。

1）断行の仮処分　訴訟で勝訴したのと同様の状態の実現を暫定的に図る手続き。
2）マンションでの等価交換は，ディベロッパーが土地に建物を建て，竣工後に土地の一部と建物の一部を等価で交換する。よって，元建物所有者（区分所有者）は土地の持分を売り，その等価として新築マンションの住戸を得る。等価で得られる住戸が小さい場合は追加費用を支払うことになるケースが多い。本ケースでは，新築マンションを建てるケースではないので，1件1件買受人と区分所有者が契約をし，清算を行っている。

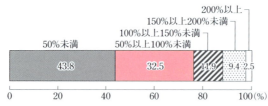

図2-6-3　マンションの戸当たり資産価値（戸当り土地売却価格）：中古売買価格に比較して（横浜市の旧耐震マンションを対象に）

6・2　1棟リノベーション

1棟リノベーションも区分所有者の多数決で行えるようになる予定である。この場合の**1棟リノベーション**とは，建物をスケルトンにし，専有部分の面積を変えるような大規模な工事を伴うものを想定している。このような専有部分の所有関係に影響を与えるような大規模なリノベーションは区分所有法では想定されていないので，民法に従い全員合意が求められていた。しかし，多様な再生を可能とするために2025年以降の区分所有法の改正で，建替えや解消と同じ決議要件で可能となる予定である（資料4）。1棟リノベーションは，全住戸すべてを対象としなくても図2-6-4で示す部分的なリノベーションもあり得るが，こうした事例は，区分所有法上は想定されていない。

資料4　1棟リノベーション制度

> 1棟リノベーションは，建物の更新（建物の構造上主要な部分の効用の維持又は回復（通常有すべき効用の確保を含む。）のために，共用部分の形状の変更をし，かつ，これに伴い全ての専有部分の形状，面積又は位置関係の変更をすること）として制度化される。集会で，建替え決議と同様の多数決要件の下で，建物の更新をする旨の決議をする。
> 　決議では，以下の1～4が必要。
> 　1．建物更新後の建物の設計の概要，
> 　2．建物更新に必要な費用の概算額，
> 　3．費用分担，
> 　4．建物更新後の建物の区分所有権の帰属
> 　建替えと同様に説明会の開催，そして賃借権等を消滅させる仕組み等を設けることになる。

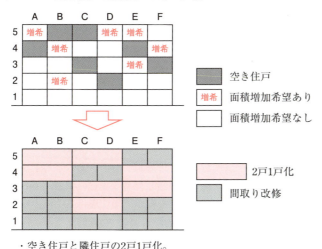
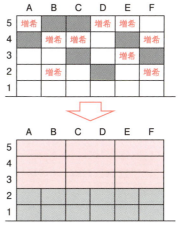

図2-6-4　部分的な1棟リノベーション例

6・3 コンバージョン

マンションの建物と土地を一括して販売し，所有権を得たものがホテルなどに改修し運営するなど，用途の変更を行うコンバージョンも考えられる。建物と土地の所有権の一元化により，マンションの終焉を円滑にする可能性もある。

資料5　敷地の2/3を戸建て住宅地にした自主建替え事例

- マンションの概要：大阪府池田市に立地する，1968年竣工184戸のマンションが，敷地の2/3を売却し，建替え後は128戸で2018年に完成。
- 建替えの背景：エレベーターがなく不便で，建物の劣化が進行し，空家が1/3になっていた。
- 自主建替えになった理由：なんとかしなければと住民で建替えに取り組みだしたが，郊外バス便で，建替えをする開発事業者が見つからない。そこで，管理組合が主体となり，コンサルタントの支援を得て，施工会社を早めに決めて自主建替えに取組むことにした。
- 自主建替えの進め方：建替えに参加しない退去者への補償金や売渡の請求の費用は，修繕積立金を一度区分所有者に返却し，それをあつめて資金とし，さらに足りない部分は金利1％で区分所有者から集めた。建替え費用は，建替え組合が民間の銀行から借りた。事業リスクを下げるために，必要な住戸分のみ建替えマンションにする計画であったが，保留床が生まれたため，その床は施工会社が買取，販売した。

図2-6-5　マンションのコンバージョン

6・4 敷地分割

再生の資金を得るためにマンションの敷地の一部を売却することを多数決で行える制度がある。2020年のマンション建替円滑化法改正で生まれた制度で，耐震性が低い場合や外壁の剥落の恐れがあるようなマンションを行政が要除却認定を与えた場合である。

今後，マンションからマンションだけでなく，戸建て住宅や高齢者用住宅を含むエリアへと再生するなど多様な再生が求められている。

> **エピローグ**
>
> マンションの終焉に解消もあるが，1棟リノベーションもあり得る。建物の状態，所有者・居住者の状態を鑑み，適切な再生手法の検討が必要である。その際に，物理的な空間条件だけでなく，費用などの経済面や法律面などを総合的に考える必要がある。

コラム21　空家対策法で特定空家に認定され行政代執行等で解体された事例

　滋賀県野洲市に，築約50年で，全9戸のマンションが実質的に放置され，管理放棄されていた。約10年間，地域住民からの苦情，適正な管理実施の依頼があったものの，なんら効果的な対応ができていなかった。存在そのものが外部不経済となったため，空家対策特別措置法（空家等対策の推進に関する特別措置法）で特定空家に認定し，解体が行政代執行・略式行政代執行で行われた。掛かった建物解体費の回収がスムーズに行えていない。本ケースでは建物が解体され，区分所有者からみれば利用できない状態となり，そして建物の所有権がなくなった。通常は建物の所有権がなくなるとは，建物を売却するときであり，区分所有者は売却の費用を手に入れることができる。しかし，本ケースは所有権がなくなりながらも，所有者はお金をもらえるどころか，戸当たり1300万円支払う必要があった（戸当たり解体費）。掛かった費用を回収するために土地を売るにも所有者不明が存在し，売却もままならず，例え売れても戸当たり1300万円も生み出せない。結局，きちんと管理している市民のお金（税金）を，適正な管理を行うべき責任を果たさない人のために使うことになる。

図2-6-6　管理放棄されたマンション
（野洲市提供）

コラム22　マンションの自主建替え

　既にストックが約700万戸あるにも関わらず，被災マンションを除くと建替えマンションは297件である（国土交通省調べ，2024年4月現在）。その多くは開発事業者が参加組合員として関与した建替えである。しかし，今後容積率に余裕があるマンションが少なく，かつ既存不適格も多い中で，保留床の販売利益を得ることを前提とした開発事業者が関与した建替えは多くにはならないと考えられる。また，郊外部バス便の立地では容積率に余裕があり，保留床を多く生み出せる立地でもマンション需要が低下しており，開発事業者はマンション建替えに参加する意欲が低下している。そこで，今後の建替えの1つの手法として「自主建替え」が注目できる。自主建替えとは，開発事業者が参加組合員として事業に参加しない建替えである。しかし，自主建替えには次の課題がある。①事業を進める適切な担当者と出会う方法がなく，設計会社やコンサルタントに初動期の合意形成支援費用が出せない。②事業資金の調達が難しい（融資が受けられない）。③保留床を買取り，販売するリスクを背負う主体を探すのが難しい。④事業を進めるためには，コンサルタント，設計事務所，施工会社，販売会社の協力体制が必要であるが，利益相反にならず合理的民主的な体制づくりが難しい。自主建替えのための新たな社会システムが必要である。

第7章
マンションで暮らす

> **プロローグ**
> マンションの掲示板に夜の騒音を出さないことや，ゴミを出す時間帯，一斉清掃や避難訓練の案内が書いてあった。絶対に守らないとだめなのかな。参加する意味はあるのかな。守らなくてもペナルティがないのなら，なぜそんなルールがあるのかな。

7・1 生活管理とは

マンションでお互いが快適に暮らすための方法をみていこう。

7・1・1 生活管理とは何だろう

マンションなどの集合住宅は多様な価値観を持った居住者が集まって暮らす場所である。そのため，個人の何気ない行動や生活習慣が，周囲の住民にとっては受け入れ難く感じられることがあり，そのことが原因でトラブルが発生することがある。それを**近隣トラブル**という。

近隣トラブルを避けるためには，居住者自身の生活習慣の見直しとともに，共用空間の使用のルールを決めたり，それを守る**生活管理**が必要となる。

7・1・2 生活管理の必要性

生活管理は，近隣トラブルの回避という消極的な行為だけでなく，良好な住環境や近隣住民との人間関係をつくり出すという積極的な行為でもある。居住者にとって居心地の良い住空間づくり，地域づくりのために欠かせないものである。

表2-7-1は，フランスの公的住宅である社会住宅団地内の生活ルールの一部である。ゴミの出し方によっては火災や疫病などの蔓延につながる場合もある。共用設備の使い方によっては他の居住者が怪我をする可能性がある。この表を見ると，他の人に明らかな迷惑をかけないようにすることはもちろん，音の大きさや景観など価値観によって捉え方が変わるような事柄についてもルールに組み込まれている。

7・2 居住者が管理に係わる意義

7・2・1 住みやすさは建物の価値の1つ

住宅は生活をするために必要なモノである。利用者にとって使いやすいモノは使用価値があり，住宅の場合は居住者にとって住み心地が良い住宅（モノ）は**居住価値**があるといえる。同時に，それが市場で取引されるモノである場合，市場における交換価値（住宅であれば**個別的価値**）があるモノであるといえる。

住宅はまちを構成する要素でもある。住宅が物理的に大きなモノであることから，周囲の人や環境への影響は大きい。その中でも，日照問題や景観問題などは，地域を巻き込んだ紛争に

150 第2部　住まいとまちのマネジメントを実践する

なることがある。さらに，自然環境や資源などの持続可能性の視点では，住宅は環境負荷の大きいモノである。このように，地域や社会に対して住宅というモノが持つ価値を**社会的価値**と呼ぶ（図2-7-1）。

　いずれの価値も，その価値を享受する主体にとって最適になるように引き上げていくためにマネジメントが必要である。

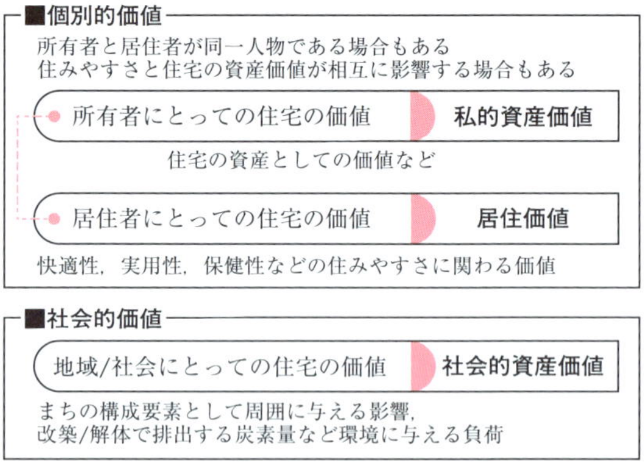

■個別的価値
所有者と居住者が同一人物である場合もある
住みやすさと住宅の資産価値が相互に影響する場合もある

| 所有者にとっての住宅の価値 | 私的資産価値 |

住宅の資産としての価値など

| 居住者にとっての住宅の価値 | 居住価値 |

快適性，実用性，保健性などの住みやすさに関わる価値

■社会的価値

| 地域/社会にとっての住宅の価値 | 社会的資産価値 |

まちの構成要素として周囲に与える影響，
改築/解体で排出する炭素量など環境に与える負荷

図2-7-1　住宅の価値（コラム23）

表2-7-1　フランスの社会住宅における生活ルール

■家庭ゴミ
・家庭ゴミ，紙，瓶，段ボールは指定時間に指定コンテナに捨てる。
・ゴミはポリ袋に入れる。
・汚物や不審物を廃棄しない。
・怪我や残余物の火災の危険性があるためガラス製品は住棟内で廃棄しない。
・全てのモノが近隣トラブルやセキュリティトラブルを引き起こす可能性があることを認識する。

■ペット
・アレテ（政令）によって指定された危険動物の飼育は禁止。
・ペットは住戸部分で飼い主がいる状態でしか飼育は禁止。
・共用部分にリードをつけずに走らせることはできない。
・その他の動物の飼育は住棟内では禁止する。
・動物を連れて敷地内を散歩すること，敷地内に入ることは禁止。

■喫煙の禁止
・デクレ2006-1386のとおり，公共の場所や就労空間では喫煙が禁止されている（これは階段室やエレベーター内，玄関ホールにも適用されている）。

■入りロドア
・建物の入り口ドアはきちんと閉め，邪魔になることはしない。

■エレベーター
・家具，建材，かさばる商品は階段からしか運ばない。
・エスカレーターの使用は人の移動のみに制限されている。

■窓，バルコニーなど
・窓の桟やバルコニー，テラスで，何であれ揺らす，叩く，洗う，広げる，ぶら下げる行為を禁止する。
・景観上と安全上の理由から，電波の送受信アンテナは設置しない。

■モノの放置
・共用部分（エントランスホール，花壇，階段，廊下，中庭…）にモノを放置しない。
・モーターがついていない子ども用の乗り物は決められた所に置く。

■換気
・結露，カビ，重大な損害を避けるために，入口や窓の換気

口を塞がないようにし，年に複数回は掃除する。
・機械換気が導入されている建物では，台所，シャワー室，便所，倉庫にある換気口にも同じく注意する。

■騒音
・日中，夜間に関わらず，住棟内の平穏を妨げない。
・音声が出る機器（ラジオ・テレビ・オーディオ機器，楽器）の音響レベルを遵守する。

■計器，排水溝，配管設備
・排水溝を塞いだり，危険物を流さない。
・借家において排水管が詰まった場合，自己の手段および費用で共同下水道まで除去する。
・衛生管理，施設の維持管理，入居者の安全のため，メンテナンスや・修繕，その他点検のための訪問を受け入れる。
・設備機器の故障，停止，異常は管理者に報告する。
・暖炉，排煙ダクトなどは借主が年1回以上，自費で掃除する（作業は有資格の業者によって実施されなければならない）。
・台所に換気扇用の煙道がある場合，他の排気煙道（換気扇，給湯器など）を接続してはいけない。

■住戸内の保持
・賃貸期間中は，入居者の安全および施設の衛生が維持されるよう入居に関する規則を遵守する。

■暖房
・危険な暖房器具や煙突に結露を生じさせる燃料は使用禁止（規定に反して使用した場合の器具や燃料による損害は借主が責任を負う）
・住戸等において固体，液体，機体の燃料や炭化水素（ガスボンベなど）の持ち込み，保管，使用はしない。

■ガルディアン
・Paris Habitat は，ガルディアンが従業員の資格で行動していない場合，ガルディアンの行動に対して責任を問われない。

■花壇やプレイロット
・花壇や植栽の管理状況に敬意を払う。
・犬を花壇などに立ち入らせることやリードをつけないことは禁止。
・子どもを契約駐車場で遊ばせること，玄関，廊下，階段などにローラースケートや自転車で立ち入らせない。

7・2・2 居住価値を上げるには？

学術的に人が環境に係わることに着目した理論はいくつか存在する。人と環境との関係性の考え方を総じて**環境行動論**と呼ぶ。

環境行動論の一つに，生態心理学で展開された**環境相互浸透論**がある。人だけでなく生物は，進化の中で環境を認知し，使いこなし，環境から与えられる条件を利用して行動の多様性を広げて生き残ってきた。環境相互浸透論では，与えられた環境を人や生物が時には手を加えて実用的に作り替えることで環境に以前とは別の意味を与えると説明している。

住宅の建設行為や管理行為はこの理論にある環境に対する人の働きかけである。さらにその住宅を利用する行為は，安全性，快適性，実用性，保健性などの，**居住価値**に影響を与える。

住宅は利用すれば汚れ，老朽化する。そのため，掃除や改修などの管理行為が必要になる（維持管理や運営管理）。

人は住宅や住環境の管理に関わることで，住宅や住環境に対して**愛着**が生まれる。住宅や住環境に対する愛着は，その場所をより良くしようという気持ちや，自主的に管理行為をしようとする態度，利用や管理のルールを守ろうとする意欲がはぐくまれる。生活管理は，居住価値を引き上げるためにも必要な行為である。

7・3 居住者が係わる管理と住教育

7・3・1 身近にある居住者が係わる管理

近隣の公園を地域住民で定期清掃する様子を見たことはないだろうか（図2-7-2）。公園は自治体が所有するものであり，時には完全に自治体が管理をするところもある。一方で，利用者である地域住民が自主的に集まり，ボランティアでゴミ拾いや掃除をする光景を目にすることもある。

図2-7-2 公園愛護会の清掃風景

居住者（利用者）が管理に係わる例としては，公営住宅の共用部分の清掃や植栽の管理などがあげられる（表2-7-2）。居住者に限定せず，空間の利用者が管理に関わる例としては，公園や植栽の維持管理，戸建て住宅地の共用地，小中学校における児童・生徒による教室や共用部分の清掃などがあげられる。

表2-7-2 指定管理者のいる公営住宅における管理主体

（出典：濱田，関川，大阪府営住宅を対象とした管理実態調査，2022）

7・3・2 空間の使い方を見直す機会

居住者（または空間の利用者）が管理することは，住宅や空間の使われ方の実態を目の当たりにし，自らの空間の使い方を振り返るきっかけとなる。使い方のルールを再認識し，ルールの見直しを行い，それを守る意識や態度がはぐくまれる効果をもつ。場所の使い方や管理の仕方を考える機会となり，**住教育**の効果をもつ。

7・3・3 オクタヴィア・ヒル

居住者や空間の利用者を管理に参加させることを通して住教育を行ったとされているのが**オクタヴィア・ヒル**（コラム24）である。ヒルは19世紀イギリスにおいて労働者に対する貸家業をしていた。居住者の中には家具を乱暴に使って壊してしまう者や家賃を踏み倒す者がみられた。居住者に対してヒルは，壊れた共用部分や家具などがあれば壊した借家人に修理させることを徹底した。

それに加えて，もしも住宅を丁寧に使うことで修繕費が節約できたら，共用空間を居住者にとってより良くするための経費に充てることを約束した。結果的に，ヒルは居住者が共同で利用できる庭（共用地）をまちなかに購入するに至った。このような共用地の購入はのちの**ナショナル・トラスト**の設立につながる。

ヒルは居住者による自主管理を徹底させるだけでなく，自主管理を補助する専門職の養成にも注力した。また，居住者自身が管理行為を通して住生活を改善し，その経験を通して空間の利用する際のルールの遵守を促した。

7・4 維持管理とコミュニティ

7・4・1 維持管理の2つの要素

維持管理とはマンションなどの建物が劣化して価値が低下しないように点検やメンテナンスを行うことである。建物は年月とともに劣化する。建物を利用することで，床や壁等の物的な汚損や，空気や温熱などの環境的な居住性の低下が起こる。

前者のようなマンションなどの建物の価値の低下を引き上げるためにする管理行為は，建物の点検と修繕である。こちらについては専門性を要する知識が必要である。一方，後者のような熱環境や空気環境などの悪化が起こった場合の管理行為は換気や清掃であり，居住者が自ら実施することができる。点検や修繕に比べて簡易な維持管理行為といえる。

7・4・2 地域一斉清掃の歴史
(1) 法律で定められた地域の清掃

インフラストラクチャーのなかでも，水道は1880年代後半から1910年頃にかけて日本の各都市で整備が行われた[1]。水道の整備は伝染病予防を目的としており，法律によって公衆衛生のレベルを引き上げようとしていた。汚物掃除法（1900年）では「市内ノ土地所有者使用者又ハ占有者」に対して「其ノ地域内ノ汚穢ヲ掃除シ清潔ヲ保持スル」義務付けられた[2]。住宅を衛生的に保つことと同時に地域から害虫を一斉に駆除することを目的として，地区ごとに掃除の日割りが決められていた。またこの法律では掃除監視吏員と呼ばれる公務員が配置され，私的な空間に立ち入り，掃除行為が行われているかどうかを監視することが定められていた[3]。

1）内務省衛生局：上下水道ニ関スル調査書，明治42.3
2）末松偕一郎 講述：行政法（明治大学大正三年度法科第二學年講義録），明治大學出版部，18—
3）森本玄瑛 編：現行衛生法規，吉住治三郎出版，明治33.12

(2) 維持管理は建物占有者の義務へ

1954年には汚物掃除法が廃止されて、代わりに清掃法が定められた。汚物掃除法にはなかった特別清掃地域という概念が加わり、特に都市部の清掃が基準に沿って行われることが目的の一つとなっていた。掃除をする義務がある主体は「建物の占有者」であり、年に1回以上、市町村が定めた日に計画に沿って大掃除をすることになっていた。

(3) 現代の地域の維持管理

その後、1970年に制定された廃棄物の処理及び清掃に関する法律に大掃除の記載はあるが、実施頻度の記載はない。法律は主に廃棄物処理事業者や自治体による廃棄物処理に関する規定が重視されており、国民レベル、居住者レベルでの掃除行為の規定ではなく、廃棄物量の削減努力などが義務づけられた。

国民の健康のための掃除行為は、同じ地域で一斉に行われることとなり、地域レベルで害虫や病原菌などが駆除されることは、衛生状態が担保され、伝染病の拡大を阻止できることにつながった。これは、健康という誰もが共通して理解できるテーマのもと、維持管理を通じて地域住民が必然的に協力していたといえる。

1950年代後半までの地域の維持管理は、住民がするという決まりはもう義務ではないが、地域を安全に清潔に住みやすくしたいという、住民の気持ちは今も共通するものであろう。義務や法律がなくても、住む人が管理に関わることで衆人環視が行き届く。加えて、同じ目標で活動するコミュニティへの意識を他の地域の居住者と共有できる。

コミュニティを育むために、自治会（町会）が地域の維持管理をツールとする場合もあるということがわかる。

7・5 フランスの住宅管理システム ―フランスのガルディアン―

7・5・1 管理への参加の限界

生活ルールを守ったり維持管理に居住者が参加したりすることは、マンション管理のコミュニティ、地域のコミュニティづくりに役立つ。しかし、現在の社会状況では、それが簡単にはできない場合がある。

管理を大切だと考える価値観には個人によって違いがある。また特に都市部では、海外からの移住者や短期滞在している外国人がおり、日本語で書かれた掲示や回覧板では、生活ルールの背景にある生活文化までは説明が行き届かないこともある。さらに、小さな子どもの世話や介護をしたりする場合は、ケアする子どもや高齢者を置いて地域の掃除に出かけることが難しい場合もある。加えて、自分自身が高齢もしくは病気である場合などは、体力的に参加が難しい場合もあろう。共同的に建物や地域の管理に参加することにハードルが現れるわけである。

7・5・2 フランスのマンションの現地管理員

そのような悩ましい状況のヒントになるのがフランスのマンション（フランスではアパルトマン）の現地管理員（ガルディアンと呼ばれる職業）の存在である。

(1) フランス首都圏の住宅事情

図2-7-3の写真は、フランスの首都であるパリの様子である。19世紀の大規模な都市整備以降、集合住宅がまちの構成要素となっている。戦禍を免れ、地震もないため、老朽化したマンションが多く、所有形態が複雑化している（表

図2-7-3 集合住宅で構成されたまちなみ

154　第2部　住まいとまちのマネジメントを実践する

2-7-3）。

⑵　マンション管理の法律的な枠組み

　フランスにも区分所有法に相当する法律がある。その法律では，以下のことが定められている。

・規約を作成すること
・総会を開き，意思決定をすること

表2-7-3　フランス首都圏のマンションの特徴

・戦禍を免れた高経年化マンションの存在
・集合住宅の割合が非常に高く，その8割が区分所（マンション）
・区分所有住宅の賃貸化率が4割を超えており，所有形態が複雑化

・管理のための運営組織を作ること

　管理のための運営組織の構成主体とは，以下の3つである。1つめは，日本の管理組合に相当する「区分所有者組合」である。マンションの区分所有者全員で構成され，総会で議決をする人たちの集まりである。2つめは，「管理者（サンディク）」である。管理者とは，規約の草案を作成したり事務的な管理業務をする，管理の専門職である。この管理者をマンションに置くことがフランスでは義務となっている。場合によっては，外部からその資格を持った専門職を雇い入れることがあるが，区分所有者組合の一員が無償でそれを担う場合が多い。3つめは，「理事会（コンセイユ・サンディカル）」である。区分所有者組合の構成員から複数名が選ばれ，2つめの管理者の業務を監督したり補佐する役割を持つ。理事会を持つことは，法律上任意となっている。つまり，専門家にまかせても区分所有者が主体的に関与することが法律に義務づけられている。表2-7-4をみてわかるように，現地管理員であるガルディアンはマンション管理の法律的な枠組みには組み込まれていない。

⑶　ガルディアンの仕事

　ガルディアンはアパルトマンの地上階に住宅兼管理員室を持ち，防犯業務，共用部分の清掃業務などが区分所有者組合や管理者との契約業務となっている。いずれの業務も，所有者のための建物維持管理につながるものである。

　ガルディアンが面白いのは，子供の預かりや買い物代行などの，居住者の生活支援業務や精神的支援業務を行っているガルディアンが少なからずいるということである（図2-7-4）。居住者の生活のちょっとしたサポートをガルディアンが行っているのである。

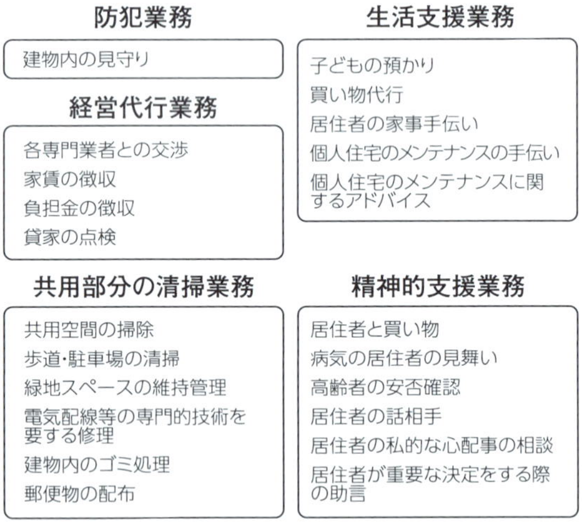

防犯業務
- 建物内の見守り

生活支援業務
- 子どもの預かり
- 買い物代行
- 居住者の家事手伝い
- 個人住宅のメンテナンスの手伝い
- 個人住宅のメンテナンスに関するアドバイス

経営代行業務
- 各専門業者との交渉
- 家賃の徴収
- 負担金の徴収
- 貸家の点検

共用部分の清掃業務
- 共用空間の掃除
- 歩道・駐車場の清掃
- 緑地スペースの維持管理
- 電気配線等の専門的技術を要する修理
- 建物内のゴミ処理
- 郵便物の配布

精神的支援業務
- 居住者と買い物
- 病気の居住者の見舞い
- 高齢者の安否確認
- 居住者の話相手
- 居住者の私的な心配事の相談
- 居住者が重要な決定をする際の助言

図2-7-4　ガルディアンの仕事

表2-7-4　マンション管理の法律的な枠組み

	区分所有者組合	理事会	管理者
管理主体	全区分所有者で構成される	区分所有者組合から選定される	区分所有者組合の中から選定，または外部からの専門家
主体の主な役割	総会において決定を行う	管理者を監督・補佐する	規約の草案作成や事務的な管理業務

（フランスの「建物不動産の区分所有の規則を定める法律（1965年法）」より作成）

生活支援や精神的支援が欲しいと思う居住者層と管理に参加するのが困難だと感じる居住者層は重なるところが多く，ガルディアンは建物の管理と居住者の生活を同時にサポートする役割を持っているのである。

7・5・3　人による管理を公的住宅に展開するフランス

2000年代以降は，民間マンションの伝統的な管理主体であるガルディアンが公的な住宅に導入されるようになった。共用部分の清掃業務は清掃会社などに依頼し，特に居住者への声掛けや家賃支払いのための通知など，居住者と住宅供給主体との橋渡し役となっている。各居住者が孤立することを防ぎ，公的住宅団地の治安の維持を促すことに貢献している。つまり，居住を支援する人材がいかなる住まいにも必要となっている。

エピローグ

マンションには生活のリズムや異なる価値観の人が集まって住んでいる。トラブルを起こさないためには住む人が守るべきルールがある。同じ形のマンションであっても，住んでいる人がルールを守っているかどうかで住みやすさだけではなく，愛着を感じられるようになる。

コラム23　住宅の価値

　住宅とはどのような性質を持つモノなのだろうか。人間の生活に必要なモノを経済学では**財**という。財の中でも個人や家庭で使うために購入する製品やサービスのことを消費財といい、住宅は消費財に含まれる。また、私的に使われる財を**私的財**といい、スーパーや量販店で売られているモノの多くは私的財である。住宅は市場で商品として売買されることが珍しくなく、住宅は私的財としての性質を持っている。私的財としての住宅は、市場で金銭と交換される交換価値や財を利用する人にとっての使用価値などの**個別的価値**を有する。

　しかし、住宅は純粋に**私的財**だけではない。住宅にはもう一つ、**公共財**としての性質がある。公共財としての性質を以下にあげる。

①**共同消費性**がある：住宅の集合体や集合住宅の住棟が団地や街区を形成し、まちを構成している。住宅の居住者はまちの集団利用者となり、共同で利用する部分や空間が共用の財となる。

②**外部性**がある：住宅や住棟は地域の景観の一部であり、周辺地域に日陰を落とす建物である。住宅などの外部は地域共用の財となることがある。個々の住戸内は快適であっても、地域の景観を壊す要素となる場合や周辺地域に長時間にわたる日陰を落とすことは、地域住民にとって迷惑な財となる。

③**最低水準存在性**がある：住宅の購入や賃貸のための費用は他の財に比べて高く、所有者にとって経済的な負担が大きい。しかし、住居は生活に不可欠であるため、経済的に住居費が捻出できない場合には、家賃補助や福祉的な住宅が供給される住宅政策が必要とされる。

　このように**公共財**としての住宅は、**社会的価値**を有している。また、今日では持続可能な社会や脱炭素社会など、環境負荷の低減や資源の有効活用など次世代に継承する価値が求められている。

　住宅はその空間を住戸（専有部分）と捉えるか集合的な住棟や住区（共用部分）と捉えるかによって、その空間の性質が私的財と公共財のどちらの性質を色濃く有するのかが変わる。また、空間を利用する主体の利用時間や方法、空間の範囲によって、住宅の価値の捉え方も変わる。

　マンションや住宅地など、まちは特に多様な主体が利用する空間である。空間の価値が最適になるような財の管理が行われることが理想的な「住まいとまちのマネジメント」といえるのではないだろうか。

コラム24　オクタヴィア・ヒル

オクタヴィア・ヒルは，19世紀のイギリスにおいて，労働者の住環境改善のために住宅経営や**オープンスペース運動**に尽力した社会活動家である。当時のロンドンでは，他国に先駆けて始まった**産業革命**が工業や科学技術を劇的に発展させていた。経済が成長するとともに都市部の人口は急増し，労働者の住宅が慢性的に不足していた。たとえ住宅が確保できたとしてもその居住環境は不衛生で非常に劣悪であった。

ヒルは，社会活動に熱心に取り組む家族の影響を受けて育った。女性の職業的自立を目指して作られたギルドの理事を，母であるキャロライン・ヒルが引き受けたことをきっかけに，彼女は13歳で同じギルドの職員としてロンドンで働くことになった。この頃から彼女は労働者の貧困や住環境改善に関心を寄せ始める。

やがて，自身の手で労働者のために貸家業ができないかと考えるようになり，26歳の頃には裕福な支援者と初の**住宅経営**に着手する。彼女は，家賃の支払いが滞る可能性がある貧しい世帯の入居を決して拒否しないこと，健康的で人間らしい生活ができる清潔な住宅を準備すること，採算性のある事業を展開することを住宅経営のモットーとした。

もしその住宅経営事業に利益がでれば，彼女に続く経営者が現れ，結果的に労働者の住環境の底上げにつながると考えた。彼女は，借家人に家賃の滞納を許さず，賃貸住戸の清掃や修理のルールを厳守させた。

一方で，彼女自身の義務として清潔で整備された共用空間を提供し，借家人の生活改善や生活環境改善の手助けに努めた。事業開始当初，借家人は，彼女の厳しい態度に反発して反抗的な態度をとっていた。しかし，彼女が共用空間の整備に手を抜かず，加えて「共用空間の修繕費が節約できれば，その余剰金を借家人が望む住宅改修に充てる」と約束したことで信頼関係が生まれ，やがて住宅やその管理に関心を示すまでに変化していった。

住宅経営と並行して，ヒルは「**ワーカー**」と呼ばれる貸家業のマネージャー職の養成にも注力した。彼女が経営に関与した住戸数は1万5千にのぼるという推計があるが，それは彼女の考えや手法を受け継ぐワーカーがそれぞれ意欲的に住宅経営に関与した結果とされる。さらに，彼女は労働者の子どもたちの健康増進や労働者自身の休憩に利用できる自然豊かな屋外空間の確保のために奔走した。このオープンスペース運動が，のちの**ナショナル・トラスト**の創設につながる。

現在，自然環境保護団体として有名なナショナル・トラストは，イギリス国民の遺産として歴史的な場所や自然環境を買取り，信託財産（トラスト）として管理をしている公益法人である。国民がナショナル・トラスト管理下の場所や建築を利用することで，愛国心などを育むことが活動の目標となっている。

以上のようなヒルの住宅経営の手法は，住宅だけではなく居住者に働きかけ，住環境や生活への改善意欲や自発的行動を引き出そうとしている点で独創的である。その活動は，**住教育**の嚆矢ともいわれている。

第8章
まちをマネジメントする1

> **プロローグ**
> 人口や世帯が減っても，まちは同じようにつくるの？ これからのまちはどうつくればよいのかな？ 人が育つようにまちも育てなければいけない気もするが，まちを育てるってできるのかな？ そのためには，どんなふうにつくっておけばよいのかな？

8・1 エリアマネジメント

これからの時代のまちのつくり方をみていこう。

8・1・1 人口・世帯減少時代に求められるまちづくり

人口・世帯減少，少子・高齢化，単身世帯の増加，そして空き地や空き家の増加，さらには，グローバル化・国際化，住宅の民泊への利用などによる，活用の混在化など，住まいやまちを取り巻く環境は，大きく変化している。そして，個人も行政もこれ以上の財政負担は難しくなっている。そこで，私たちはますます，行政にも市場にも頼らない，自立した新たな暮らし方を構築する必要がある。そのために必要なのが，自分たちのまちを自分たち自身で価値を上げる**エリアマネジメント**（資料1）によるまちづくりである。

地域のなかにある空き地や空き家の予防・活用，地域が求める必要なサービス，地域が求める施設，地域が求める**住環境**（資料2）など，地域にある問題を，地域自らで予防・解決し，地域の魅力を地域で向上させることである。つまり，地域主体のまちづくり，地域の経営であ

資料1　エリアマネジメント

地域における良好な環境や地域の価値を維持・向上させるための，住民・事業主・地権者等による主体的な取組み

資料2　住環境に求められる要素等

- WHO（世界保健機構）が提唱している健康で人間的な生活を満たすための「安全性」「保健性」「利便性」「快適性」＋「持続性」
- 空間レベルには敷地レベル，街区・近隣レベル，地区・地域レベル，都市レベルがある。
- ハード（物的環境）とソフト（非物的環境）の両面がある。

資料3　住環境のマネジメント

- 住宅地を対象に行うエリアマネジメント
- まちづくりの1種。
- 従来は住環境整備（不良住宅地区の改良）が主であったが，マンションや計画的戸建て住宅地，コモンスペースのある住宅地等の登場から住環境管理（維持管理，生活管理，運営管理）へと対象と行為が広がり，開発時から管理を考える必要性と再生の需要から住環境マネジメントへと発展している。住環境の開発，管理・経営，再開発の一連の行為であり，管理を主体に経営の視点を含めたものである。

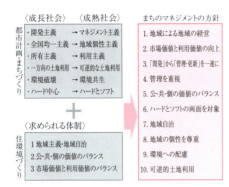

図2-8-1 まちのマネジメントへ

図2-8-2 まちづくりにおける「地域」の役割

り、住環境のマネジメント（資料3）である。

　従来のまちづくりは、それを行政が行い、そこに住民が参加するという形態が主であった。しかし、これからは住民や民間企業などがまちをつくり、それを円滑にマネジメントできる基盤をつくることが行政に求められている。行政は、住民が自ら管理したくなるまちづくりを支援することが大切である。

　つまり、大きな転換が求められているのである。開発主義から、開発時から管理・経営を考え、使う時間を大切にするマネジメント主義へ、全国均一の考え方から、地域の事情に即した地域個性主義へ、所有を重視した不動産の運用から、利用を重視した不動産の運用へ、さらに、これ以上宅地化を推進する必要はないことから、宅地の農地化など、時代にあった土地利用に可逆的に変化させること、世界が目指すSDGs、環境への配慮を大切にし、ハード中心のまちづくりから、ハードとソフトを一体としたまちづくりへの転換である（図2-8-1）。

　その実現には、地域が主体となること、いままでの行政と個人と市場の関係から、地域

資料4　宅地開発指導要綱

　宅地開発による地方公共団体の財政負担の軽減や、良好な都市環境の整備を目的として道路、公園等の技術基準、周辺住民との調整、計画人口等を制定した行政指導の指針。

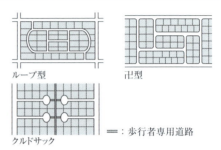

図2-8-3　さまざまな形態の道路デザイン

（共、コモン）を位置づけること、そして市場価値と利用価値（居住価値）のバランスを生み出していくこと、つまり、市場での実現が大事になる（図2-8-2）。

8・2　まちづくりの課題

　人々が、自らのまち（住宅地では住環境）をマネジメントするには、誇りを持てるまちとすることが大切である。まちをつくるにあたっては、住民がマネジメントしたくなるようなまちを計画し、地域主体のマネジメント体制を整えなければならないのである。例えば、戸建住宅地の開発で考えよう。

8・2・1　道路を安全で魅力的に

　住宅地における道路空間は、空間的にも景観的にも重要な要素である。通常は、**宅地開発指導要綱**（資料4）に基づき開発許可を得るときの基準に従い、道路形態は直線で、幅は6m、アスファルト仕上げが多くなっている。また、電柱と電線が目立ち、道路空間と各宅地とのあいだには、塀が設けられることが多い。

　こうした構成では、住宅地内を通過する車両

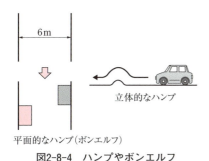

図2-8-4　ハンプやボンエルフ

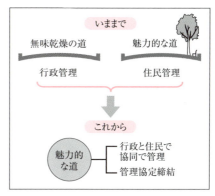

図2-8-5　魅力的な道づくりと管理協定

資料5　ゲーテットコミュニティ
（Gated Community）

> 住宅地の周囲を塀等で囲み，入り口にゲート（門）を設け，住宅地への人の出入りを制限することで，通過交通および不審者等の進入を防いだ住宅地。

が多くなり，住民の安全が確保できないことになる。街路を安全で，美しく，楽しいものとするには，電線や電柱を地中へ埋め込み，住宅地内への車の進入を大幅に抑えられる**道路形態**（図2-8-3）とすることも1つの方法である。さらに，道路と各宅地の敷地の境界線がわからないくらいに一体的に仕上げたり，道路の舗装に煉瓦を用いたり，また，道路内の植栽を豊かにする，**ハンプやボンエルフ**（図2-8-4）とすることで，全体として景観を美しく通過交通を抑えることができる。

アメリカの**ゲーテットコミュニティ**（資料5）では，外部からの侵入者を防ぐために住宅地に入る道にゲートを設けているが，そこまでしなくても，住宅地の入り口部分に住宅地名の銘板などを設置することで，領域性が生じ，その住宅地に無関係な人が入りにくくなる心理的な効果となることが期待される。

道路1つを取り上げても，このようなさまざまな工夫をこらすことで，知らない人や地域に無関係な車が入りにくい空間となり，通過するだけの交通を防ぐことができる。ここでは，道路も住民が自分たちの場所と思い，子供が遊び，居住者同士がおしゃべりをし，コミュニティを育む場所として利用されることになる。さらには，道路の形態やデザインの工夫により，居住者にまちの**縄張り意識**が芽生え，防犯性の高いまちにできるのである。

こうしてつくりあげた道路は，行政に移管できず，住民で所有し，管理しなければならない場合がある。しかし，それでは住民の負担が重く，将来どれだけの管理費用がかかるのかがわからないため，管理への不安が不満になる場合が多い。一方，行政に移管してしまったために，管理上，住民の手が届かない結果となり，木が枯れてもそのままになっていたり，御影石や煉瓦で舗装してあった道路がアスファルトで埋められてしまったりなど，つくられたときから次第に悪くなってしまう場合もある。そのため，住民自らが，自分の住んでいる空間を誇りに思い，管理する体制として，住民と行政の管理協定の締結などがある（図2-8-5）。

8・2・2　公園は楽しく魅力的に

一定の面積以上の地域を開発して住宅地とする場合，一定面積ごとに公園を設置しなければならないことが宅地開発指導要綱等で定められている。地域文脈を踏まえ，住民が主体的に利用・管理するには，住民の意向を踏まえてつくることが望ましい。しかし，新しくまちをつくる場合は，住宅販売よりも先に**開発**

許可を得る必要があり，現実には難しい。そこで，購入者を想定し，住民の意向を忖度したうえでつくる必要がある。さらに，公園は災害時には避難場所として機能できるように，災害対応などを備えておくことも必要である。既存の公園では，**指定管理者制度**（第1部第3章資料3参照）等を採用し，**パークマネジメント**（資料6）の発想から，多様な管理方式が考えられ（表2-8-1），パークPFIの導入から魅力的な公園がつくられている（図2-8-6 例：名古屋市Park-PFI事業「Hisaya-odori Park」）。

住宅地では公園も魅力的につくると，市への移管の問題が生じるが，低木や下草などの日常管理を住民が行うことで，市への移管が実現す

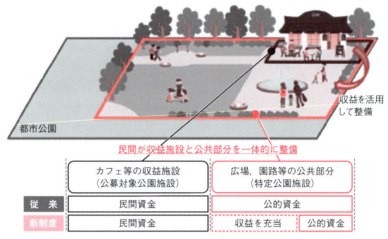

図2-8-6 パークPFIのスキーム

表2-8-1 都市公園における公民連携手法とPark-PFI

制度名	根拠法	事業期間の目安	特徴
指定管理者制度	地方自治法	3-5年程度	・民間事業者等の人的資源やノウハウを活用した施設の管理運営の効率化（サービスの向上，コストの縮減）が主な目的。 ・一般的には施設整備を伴わず，都市公園全体の運営維持管理を実施。
設置管理許可制度	都市公園法第5条	10年（更新可）	・公園管理者以外の者に対し，都市公園内における公園施設の設置，管理を許可できる制度。 ・民間事業者が売店やレストラン等を設置し，管理する根拠となる規定。
PFI事業（Private Finance Initiative）	PFI法	10-30年程度	・民間の資金，経営能力等を活用した効率的かつ効果的な社会資本の整備，低廉かつ良好なサービスの提供が主な目的。 ・都市公園ではプールやプールや水族館等大規模な施設での活用が進んでいる。
その他（DB, DBO等）	―	―	・民間事業者に設計・建設等を一括発注する手法（DB）や，民間事業者に設計・建築・維持管理・運営等を長期契約等により一括発注・性能発注する手法（DBO）等がある。
Park-PFI	都市公園法第5条の2〜5条の9	20年以内	・飲食店，売店等の公募対象・公園施設の設置又は管理と，その周辺の園路，広場等の特定公園施設の整備，改修等を一体的に行う者を，公募により選定する制度。

（国土交通省：都市公園の質の向上に向けたPark-PFI活用ガイドライン2018年）

る方法がある。この場合は，道路と同様に，住民が行政と管理協定を締結する。そして，供給時から将来の遊具の修繕など，必要となる経費を踏まえて長期のエリアマネジメント計画を立案しておくことである。

また，住民が公園を自分たちのものとして愛着を持てるように，日常的に住民が公園の手入れをし，利用する機会を増やすことが求められる。

8・2・3 コミュニティ形成の拠点整備

住民の誰もが気軽に立ち寄れる場所が身近にあれば，**コミュニティ**（資料7）形成の場として好適である。行政の開発許可の条件として，集会所をつくることが義務づけられている場合もある。そのため，開発事業者は住宅としては最も売れにくい場所，言いかえれば，集会所としては利用しにくい場所につくられている場合もある。集会所を，住民にとって有効に利用で

資料6　パークマネジメント

> 公園を，従来の行政主導の事業手法から転換し，住民・NPO・企業等と連携しながら住民の視点に立って整備，管理・運営する。

資料7　コミュニティ

> ・場所や空間を共有する結合の形式で，地縁による自生的（自然発生的）な共同生活（マッキーバー（1917））
> ・「地域性」（area），「共通の紐帯」（commonties），「社会的相互作用」（social interaction）から成り立つ人々（ヒラリー（1955））
> ↓
> ・「人々が共同体意識を持って共同生活を営む一定の地域，およびその人々の集団。地域社会。共同体。」（三省堂『大辞林』）
> ⇒共同体意識：単に仲良く暮らすだけでなく，「地域の問題を解決し，よりよい生活を実現するための問題解決能力・自律性」を含む。
> ・コミュニティには，顔を知る認知コミュニティ，助け合いの共助コミュニティ，住環境を良くしようとするコミュニティがある。

表2-8-2　集会所等の多様なマネジメント形態

タイプ	経緯	集会施設の所有者	集会施設の運営者	集会施設の利用者
公マネジメント		公	公	広く
自治会マネジメント		自治会	自治会	自治会内
				自治会外も
管理組合マネジメント		管理組合	管理組合	組合内
				組合外も
NPOマネジメント	住宅地開発で，一体開発した住宅地の集う場	公（＋NPO）	NPO	広く
		NPO	NPO	広く
開発事業者マネジメント		企業（開発事業者関係）	企業（開発事業者関係）	住民
		企業（開発事業者関係）	企業（開発事業者関係）	会員限定
		企業（開発事業者関係）	企業（開発事業者関係）	広く
個人		個人，民間企業	個人，民間企業	広く
その他	住宅地の再生	個人所有者	NPO/会社（民）	会員・広く
		企業（開発事業者関係）	企業＋社団法人	広く
		社会福祉法人	社会福祉法人	広く

実際にみられるケース，NPOが一般社団のケースもある。

きる場所につくり，機能を持たせることが大切である。集会所は，日常的には住宅地の居間となり，住民が自由に使えること，さらに，災害時に救援物資の受け取り場所となり，情報の拠点，不安な人が避難してくる場となるなど，地域の拠点となる役割が求められる。

なお，行政が集会所などの設置を要求しても，所有権を引き取らない場合がある。そのときは住民の保有とする必要があり，その場合は，自治会の名称で保有・登記も可能である。また，住宅所有者で管理組合をつくり，管理組合の所有とすることもでき，その場合は，管理組合法人とすることで，法人での登記が可能となる。そのほかにも多様な形態がみられる（表2-8-2）。

8・2・4　互いを思いやる住宅・外構デザイン

戸建住宅地で，互いが気持ちよく暮らすためには，建築基準法の規制だけでなく，このまちならではのルールを制定することも有効である。ルールには，**地区計画や建築協定，緑地協定，景観協定**（表2-8-3），法にもとづかない**まちづくりガイドライン**などがある。

地区計画は，基本的なルールを定めることができるが，きめ細かいルールまでは決められず，住民発意の策定でも運営は行政になるため，住民が関与しにくくなる。そのため，地区計画だけでは住民の主体性が育ちにくい欠点もある。

建築協定や景観協定は，民間機関で住宅建設などの確認申請ができることもあって，なかなか行政の目が届かない場合もある。そのため，違反者がいたときに裁判してもなかなか決着がつかないこともあり，行政とのしっかりとした連携と住民の主体的な運営が求められる。

まちづくりガイドラインは法的根拠がないルールである。これは，何でも法的な根拠を持つルールにしてしまうと，時代とともに起こる変化に対応し切れないことも生じる。

そこで，それぞれのルールのメリットを生かし，デメリットを補う方法として，ルールを複合的に使うことが考えられる。また，協定の運営はルール違反の予防として行政と連携し，地域の協定内容に適合している証明書を確認のうえ，申請を受けつけるようにする対応も必要となる。

表2-8-3　まちづくりルールの比較

	地区計画	建築協定	緑地協定	景観協定
根拠法	都市計画法	建築基準法	都市計画法	景観法
制度の目的	良好な環境の街区の整備・開発・保全	住宅地の環境，商店街の利便の維持増進等	地域の緑地の保全と緑化の推進	地域の良好な景観形成
定められる項目	建築物，地区施設，工作物，垣・柵の構造等	建築物の用途，敷地，位置，形態，意匠，構造，設備	樹木の種類，量，位置，かき・さくの構造等	建築協定・緑地協定で定められる項目に加え，工作物，垣・柵の構造，樹林地の定め等
策定主体	権利関係者の意見を反映させて市長が決める	区域内の住民による話し合いで決める		
改廃手続き	都市計画変更	変更は全員合意，廃止は過半数の合意		
効力	区域内全員	協定の締結者（地権者が変更になっても承継）		
有効期間	特になし	任意に設定	5〜30年	5〜30年
運用体制	市町村に届け出	運営委員会で運営		
強制力	市町村により勧告	運営委員会で工事の停止や是正措置，従わない場合は民事裁判		

8・2・5 コミュニティ形成を促すイベントやスペース

コミュニティが，いざというときに機能するためには，日常から人々が連携していることが大切で，そのための方法は，主に2通り考えられる。

1つは，日常的にいろいろなイベントを開催し，人々が互いに顔見知りとなり，助け合える人間関係を構築しておくことである。東日本大震災のとき，助け合いの多かった住宅地は，全員参加のイベントを多く実施していたところであり，かつ，助ける側になった人は各種のイベントによく参加していた人であった。どこに，どのような人が住んでいるか，住民が互いに知り合うことで，安心をつくっていたのである。

2つめは，日常生活のなかで人々が顔見知りとなりやすいような空間をつくっておくことである。例えば，人々が"ご近所と考える範囲"は20戸までであることから，基本的なコミュニティの単位を20戸までとし，20戸ほどで使えるコモンスペースをつくっておく。さらに，回覧板をまわす単位やゴミ置き場を設置する単位も20戸くらいと，生活の単位をつくっておくことが大切である。

このように，**コモンスペース**の取り方（図2-8-7）が，人々のご近所意識の醸成や顔見知りの機会を増やすことにつながっているのである。

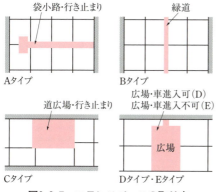

図2-8-7　コモンスペースの取り方

資料8　ラドバーン住宅地の概要

所在地	アメリカ・ニュージャージー州
入居開始年	1929年
規模	当初の計画では500ha，2万5千人居住の予定。のちに大恐慌のため，30haの開発，約400戸を供給した時点で開発を中止。三つの近隣住区構成を考えていた。
住宅数	約2800人，673戸（うち戸建469戸）
開発の特徴	スーパーブロック開発とそのスーパーブロック内を歩行者が安全に通行するための**歩車分離交通システム**の導入，歩車道分離を実現するためにコモンのスペースが創出され，コモンスペースを管理するために，ラドバーン協会が設立された。協会はコモンスペースの管理から，まちなみのためのデザインコントロール，コミュニティ活動，不動産管理にわたる住環境の管理全般を行う。
施設など	協会は，共有地および施設として9万3075m²（23エーカー）のオープンスペース（公園），プール2，テニスコート4，野球場4，運動場3，バスケットコート，アーチェリープラザ，サマーハウス，コミュニティセンターなどを所有。

8・2・6 景観やコミュニティの維持・管理方法の設定

折角，形成された景観やコミュニティも，以後の維持・管理の仕方が悪ければ，やがて崩壊の道をたどることも考えられる。それを防ぐ有効な対策は，住民主体でまちをマネジメントする体制を供給時から構築しておくことである。なぜなら，後からつくろうとしても，合意形成を得るのが困難となる場合が多いからである。

そのためには，以下のことを決めておくことが必要である。

①マネジメント主体，②方針決定・合意形成のルール，③フリーライダーをつくらない仕組みとして誰もが決定に従う仕組み，④地域の個別不動産のコントロール権，⑤民主的な運営方法，⑥専門性への対応，⑦行政との連携，⑧活動資金の確保としてマネジメント主体が必要な

費用を徴収できる権利，賦課権，あるいは経営力，⑨地域の多様な要求への対応，⑩不動産の保有のし方である。

具体的には以下の内容となる。
a．管理の主体（自治会，管理組合法人，NPO法人など）とその役割，運営のルール
b．建築のルール（地区計画，建築協定，景観協定，ガイドラインなど）とその内容
c．管理の体制として管理会社，現地管理担当者，専門家の支援体制　など

まちをマネジメントする主体として，住宅所有者全員が参加する管理組合は，区分所有のマンションでは必ず成立することになるが（第2部第2章，第3章参照），戸建住宅地でも管理組合をつくることができる。これは，多くの住宅地において，自治会・町内会への全員参加を強制できず，「ルール無視の人ほど町内会に入らず，まわりに迷惑をかける」という実態があり，最近，住宅地で管理組合を取り入れるようになってきている。アメリカでも，HOA[1]（図2-8-8）という，住宅所有者による管理組合をつくり，集会所などの共用施設を所有し，協定の運営や公園の日常管理などを行う例が増えてきている。

こうして，私たちのまちを不動産の集合体として捉え，その不動産の有効活用を図り，所有

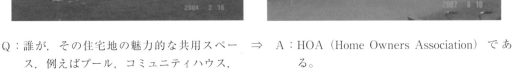

Q：誰が，その住宅地の魅力的な共用スペース，例えばプール，コミュニティハウス，人工ビーチやゴルフ場をもっているの？　⇒　A：HOA（Home Owners Association）である。
Q：HOAとは何？　⇒　A：住宅所有者の組合のことである。
Q：何をする組織？　⇒　A：ほかの住宅地にない魅力を持ち，その管理をし，それぞれの家が勝手に修繕や建替えをしないようにコントロールしたり，また，レクリエーションの提供や行政とのネゴシエーションなどを行う。
Q：その運営費用は？　⇒　A：住宅所有者みんなで負担する。
Q：どんな風に組織を運営するの？　⇒　A：みんなが総会に参加し，そこで決まったことを理事会で執行する。
◎HOAの仕組みは，日本のマンション管理組合に似ている。

図2-8-8　アメリカのHOA（Home Owners Association）によるマネジメントシステム
（この制度の発祥地はラドバーン（資料8）といわれている）

1）Home Owners Association

者・利用者の主体的な取組みにより，まちの価値を上げることがますます重要になってきている。

8・2・7　地域に必要なサービスの提供

まちに求められるサービスは，どこでも同じではない。また，それぞれのまちで必要なサービスのすべてを行政に依存していたら，行政負担が高くなり過ぎ，市場で得ようとすれば，個人負担が高くなり過ぎる。そのため，まちが求めるサービスをまちで提供する体制が，これからは必要となる。

例えば，入居時の生活や管理体制の説明，ゴミ収集の後の清掃，子育て支援サービス，高齢者支援サービス，移動支援サービス，食事サービス，見守りサービスなどがある。

8・2・8　専門家による支援体制

まちの良好な環境を持続可能にマネジメントするための専門家のサポートとして，現地の作業量が多い場合には現地スタッフ，専門性が必要な場合には建築，法律などの専門家による支援体制が必要である。具体的には，景観や住環境のコントロールをするサポートや組織運営・維持管理面でのサポートなどが求められる。

8・2・9　新たな開発事業者の役割

住宅地の管理は，開発時から周到に考え，管理のしやすさもデザインに反映させておかないと，よい環境を持続させることは困難である。そのため，企画段階から管理担当者が会議に参加し，ランニングコストを抑えるなどの具体的なアドバイスをするとともに，空間に適合したマネジメントシステムを設定し，分譲前から管理規約や管理計画を作成し，売買契約書，重要事項説明書などに反映することが必要である。

管理の主体は，開発事業者から次第に住民へ移行する体制とし，開発事業者主体時期→移行

表2-8-4　アメリカ HOA における開発事業者から住民への管理移譲方法1
　　　　 ―法的に可能なタイプ

移譲方法	内　　　容
移行型	当初，設定した分譲率で，開発事業者から住民へ移行する。
助言委員会型	開発事業者が管理，住民が意見をいえる委員会をつくる。
拒否権型	住民の運営で，開発事業者からの拒否権を持つ仕組みとする。
重みつき投票権型	開発事業者の投票権に重みをつける。
混合型	上記のものの期間を決めて行う。

表2-8-5　アメリカ HOA における開発事業者から住民への管理移譲方法2

い　つ	いつまでに	理　　事
25％分譲後	60日以内	1人または25％以上を住民
50％分譲後	60日以内	1/3以上を住民
75％分譲後	60日以内	全員を住民
100％分譲後	2年以内	管理権限を住民に

なお，アメリカ統一モデル法（2024年1月現在）では，上記のうち，25％分譲，50％分譲，100％分譲の段階となっており，開発事業者の撤退のタイミングは「75％分譲の60日後」「分譲終了の2年後」のうちの早い方となる。

資料9　田園都市（Garden City）論

エベネザー・ハワードの田園都市論の考え方は次のとおりである。これらの考えに基づいて，最初の田園都市レッチワースが実現した。計画はレイモンド・アンウィンとペリー・パーカーによる。

・都市と農村の結合：農業のための土地を永久に保有する。
・土地の公有：都市の経営主体自身により土地をすべて所有。私有を認めない。
・人口規模の制限：都市の計画人口を制限する（3万2000人）。
・開発利益の社会還元：都市の成長と繁栄によって生じる開発利益の一部をコミュニティのために留保する。
・自足性：人口の大部分を維持することのできる産業を確保する。
・自由と協力：住民は自由結合の権利を最大に享受する。

時期→住民主体時期へと発展させることが必要で，アメリカでは移行の方法が州法で決まっている（表2-8-4，2-8-5）。住民による持続可能なマネジメント体制の構築へと導くことが，開発事業者の新たな役割となる。

8・2・10 経済的なマネジメントシステムの設定

住民主体で持続可能な活動を行うには，管理費などが経済的であることが大切である。これは，入居後，住宅地の管理組合が費用節約のために活動を低下させたり，管理会社への委託を停止したりするなどがみられるからである。

100年以上もまちをマネジメントし続けているイギリスのレッチワース（図2-8-9，資料9）では，住宅地自らが収入を得る仕組みを持ち，その費用を住宅地に投資し，さらに魅力を上げ続けている。こうした海外でのいろいろな仕組みを日本型にアレンジしていくことが現実に行われている（資料10 のぞみ野等）。

8・3 これからの住宅地のマネジメント

住宅地においてマネジメントを重視し，これまでの均一的なまちづくりから地域の個性的なまちづくりへ，そして，まちづくりが物（もの）づくりから者（もの）・仕組みづくりへと大きく転換している。こうした実現方策には，多様な形態がある。しかし，そのなかでも共通することはある。

駅　　　　　　　　　　　　　　　　1903年に作られた木造の住宅

Q：誰がいろんな施設やサービスを提供しているの？　⇒　A：まちを作った会社（財団）

Q：財団は何をするの？　⇒　A：ほかの住宅地にない魅力を管理し，それぞれの家が勝手に修繕や建替えをしないようにコントロールしたり，また，レクリエーションの提供や行政とのネゴシエーションなどを行う。

財団の役割（例）：まちの再開発，必要な施設の誘致，建築ルールの策定・運営，住民活動の支援，素敵な建築物の表彰や修繕補助，病院とそこまでの無料バスの提供，農場や映画館の運営など

Q：その運営費用は？　⇒　A：会社（財団）の不動産収入で負担する。

Q：どんな風に組織を運営するの？　⇒　A：理事会で，会社スタッフ代表と行政の代表，そして住民の代表が集まって決める。決まったことは，全住民に報告する。

図2-8-9　田園都市論（資料9）に基づいてつくられたレッチワース（イギリス）のマネジメントシステム

① マネジメント主体として，いままでのような行政，民間，既存自治会だけではなく，新たな主体が求められている。

② まちのマネジメント方針を，地域で決定する仕組みとする。これは，単なる住民の参加ではなく，住民が主体になって物事を決め，その決定に従う仕組みである。

③ ライフサイクルとそのコストを考える。従来は，開発事業者はつくることだけを考えていたが，管理のコストと最後（終焉）も考える。

④ 費用を負担する人が，確実にメリットを受ける仕組みとする。

⑤ 利用をベースに考え，所有にこだわらない体制とする。つまり，誰が持っているかで管理方法を決めるのではなく，誰が利用するかで管理方法を決めることである。所有主義から利用主義への転換である。

⑥ 地域を経営する視点を持つ。

⑦ 開発当初から管理を考える。

⑧ 情報公開により，マネジメントの実績が市場で確実に評価される仕組みとする。

8・4 これからのまちづくり

まちは，行政と民間企業や個人の関係を調整する公法だけでなく，民間同士や個人の関係を調整する**私法**を駆使し，かつ，**市場**のなかでつくる必要がある。

既成市街地にも，同様の取組みが求められている。しかし，現行法では全員参加を促す仕組みがないため，できるところからできる人が行い，それを行政や企業が応援することが求められている。

また，商店街やオフィス地区でも，同様の取組みが行われている。ここでは，利害が一致しやすいために，新たな仕組みを導入し，**賦課権**を持ち費用を徴収することで，活動を実現している例がある。例えば，アメリカでは**BID**（資料11）として，ある地区の地権者に負担金が課され，それを財源として，そのまちに必要なサービスを提供し，まちの価値を上げる仕組みがとられている。日本でも，2014年2月に大阪市で日本初のBID条例が成立している。

資料10　ブルームガーデンのぞみ野（詳細は事例集参照）

> 姫路市・2011年入居開始の293戸の戸建て住宅地。①道路を魅力的に（ループや緩やかなカーブ・植栽帯・仕上げ材は煉瓦等）。②公園は地域文脈を活かし住民意向を反映。③シアタールームもある2階建てのコミュニティハウスは管理組合所有。④地区計画・景観協定・ガイドラインの3段階のルール。⑤20戸単位でゴミ置き場とシンボルツリーで領域性を。⑥管理組合法人による管理。⑦コミュニティマネージャーによるサービスの提供。⑧専門家による支援体制。⑨開発事業者による管理支援。⑩不動産収入を得て組合運営費の補填の仕組み。

資料11　BID

> BID（**B**usiness **I**mprovement **D**istrict）は，1980年代以降，中心市街地活性化のための官民協力（public/private sector partnership）の取組みとして，北米各都市で実施されてきた制度。
> 具体的には，地域独自に環境の美化，警備の強化，イベント・広報，ビジネスの支援，公共空間の管理・改善，駐車場および公共交通の管理，まちのプランづくりなどを行う。

エピローグ

> まちを育てるつくり方がある。エリアマネジメントによるまちづくりである。まちは地域が主体となってつくり，管理する時代になった。そのため，コミュニティを育み，住民が育てる住宅地など，まちのつくり方を考える必要がある。具体的には，マネジメントの主体を設定し，持続的にマネジメントする体制を整えることである。そのための行政や開発事業者の役割も大きい。

第9章
まちをマネジメントする2

> **プロローグ**
> 空き家をうまく使って，地域を活性化できないかな？ 結構，よい雰囲気の住宅や建物があるけれど，どうすればうまく使えるようになるのかな・・・？
> 空き家を使ってのコミュニティカフェ，学生用シェアハウスなどがあれば，地域が活性化すると思うのだけれどな・・・。

9・1 空き家問題と発生要因

空き家を使ったまちづくり，地域活性化についてみていこう。

9・1・1 空き家の問題

空き家が全くないと，人々は居を移動できない。ゆえに，空き家は一定必要であるが，空き家には以下のような問題がある。

(1) **外部不経済** 住宅の手入れが行われないことによる虫やネズミ・動物の発生や住みつき，木や雑草の生い茂り，人の目が届きにくくなることから，ゴミの不当投棄や犯罪の場になることへの不安，そして防犯性や防災性の低下，景観の悪化，老朽化した住宅による倒壊・崩壊の危険性といった，居住環境への明らかにマイナスの影響がある。これを**外部不経済**という。こうした状況は，近隣不動産の資産価値にも影響を与える。

(2) **自治能力の低下** 空き家が多いと，日常時にも災害時にも，地域の**自治能力**が低下する。人の目が届かなくなることから防犯力が低下するだけでなく，地域管理の担い手が不足することになる。

図2-9-1 空き家による問題

(3) **公共サービスの非効率化** 空き家は住民不在を意味し，住民税の収入が減少するなど行政への財政収入が低下する。しかし，**公共サービス**を提供するエリアは縮小せず，サービス提供の非効率化が進む。

(4) **不平等の増進** 空き家の適正管理を指導するための住宅所有者の特定，補助金による建物解体や改修，**空き家バンク**運営等を，税金を使って対応している。行政が空き家除去の代執行を行っても，実際に費用を回収することは難しい現状がある。したがって，適正な管理をしている住民の税金を，税を払わず外部不経済を引き起こしている住宅所有者に使うことになり，税負担の不平等が増進する。

9・1・2 空き家が発生する原因

空き家になっている住宅は，相続によるものが多いが，不動産の制度によるものも多い。

空き家が増える理由には，以下のことがある。

■住宅の数が継続的に増加

① **新築住宅の建設奨励**　中古住宅より新築住宅のほうが税や融資が有利なことがあった。このことから，空き家である中古住宅の流通が阻害されてきた。

② **宅地化の推進**　住宅の市街化区域だけでなく，市街化調整区域にも住宅が広がり，農地も宅地化が推進されてきた。

■空き家を除去できない理由

① **固定資産税制度**　空き家でも，住宅が建っていれば土地の固定資産税に特例措置を受けられて1/6になるため（第2部第4章参照），空き家を除去しない。

② **高い借地権割合**　使っていなくても，空き家を取り壊すと借地権が消滅するため，借地人は建物を取り壊せない（図2-9-2）。

③ **強い借家権**　賃貸住宅の建替えをしたくても，正当事由と認めらない可能性があり，家主は居住者に退去を強いることができない。そのため，アパートでの1室以外がすべて空き室という場合が生じる。

④ **未接道**　空き家が道路に接していないため，取り壊すと再建できない場合がある。

⑤ **行政の関与が困難**　空き家は個人の財産であるため，行政でも財産権の保護から，空き家を除去する代執行は困難である。

⑥ **所有者が意思決定しない**　空き家の多くは相続された家で，家の中に荷物が残っている等もあり，所有者が使い方や処分などの意思決定をなかなかしない。

図2-9-2　空き家を除去できない理由

9・1・3 空き家の利活用が困難

空き家の利活用が困難な理由には，以下があり，排除する必要がある。

① **所有者確定が困難**　不動産の所有権移転登記が義務ではなかった[1]ため，登記を見ても真の所有者の判断がしにくい。

② **地域の関与が困難**　地域における空き家の所有者の把握や，地域で空き家を所有するための制度がない。

③ **不動産業者の関与が困難**　空き家の売買・賃貸に手間・暇がかかるが，不動産取

1）不動産の所有権移転登記は2024年4月より義務化された。
2）空き家等に関する媒介報酬の上限を見直し，売買価格800万円以下の空き家等の仲介手数料の上限を33万円に引き上げた（2024年6月宅地建物取引業法改正）。

引手数料に上限があり[2]，空き家利活用が不動産事業者のモチベーションとなりにくい。また，空き家の利活用は建築の知識・技術が必要となり，不動産事業者だけでは取組みにくい。

④　**耐震性能の低さ**　空き家は古い住宅が多く，利活用したくても耐震性能が低く，改修に高額の費用がかかる。

⑤　**図面の不備**　空き家には設計図書などがなく，耐震補強や改修の計画を立てにくく，あるいは検査済証等がなく，改修等の建築確認がとれないものがある。

⑥　**改修の費用負担**　空き家になっていた住宅は，傷みがひどい場合もあり，修繕やリフォーム，リノベーションのための改修費が高くなることがある。

⑦　**法規制の厳しさ**　空き家を住宅以外の用途に転用する場合，建築基準法・消防法・条例などに従うと高額な改修費用がかかる，あるいは転用が困難になることがある。

9・1・4　空き家対策

（1）**空き家対策法**　空き家が社会問題となったことから，空家対策特措法（空家等対策の推進に関する特別措置法）が整備され（2014年11月公布，2015年5月全面施行），問題がある住まい（特定空家）を行政が撤去できるようになった。空き家は個人の財産，すなわち私有財産であることから，周囲に迷惑をかけていても，行政はなかなか対応ができないでいた。しかしこの法律により，近隣や地域に迷惑をかけるような空き家（特定空家）に対しては，行政による除去や修繕等の助言・指導，勧告，命令，さらには行政代執行により強制執行を可能とした（資料1）。

空き家が増加しながらも特定空家になるまで行政が手を出せない，あるいは利活用が促進されないことから2023年に次の点が改正された。

資料1　空家等対策の推進に関する特別措置法（空家特措対策法）の概要

●**背景**：適切な管理が行われていない空き家等が，防災，衛生，景観等の地域住民の生活などに深刻な状況を及ぼしており，地域住民の生命，身体，財産の保護，生活環境の保全，空き家等の活用のための対応が必要。

●**定義**：「空家等」とは，建築物や付属する工作物で，居住がされていないことが常態であるものとその敷地。

　「特定空家等」とは，①　倒壊等の著しく保安上危険となるおそれのある，②　著しく衛生上有害となるおそれのある，③　適切な管理が行われないことにより著しく景観が損なわれている，④　その他の周辺の生活環境の保全を図るために放置することが不適切である，空き家等。

　「管理不全空家」とは，適切な管理が行われていないことによりそのまま放置すれば特定空家等に該当することとなるおそれのある状態にある空家。

●**施策**：
・市町村による空家等対策計画の策定・協議会の設置
・空家等の所在や所有者の調査
・固定資産税情報の内部利用
・データベースの整備
・適切な管理の促進，有効活用
・措置の実施のための立入り調査
　指導⇒勧告⇒命令⇒代執行の措置
・特定空家，管理不全空家として勧告した住宅に対する固定資産税特例の排除
・空家除去のあとの跡地利用など
・空家等活用促進区域
・空家等管理活用支援法人指定

①管理不全空家という概念を新たに設け，特定空家になる前に，行政が指導・勧告を行う。②勧告を受けた管理不全空家は固定資産税特例が解除される（表1-4-6）。③所有者は国・自治体の施策に協力するという責務を強化，④空き家の利用促進のため空家等活用促進地域を指定し，空家等活用促進指針を定め，用途変更や

174　第2部　住まいとまちのマネジメントを実践する

建て替えなどを促進できるように，接道規制や用途規制の合理化を図る。所有者に指針に沿った活用を要請する。⑤空き家等の管理・活用に取り組むNPOや社団法人などの団体を「空家等管理活用支援法人」に指定する。⑥特定空家への対応として，緊急時の代執行制度，所有者不明時の代執行を速やかに行える制度を創設した。

（2）　地方自治体による空き家対策

地方公共団体による空き家対策には，空き家の適正管理に関する条例，実態調査，相談窓口の開設，専門家派遣，空き家バンク，空き家改修補助などがある。また，行政から見ると，各施策について民間との多様な連携がある。

9・2　予防・利活用のための施策

空き家の予防および利活用は，広い視点から考える必要がある。

空家対策措置法（資料1）ができ，それによって協議会をつくったり，計画を策定したりする自治体も増えている。また，空き家条例をつくり，対応している自治体もある。

人口・世帯減少が急速に進む日本において，空き家問題は空き家の除去や利活用だけを考えても，問題の根本的な予防・解消にはつながらない。空き家問題を通して，新しい時代のまちづくりへと転換を図るべきであろう。そのためには，空き家問題を総合的な政策の視点から捉える必要がある。

9・2・1　不動産管理施策との連携

建築物は，つくられたときから不動産である。そして，建築物は長い年月にわたって不動産として生き続けることになる。しかし，つくることへの建築基準法などによる行政の対応は多いが，不動産としての対応やストックへの対応は極端に少ない。そのため，不動産管理の施

資料2　集合住宅建設指導要綱と条例

居住水準の維持向上，周辺環境への影響の配慮等を目指し，一定の規模以上の集合住宅を建設する際に，住戸面積，管理人室や管理人・駐車場・駐輪場・集会所の設置，地域との連携等の基準を定めたもの。

なお，条例とは，地方公共団体が定めた法規であり，要綱とは行政機関内部における内規であり，法規としての性質を持たないものである。

策としての対応が必要である。

（1）　管理の適正化指導

集合住宅をつくるときは，**集合住宅建設指導要綱**や条例によって管理のことまでも一定程度規定されている（資料2）。しかし，その後，実際にどのように管理されているかの行政による介入はほとんどないのが実態である。戸建住宅に関しては，建設や管理について行政の指導等の関与はほとんどなく，したがって，適正な住宅の管理に対して，行政は指導・誘導がしにくい状態にある。そのため，住宅などの不動産の管理に関する指導手段の必要性が認識され始め，例えば，集合住宅では，豊島区のマンション管理条例，中野区の集合住宅の建築及び管理に関する条例など適正な管理をめざした条例が制定され，マンション管理適正化法（2020年改正），空き家対策特措法（2023年改正）でも管理の重要性が示されている。空き家になる前に適正な管理を指導する体制が必要である。

（2）　固定資産税の対応

空き家にしている原因の1つとして，空き家であっても住宅用建物がある場合の土地の固定資産税の特例による軽減措置がある（表1-4-5参照）。これは，一定規模以下の宅地の固定資産税が1/6になるという措置であるが，空家対策措置法では，特定空家や管理不全空家として勧告した場合には，"特例なし"とすることにした。しかし，地域の実情や空き家の状態に応じて，これ以上，財政負担を増やさないためにも，行政が自ら費用

第9章 まちをマネジメントする2

表2-9-1 各国の空き家に対する固定資産税の対応例

イギリス	以前は，空き家所有者に対して税を軽減していたが，住宅不足の現在では，住宅の有効利用促進のため，2年以上の空き家は固定資産税を2倍，10年以上の空家は4倍にできる。
フランス	空き家税の徴収を行っている。
日本の一部の地方公共団体	空き家を取り壊して一時的に更地にした場合，固定資産税軽減措置を一定期間認めることで，空き家の自発的撤去を目指している。京都市では空き家税（非居住住宅利活用促進税）が導入される（2026年以降）。

をかけて撤去したり，補助金を出したりすることがないように，さまざまな税の対応を考える必要がある（表2-9-1）。

(3) 借地・借家の権利関係の調整 借地や借家の権利関係の調整が困難になっている。そのため，放置されたままの住宅が相続される，あるいは**所有者不明**のままになっているものもある。このため，合理的な権利関係の調整機関が必要である。

9・2・2 都市計画との連携

不動産である空き家は，土地に定着しているために動かせない。そのため，都市計画との連携が必要となる。

(1) 「コンパクト＋ネットワーク」化 人口減少とも相まって，すべての空き家を利活用することを考えるのには無理がある。そこで，「コンパクト＋ネットワーク化」の国土計画・都市構造の方針（第1部第3章参照）に従い，使う空き家と使わない空き家という一定のエリア分けが必要となる。

(2) 都市計画マスタープラン 都市計画マスタープランあるいは**立地適正化計画**を踏まえて，居住エリアの再編が必要である。例えば，横須賀市では，谷戸は緑が多く，そこからの海などの眺望もよいのであるが，車は入れず，階

資料3 空き家利活用促進の取組み（横須賀市）

エリア：駅周辺で，車が入れる場所から40段以上の階段を上がる地区。
取組み内容：①空き家バンクに登録，②解体費補助*，③空き地測量*，④菜園助成*，⑤緑復元助成*，⑥高齢者の平地転居助成*，⑦空き家片付け助成*，⑧リフォーム助成*，⑨町内会支援事業 など　　*2017年に制度は廃止

段の上に多くの住宅が存在している。そこで，**都市計画マスタープラン**で残す谷戸とそうでない谷戸とを，区分けしている（資料3）。

(3) 防災対応 空き家のなかには**接道**していない家もあり，こうした住宅を撤去して広場にするなど，防災面の向上との連携も必要である。

9・2・3 福祉政策との連携

(1) 生活支援サポート 住宅は不動産であるため，生活者にとってその場所が不便でも動かせない。そのため，住み続けられなくて空き家になるケースも生じる。そこで，空き家にしないためには住み続けられるように**福祉政策**との連携が必要であり，生活支援のサポートを考える必要がある（横須賀市の例，図2-9-3）。

(2) 地域での活用 空き家を地域福祉の拠点とし，住み続けやすくする。例えば，空き家

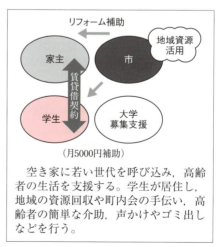

空き家に若い世代を呼び込み，高齢者の生活を支援する。学生が居住し，地域の資源回収や町内会の手伝い，高齢者の簡単な介助，声かけやゴミ出しなどを行う。

図2-9-3 地域資源としての活用例（横須賀市）

176　第2部　住まいとまちのマネジメントを実践する

表2-9-2　地域資源としての活用例（流山市）

ふれあいの家：市民や自治会，NPOが自主的に市内の空き家などを利用し，高齢者が自由に使える場所を確保し，さまざまな活動を行う。

市は，①利用人数，実施回数により補助。②借りて行う場合は月2万円までを支給。③開設に20万円の補助。

例「花みずき」：月～金曜日の10：00～16：00。使用料：100円1回。茶話会・サロン，教養講座を週5回程度実施している。

本事例の特徴：①地域の拠点として借りているのは，1階の2部屋。2階には所有者の荷物があり，庭では所有者が菜園を続けていて，所有者が継続利用している。②運営は地元の自治会が行っている。

資料4　居住支援協議会

地方公共団体や関係業者，居住支援団体などが連携し，住宅確保要配慮者および民間賃貸住宅の賃貸人の双方に対し，住宅情報の提供などの支援を実施する。

低額所得者，被災者，高齢者，障害者，子供を育成する家庭，その他，住宅の確保に特に配慮を要する者など，住宅確保要配慮者の民間賃貸住宅への円滑な入居の促進を図るために組織された団体である。

を利用した，高齢者や子育て世帯などの憩いの家，デイサービスの拠点などである（例：表2-9-2）。空き家を地域拠点として利用する際には，

① 貸したい人と借りたい人をどうつなげるのか（**マッチング**）。

② 地域の拠点としての利用だけでは，家賃を支払えるだけの利益があがらないが，家賃の支払いをどうするのか。

③ 拠点として利用する際の改装費は，誰が負担するのか。

④ 近隣の理解をどのように得るのか。

などが課題となっている。

（3）**子育て支援**　一定の要件を満たした空き家を利用した小規模保育所（0～3歳未満を

対象とした6～19人の少人数保育）としての利用がある。

（4）**居住支援協議会との連携**　高齢者，子育て世帯，低額所得者，障害者等が，民間の空き家，空き室に円滑に入居できるように，**住宅セーフティーネット法**に基づく，**居住支援協議会**（資料4）との連携がある。

9・2・4　居住政策との連携

各地の行政では，居住政策として空き家への各種の政策を施している。

（1）**定住促進**　次のような例がある。

① 神奈川県横須賀市では，空き家が多い地域に若い世代を転入させる「子育てファミリー等応援住宅バンク」という制度がある（資料5）。

② 金沢市では，空き家等を活用した移住・定住の促進，まちなか空き家活用促進補助制度，郊外部移住者空き家活用促進補助金制度がある。

（2）**地域活動支援**　空き家になっている地域の活動を支援するもので，次のような例がある。

資料5　子育て世帯応援入居促進地区（横須賀市）

社会資本基盤が整備されている38団地と27の地区計画区域を子育てファミリー等入居促進地区として位置づけ，空き家を「子育てファミリー等応援住宅バンク」に登録し，若い世帯の居住を促進している。

中学3年生までの子供がいるか夫婦ともに50歳以下世帯の転入を応援し，バンクに登録された住宅を購入する場合には，以下の支援を実施している。

① 物件購入助成：市内業者への仲介料など。上限35万円。

② リフォーム・解体助成：上限15万円で，市内業者に限定。

空き家バンクは，自治体が，不動産情報を市のホームページに載せるが，売買には関与せず，民間力を活かす形となっている。

① 京都市では，地域による空き家問題に取り組む活動を支援する地域連携型空き家流通促進事業が行われている。
② 横浜市の金沢区では，空き家等を活用した地域の「茶の間」支援事業があり，空き家・空き店舗等を利用し，多世代の交流，子育てや高齢者の生活支援などの地域の活性化に向けた取組みを支援している。

(3) **住宅流通促進**　ローカルな住宅市場の整備・対応という観点からの施策である。空き家といっても，人々にとっては住宅という大事な資産であり，簡単に売却・賃貸もできない。そこで安心して住宅の売買・賃貸借ができるように，市が安心取引のプラットホームをつくる例として，千葉県流山市の流山方式（図2-9-4）と呼ばれる公民連携型の地域ネットワーク化がある。さらに，賃貸住宅としての流通促進に福岡のNPOによる取組みがある（表2-9-3）。

9・2・5　まちづくりとの連携

空き家をうまく活用している事例は，まちづくり活動と連携しているものが多い。空き家が多くみられるということは，単に個々の住宅の問題だけでなく，地域が衰退していたり，地域の魅力がなくなっていたりすることに起因するものも多い。そこで，若い世代に地域の魅力を

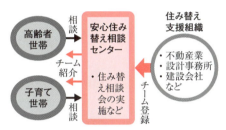

図2-9-4　公民連携型の地域ネットワーク：流山方式

表2-9-3　福岡のNPOの取組み例

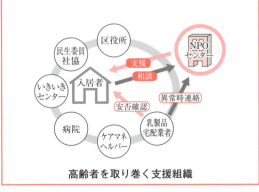

年金や生活保護で生活している一人暮らしの高齢者は，民間の賃貸住宅に入居できにくい状況にある。そういった人と，空き室への入居者がみつからずに困っている家主とを引きわせるNPOがある。NPOが入居する高齢者の生活をサポートする見守りを行うことを条件に借り上げているのである。見守りとは，高齢者が入居することで起こり得る，①健康上の問題，②家賃問題，③保証人，身元引受人の問題を主とした家族との問題，④万が一の場合，などの問題について，サポートする。

住宅を提供するだけでなく，暮らしもサポートする仕組みである。

高齢者を取り巻く支援組織

資料6　リノベーションスクール開催の目的

北九州市では，人口減少に伴って，空き家や空き店舗が著しく増加し，まちの活性が徐々に失われつつあった。そのため，市が家主を集めて都市再生手法の勉強会を開催した（2011年8月）。

都市再生の手法として，単体の建物の再生だけでなく，どうすれば，その建物が建っているエリアの価値を上げ，地域を生まれ変わらせることができるのかを目指すものである。

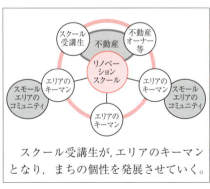

スクール受講生が，エリアのキーマンとなり，まちの個性を発展させていく。

図2-9-5　リノベーションまちづくりによるネットワーク形成

178　第2部　住まいとまちのマネジメントを実践する

伝えるべく，街歩きをし，使い手の発掘や育成に努め，地域経済にも貢献するなどの取組みが行われている。

　例えば，長野市の門前暮らしのすすめ，北九州市のリノベーションスクール（資料6，図2-9-5），大阪市阿倍野区昭和町の取組み（バイローカルムーブメント）などがあげられる。

　また，その地域での雇用の促進やソーシャルビジネスの育成と関連し，活動を行っている。

9・3　空き家によるまちづくり

　空き家をうまく活用している不動産業者等には共通した対応がある。

9・3・1　利活用の仕方と再生

　空き家を単に利用するといった，空間の表面的な再生だけでなく，次のようにさまざまな再生・再編を目指していることである。

1．いま，そこで何が求められているのか，まち自体の再生の視点から，建築物とまちとの関係を考えている。
2．新たな不動産の使い方・利用の仕方を提案し，用途の再生（コンバージョン，表2-9-4）を行っている。
3．不動産の面積（広さ）の細分化，あるいは，両隣りの2戸を1つにするなど，面積の再編や大きさの再生を行う。
4．不動産の利用時間の再編である。

表2-9-4　空き家のコンバージョン事例

住宅➡
・シェアハウス
・デイサービス拠点やグループホーム
・民泊，ゲストハウス
・地域の交流施設や会議室
・小規模保育所
・アトリエ，シェアオフィス
・飲食店や物販店など

①1つの建物を，朝・昼・晩のそれぞれで使い方を変えるトリプルユース，②1つの住戸をショートステイ用住居にするタイムシェア，③持家や賃貸住宅であったものを，時間単位で利用させる，④平日と週末の使い方を変える，などである。

9・3・2　不動産業態を再生

　こうした事例は，従来の不動産業者という固定観念からは発想し得ず，次のような発想の転換がみられる。

1．新しい不動産マネジメント主体の登場で，①地域での異業種が連携するネットワークタイプ，②1つの会社が多様な機能を担うタイプがある。
2．従来の不動産業が，主に不動産を売買・賃貸の仲介していたのに対し，そこを使う価値，そこに住む価値を共有するための活動も加えて一緒に提供する空間のプロデューサーである。
3．関係者の役割分担の再編を提案している。①改修は，借り手の費用負担で行う，あるいはDIYで行うなどの提案，②家賃は，建物の傷み具合により利用者も参加し決定するなど。従来の，家主の仕事と店子の仕事，専門家の仕事と素人の仕事の関係の見直しを提案している。

　　これは，見方を変えると，リスクを抱え込まないように，リスクを分散させているともいえるのである。

4．市場での成立を目指しているため，対象エリアは，仕事の効率を考えて徒歩圏で地元密着での対応を重視している。このように，きめ細かく現場で対応しながら，不動産をマネジメントしている。行政は，こうした取組みを支援する，あるいは，パートナーという立場であり，業者は，補助金を当てにせず実践している。

不動産を取り巻く仕事は，いま，大きく変化しており，暮らしやまちづくりと大きく係わってきている。

9・4　空き地の利活用とまちづくり

9・4・1　空き地の実態

空き家を除去すれば，空き地となる。空き地は2018年現在12.4％あるという報告がある（世帯の所有する空き地，世帯土地統計）。その結果，住民から「雑草や雑木の繁茂，落ち葉の散乱，草木の越境」「害虫の発生」「ゴミなどの投棄」等の管理不全空き地に対する苦情が増えている。こうした空き地は人口減少地区に増え，多くは高齢者が相続で所有し，7割は，いつかは使うかもしれないと売ろうとしたことがない。空き地を相続しそのままにしており，特に利用していないというケースが多い（空き地等に関する所有者アンケート　2017）。しかし，そのままになり，実態として所有者不明土地になっていく可能性が高い。すでに，わが国には九州全土の面積を超える土地が所有者不明であるとし，所有者の探索の合理化や，所有者不明土地の使用権設定を知事が認める制度，市町村による指定により所有者不明土地や未利用土地等の利活用を推進する法人の指定などを行うことがある。（**所有者不明土地の利用の円滑化等に関する特別措置法**　平成30年制定・令和4年改正）。

9・4・2　空き地の利活用

また，土地を国に寄付する制度も整った。地域で使う場合には立地適正化計画における居住誘導区域及び都市機能誘導区域において，未利用の土地の活用として，地域が主体的に使うことを認定する**コモンズ協定制度**（資料7）も存在している（市町村長の協定の認可・告示，都市再生特別措置法（平成14年制定，平成30年改正）。空き地を活用し，**コミュニティガーデン**（資料8），**クラインガルテン**（資料9）等に活用する例もある。こうした空き地を使いたい人と使ってもらいたい人のマッチング制度（例えば，柏市のかしにわ制度（情報バンク）や，空き家・空き地の有効活用のための地域での新たなプラットフォームづくり（例：つるおかランドバンク）が必要である。

資料7　コモンズ協定

空き地・空き家等の低未利用地を利用し，現代のコモンズをつくる仕組みである。
みんなで合意し行政が認可する。権利者が変わっても引き継がれる仕組みである。

資料8　コミュニティ・ガーデン

「地域の庭」で地域に住む人により自主的に運営され，花や野菜，果物，ハーブなどの植物を栽培するオープンスペースまたはその活動や取り組みを指す。1970年代にアメリカのフィラデルフィアやニューヨーク，サンフランシスコを中心として，空き地を活用して始まったとされる。

資料9　クラインガルテン

ドイツで盛んな200年の歴史をもつ農地の賃借制度で，菜園・庭園として利用される。歴史的には食料確保の意義が大きかったこともあるが，現在では園芸や農作業等を通じての楽しみの創出だけでなく，都市部での緑地保全や子供たちへの豊かな自然教育の場として大きな役割も果たしている。

エピローグ

空き家を使ってまち，地域の活性化に取り組む事例が増えている。そもそも空き家になっている理由に不動産制度によるところが大きい。また，空き家の利活用には所有者の特定，耐震性能の向上や改善，さらに，用途を転用する場合には法に適合することが必要となる。
ゆえにこうした実践には，不動産学の知識を基礎として，不動産を取り巻く関係者同士の連携が必要である。

コラム25　廃校を活用したまちづくり

　近年は少子化に伴い児童生徒数が減少しており、全国的に小学校の統廃合が進み、全国で毎年約450校程度の廃校施設が生じているという。そのような状況を受けて、文部科学省では「未来につなごう『みんなの廃校』プロジェクト」を立ち上げ、廃校活用事例の紹介等を通じて、廃校施設の活用を進めている。事例集によると、研究拠点や工場、工房、福祉施設やホテル、スポーツセンターなど多様な用途で活用されている。有償、無償で土地建物が事業者に貸与されていたり、指定管理制度を活用しているものもあり、多様である。教育施設の利活用は自治体の施策とも大きく関係する。公共・公的施設のリノベーションも全国で進められており、行財政のひっ迫が続く中、官民連携プロジェクトとして多様な展開がみられる。

図2-9-6　立誠ガーデンヒューリック京都
（京都市、元立誠小学校）

　市から土地を貸借した民間事業者が旧校舎の一部とグラウンドを残し建設。図書館とホールを備える複合施設。地域の施設も入居する。地域代表も加わる委員会によるプロポーザルで事業者が決定された。

図2-9-7　ユクサおおすみ海の学校
（鹿屋市、元菅原小学校）

　市から地域の事業体が定期借地契約で土地建物を貸借。用途変更・改修で体験宿泊施設及びアクティビティや観光拠点施設として再生・運営。海辺というロケーションを生かした個性的な運営をしている。

図2-9-8　京都国際マンガミュージアム
（京都市、元龍池小学校）

　市から土地建物を貸借し、京都精華大学が運営。一部建物を増築し、旧校舎及び講堂を利用。地域の施設も入居する。マンガというユニークなコンテンツで国内外から多くの人が訪れる拠点となっている。

図2-9-9　いくのコーライブズパーク
（大阪市、元御幸森小学校）

　NPOと事業者がJVを組み市から貸借して運営。学習支援教室、図書館はじめコンセプトに沿ったテナントミックスを展開、地域の生活や学びを支える。外国人が2割のまちであり、共生のまちづくりの拠点として運営されている。

第3部
住まいとまちのマネジメント・実践事例集

エリアマネジメントの導入事例

事例1 新規開発時の導入：ブルームガーデン
のぞみ野（姫路市） …………182

事例2 団地再生：ふじたまちかど保健室
（愛知県豊明市） …………185

事例3 地域再生：地域共生ステーション
（愛知県長久手市） …………186

事例4 団地再生：大曽根併存住宅（名古屋市）………187

事例5 団地再生：鳩山ニューターン
（埼玉県鳩山町） …………188

事例6 団地再生：廃校を利用した住宅地再生
（埼玉県小川町） …………188

事例7 団地再生：公営住宅の建替えを契機に
morineki（大阪府大東市） …………189

事例8 団地再生：自治会を発展させNPOに－
今泉台（神奈川県鎌倉市） …………189

事例9 団地再生：再開発を契機に－日の里団地
（福岡県宗像市） …………190

管理不全マンションが市場のなかで再生した事例

事例10 築約45年・18戸のファミリータイプの
マンション（静岡市） …………191

事例11 築約50年・24戸のワンルームタイプの
マンション（静岡市） …………191

事例12 築約40年・19戸のマンション（福岡市）………191

事例13 築約40年・25戸のマンション（那覇市）………191

空き家の利活用によるまちづくり事例

事例14 MYROOMの取組み（長野市） …………192

事例15 まちづクリエイティブの取組み：
MAD City（千葉県松戸市） …………193

事例16 エンジョイワークスの取組み（鎌倉市）………194

事例17 吉原住宅・スペースRデザインの取組み
（福岡市） …………197

エリアマネジメントの導入事例

事例1 新規開発時の導入：ブルームガーデンのぞみ野（姫路市）

姫路市ブルームガーデンのぞみ野住宅地（以下，のぞみ野）は第2部第8章で示す実践事例である。具体的にみてみよう。

表3-1　ブルームガーデンのぞみ野の概要

所在地	姫路市大津区大津町三丁目
交　通	山陽本線はりま勝原駅下車徒歩15分
計画総区画数	戸建住宅，293区画
地　目	宅地
平均宅地面積	54坪
用途地域	第2種低層住居専用地域
分譲開始	2011年4月
2014年：マネジメントシステムでグッドデザイン賞受賞。	

(1) 道路の管理

のぞみ野では，ループ道路やゆるやかなカーブ，道路と宅地の境をわからなくするような植栽帯，魅力的なペーブメント（仕上げ材）等から美しい道路空間をつくり，市と管理協定を締結したうえで，道路を市に移管している。そのため，埋設管や地中化した電線・電柱の管理は市で行い，住民は道路空間の植栽の手入れやペーブメントの修繕などの日常管理を行う。

これらのことは，行政の担当者が変わっても，確実に行政内や住民に引き継がれるようにまちかるて制度を創設して記録している。

(2) 公園の管理

公園は，子育て世代を中心とした購入者を想定し，地元の住民の協力も得て**ワークショップ**を行った結果を反映し，他の住宅地とは異なる魅力的なものとなっている。そのため，公園も市への移管が難しいとの問題が生じたが，将来の遊具の交換などは市と協議すること，日常的

資料1　コミュニティハウスの具体的な利用例

> 管理の勉強会と，その後の飲食会などの公式行事のほかに，雨の際の夏祭り会場，バーベキュー大会，料理教室，クリスマスのリース作り教室，ママたちのおしゃべりの場，スタディールーム，子供の習いごと，シアタールームを使ってのサッカー観戦，映画をみる会など。

な管理を住民が行うことで，市への移管が実現している。

住民が，公園を自分たちのものとして愛着を持てるように，利用する機会を増やすため，住民による公園に花を植えるイベントや夏祭りの開催場所として利用している。

(3) コミュニティの拠点の集会所

住民の誰もが気軽に立ち寄れる場となるように，集会所をコミュニティハウスという名称で，まちの受付の位置となる住宅地の中央の広い道路沿いで，かつ，駅や商業施設に近い場所に配置している。

設備は，住民のワークショップを行い，希望の多かったキッズコーナーやシアタールームを設け，災害時対応として，井戸や雨水を溜めるタンクを設置してある。

図3-1　イベント例
夏祭り：道路と住宅を一体に使ってヨーヨーつり

図3-2 ブルームガーデンのぞみ野の街なみ

図3-3 公園

図3-4 夏まつりに，手作りの神輿をもって住宅地内道路をあるく子供たち

図3-5 公園を使った夏祭り

住民がいつでもどんな用途にも自由に使えるように（資料1），コミュニティハウスは住民の所有とし，住民で管理・運営を行い，常にオープンな状態を維持できるように，スタッフも常駐している。

さらに，長期のエリアマネジメント計画を策定したうえで，維持管理費など必要な費用を毎月積み立てている。

(4) 良好な住宅地のためのルール

建築に関するルールは，3段階になっている。地区計画では，基本的なルールとして，①建物の用途，②敷地に対する建物の面積と高さ，③道路からの建物壁面の位置の制限，を定めている。詳細なルールは景観協定で定め，さらに景観形成ガイドラインとして，窓の見合いを避けるなどの具体的な住民同士の思いやりの形をルール化している。

また，新築時から確実にルールを守ってもらうために，住宅の建設は，ルールを理解し遵守する住宅メーカー11社に限定し，建築確認申請には，景観コーディネーターによる審査結果（承認書）を添付させるようにしている。なお，この際の審査料は，住民の負担である。

さらに，外構整備業者を1社とし，そこでもルールに適合しているかの図面チェックを行うことになっている。なお，市は，景観協定の承認書を確認のうえ，建築確認申請を受け付けており，民間同士の連携や行政との連携によるルール遵守の体制がある。

(5) コミュニティ育成のイベント

入居後，早くから，できるだけさまざまな人が参加できるように，BBQ大会，夏祭り，もちつき大会，花植え，防災訓練，七夕など，イベントの内容や時間を変えて，多様な人が参加できるように，人々が知り合うきっかけがつくられている。

⑹　持続性を支える管理組合

まちをマネジメントする主体として，住宅所有者全員が参加する**管理組合**が設定されている。管理組合がコミュニティハウスを所有し，景観協定の運営や公園の日常管理を行う。これは，任意参加の自治会では限界があること，そして日本ではマンションと異なり，戸建住宅地で住民が共有物を持つ場合の登記制度をはじめとした所有制度の不安定さがあり，それを補完するために，管理組合を法人としている。

日本の現在の法制度のもとで，区分所有法の団地管理の規定を使い，法に基づく管理組合にすることによって，全員参加の組織が確実に承継されるようにしている。

⑺　マネジメントサポーターの常駐

住民が快適な日常生活を送るために，ゴミ置き場の清掃やイベント実施のサポート，防犯のためのまちの巡回，道路や公園の植栽の管理などをコミュニティマネージャーがサポーターとして，コミュニティハウスに常駐している。それは，個々の住民が当番で行うのは，仕事を持っている住民の存在などで，現実的ではないからである。

コミュニティマネージャーは，住民アンケートから得られた「欲しいサービス」を提供するスタッフである。すなわち，このまちが求めるサービスを，このまち自身で提供しているのである。

コミュニティマネージャーは，新入居者に対して，この住宅地の管理システムが理解できるように，入居時に会って直接口頭で管理の説明を行う。

⑻　専門家のサポート

まちの運営を持続可能にするために，コミュニティマネージャーとともに，管理会社，景観コーディネーター，マネジメントシステムプロデューサーなどの専門家が，管理組合運営をサポートする体制がある。

⑼　マネジメント主体は開発事業者から住民へ

このまちを開発した事業者は，企画段階から管理のことを考え，企画・設計・販売する。初期はマネジメント主体となり，その後，それを徐々に住民へ移行させる。こうした移行の仕組みは，アメリカでは州法で決まっているが，日本では何も規制がない。住民を育て，住民が将来完全に自立できる体制の構築として，入居開始から一定期間まで，一定数住民が入居するまでは開発事業者が組合活動を支援する（表2-8-4の移行型を採用）。

⑽　収入が得られる貸し地や賃貸スペース

管理組合が収入を得る方法として，交番に土地を貸している。また，コミュニティハウスには，賃貸でテナントを受け入れるスペースがあり，それを前提にデザインがされ，収入を得ている。

その他にも，戸建て住宅地のエリアマネジメントとして，管理組合法人がある場合や，一般社団法人が設立されている場合もあり，その取組みも多様である。また，マンションを核に周辺地域との連携や複数のマンションがあつまっての実践など，エリアマネジメントの実践として多様な展開がみられる。

事例2 団地再生：ふじたまちかど保健室
（愛知県豊明市）

経緯：愛知県にある豊明団地は，1970年代に日本住宅公団（現在のUR都市機構，以下UR）により建設された。55棟（賃貸住宅2117戸）で構成され，4500人ほどが暮らしている。住民の高齢化率は3割を超え，高齢者の独居も多い。また，外国人居住者も3割ほどを占めている。

住民の社会的孤立などコミュニティに関する課題が多くあり，それらの解決のために2012年より団地再生の取組みが始まった。具体的には豊明市，藤田医科大学，UR，豊明団地自治会を核に「けやきいきいきプロジェクト」事業が進められている。そして事業の一つとして，団地の高齢者の要望を反映させた「ふじたまちかど保健室」が2015年に開設された。

運営方法：ふじたまちかど保健室は，団地商店街の空き店舗（約50m^{2}の広さ）にURが設置し，藤田医科大学が運営を担っている。大学の教職員15人ほどが運営に携わっており，専門職が交代で平日常駐している。

事業としてはもの忘れ予防や体操教室などのミニ講座の開催，医療・介護・福祉に関する健康相談や子育て相談などを行っている。

利用実態：開館時間は平日の10〜15時である。午前と午後の時間帯に分け，それぞれにミニ講座や相談の時間が設けられている。平均すると毎日20人前後が利用しており，その9割以上が団地の高齢者である。また，個別相談の1日当たりの平均件数は2〜3件程度である。

常駐する専門職が日により違うことで，利用者が固定されにくく，興味や抱える事情の異なる幅広い人に開かれた場所となっている。また，豊明団地ではURと自治会の協力により，4階と5階の空き住戸を活用して，藤田医科大学の学生と教職員のための住居が18部屋用意されている。居住学生は，地域課題の解決に向けた活動を企画しており，例えば，買い物支援活動などを行っている。この居住学生の活動拠点としても，ふじたまちかど保健室が利用されている。このように大学の特性を生かして多世代コミュニティが形成されているが，14カ国に上る外国人居住者のコミュニティへの包摂が今後の課題となっている。

図3-6　豊明団地商店街

図3-7　ふじたまちかど保健室（外観・入り口）

図3-8　ふじたまちかど保健室（内部）

事例3　地域再生：地域共生ステーション（愛知県長久手市）

経緯：愛知県長久手市の人口は約6万人であるが，人口のピークとなる2035年以降に，急速に高齢化が進むと予測されている。そのような将来に備え，行政サービスだけではなく，地域での相互扶助や生活支援のあり方が模索されていた。その一つが地域共生ステーション（以下，CS）の整備である。

CSは市内6つの小学校区ごとに計画され，2023年現在，4つの校区にCSが開設されている。旧店舗の活用や児童館との併設など，地域の実情や要望に合わせてつくられている。

運営者：CS開設前には，多くの意見交換会やワークショップが行われている。そこでは，市職員がファシリテーションを担いつつも，議論は住民主体で行われた。準備期間があることで，住民の愛着が生まれ，運営の具体的なイメージももちやすくなる。

この活動を基盤に，開設後には住民によるまちづくり協議会が組織され運営を担っている。その目的としては，①地域の将来を語ること，②地域の橋渡しや調整役，③地域の人材バンク機能，④既存団体では対応できない事業の実施がある。

CSの開館時間は9時～17時である。市の常駐職員1名ほか，住民ボランティアなどが実際の運営にあたっている。

利用者：CSには，フリースペース，会議室（貸室），キッチンが必ず設けられ，フリースペースでは高齢者だけでなく，放課後や長期休みには小学生から高校生まで多くの子供も利用している。

住民が気軽に滞在できることで，地域の困りごとや要望の把握，小さなサインを見逃さず適切なサービスにつなげることが可能となる。CSは住民が住み続けられる地域を自分たちでつくる拠点となっている。

表3-2　地域共生ステーション一覧

地域	開設年	建物	まちづくり協議会
西小校区	2013年	改修（旧店舗）	○
市が洞小校区	2017年	新設	○
北小校区	2020年	新設（児童館併設）	設立準備中
南小校区	2021年	新設	－

図3-9　農協の店舗を改修した地域共生ステーション（西小校区）

図3-10　多くの人で利用できるキッチン（西小校区）

図3-11　さまざまな年齢層が集うフリースペース（北小校区）

事例4 団地再生：大曽根併存住宅（名古屋市）

経緯：大曽根併存住宅は，1975年に愛知県供給公社により供給された住宅団地で，11階建ての4棟から構成されている。総住戸数は480戸，1号棟と2号棟の1階には店舗が併設されている。近年，空き住戸や空き店舗が目立ち，居住者の高齢化も課題となっている。

団地再生へのきっかけは，1階にあった1000m²ほどのスーパーマーケットが2012年に撤退したことである。空いたスペースを有効活用しなければ団地と地域の衰退が予測されたが，空き店舗だけの活用では不十分で，空き住戸も含めた住宅団地全体の一体的な団地再生の検討が進められた。

事業者：団地再生を行う中心的な組織は，NPO法人わっぱの会である。わっぱの会は1971年に障害者を支援するために組織され，長年「障害のある人もない人も共に地域で生活すること」を目指して活動している。

現在，大曽根併存住宅の地域交流拠点「ソーネおおぞね」とサービス付き高齢者向け住宅（以下，サ高住）などの「ミドゥムおおぞね」を運営している。

取組み内容：2017年から1号棟と2号棟にある70戸の空き住戸がバリアフリー改修され，大曽根併存住宅で最初の分散型のサ高住「ゆいま〜る大曽根」（株式会社コミュニティネットが運営）ができた。それにあわせて，サ高住の入居者の食事や買い物などの支援だけではなく，住宅団地に暮らす人々の交流を促すことを目的に，スーパーマーケットの跡地にカフェと売店，貸しホール，資源回収センターで構成された「ソーネおおぞね」が2018年に生まれた。

「ソーネおおぞね」では障害者も多く働いており，年齢や障害にかかわらず団地や地域に暮らすさまざまな人が交流できる場となっている。さらに，2023年からは3号棟と4号棟の空き住戸をサ高住や障害者グループホーム，わっぱの会の社宅にする事業「ミドゥム大曽根」が始まり，福祉住居を基盤にした団地再生が継続して進められている。

図3-12　大曽根併存住宅の外観

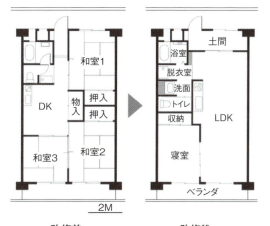

図3-13　ゆいま〜る大曽根の間取り

図3-14　さまざまな人が集うソーネおおぞねのカフェ

事例5　団地再生：鳩山ニュータウン（埼玉県鳩山町）

　公的不動産のマネジメントを契機に地域の再生として，埼玉県の鳩山ニュータウンがある。1971年から入居開始された計画的な戸建て住宅地。最大約1万人ほどがいた人口も減少，空き家と高齢化が進行している。ここでは，公共施設の指定管理者に指定した民間企業による，住宅地の再生への取組みがある。撤退したスーパーの建物を行政が買取り，公共施設（コミュニティ・マルシェ）とする。そこでは，まちおこしカフェ（主にランチ）やワーキングペース，移住者の支援等を行う。まちおこしカフェではハンドメイド作品，地場産の野菜，1DAYシェフによる日替わりランチ，お弁当等の販売もある。移住者への支援としては，空き家バンクへの登録の受付，移住相談などを行う。シェアキッチンではお菓子を製造して販売等を行っている。コミュニティカフェのスタッフによる御用聞き（生活の困りごとの支援）なども行われている。また，空き家を活用した学生向けのシェアハウスの提供なども実施している。

図3-15　スーパー撤退後のコミュニティの拠点。ワーキングスペースや居住者の手作りグッズの販売など

事例6　団地再生：廃校を利用した住宅地再生（埼玉県小川町）

　埼玉県小川町では，1981年に開発した住宅地が高齢化してきており，移住者等を呼び起こすためにも2011年・2022年に廃校した建物を利用し，レンタルオフィス等として運営している。将来は敷地内にグループホームを建設し，多世代が暮らせる街を目指している。なお，地域住宅団地再生事業計画策定の制度を利用しており，行政内の個別の交渉が必要なく，ワンストップでの対応が可能となる。

　さらに小川町では移住支援として，移住者の住まいの提供として空き家バンク，空き家活用促進事業補助金（空き家バンク登録物件購入者に改修工事費の一部を補助），商店街活性化等商工振興補助金（空き店舗等を賃借して新規に出店する事業者に対し補助金）と，移住者には通勤者座席指定券購入費補助（TJライナー補助，転入者対象に通勤に係る下りTJライナーの座席指定券購入費一部を3年間補助）等がある。

図3-16　廃校を活用したサテライトオフィス

|事例7| 団地再生：
公営住宅の建替えを契機に
morineki（大阪府大東市）

　大阪府大東市では、公営住宅の建替えに民間力を利用し、民間による建替えを実現した。新しく建設する建物のうち必要な住戸のみ公営住宅として借り上げる。管理も民間が行う。地域に開かれたデザインは民間力を生かしている。地域のブランドも変化している。具体的には、公営住宅跡地に、PPP手法を用いて、借上げ公営住宅・民間賃貸住宅の住宅棟、生活利便施設等の整備を行う。建替えは市も出資した、PPP（公民連携）エージェントが設立した特定目的会社（SPC）が担当し、建物を所有・運営する。市は借り上げ公営住宅として建物を利用し、実需を見極めながら戸数を減らすか維持するかを決める。余剰の住戸は家賃補助のない民間賃貸（民賃）住宅になる。

図3-17　PPPを活用した公営住宅の建替え

|事例8| 団地再生：
自治会を発展させNPOに
－今泉台（神奈川県鎌倉市）

　鎌倉市今泉台では、自治会のメンバーであらたにNPOをつくり、空き家調査、空き家の借り上げ、地域拠点の提供、空き地での菜園など、空き家と空き地を使った地域拠点の提供の実施を行う。空き家になっていた二世帯住宅を借り上げ、1階を地域拠点として運営し、2階は貸し出している。

　大家に払う家賃よりも2階の賃借料が高いため、組織運営を支える収入になっている。

　町内会や自治会では毎年役員が交代するなどで、活動がしにくいこと、企業からの寄付をもらえない等の課題からNPOにして取り組む事例がある。

　郊外住宅地やニュータウンでは、近隣住区論（資料2）をもとにまちがつくられ、歩いて暮らせる町であったが、地区のセンターにある商店街がシャッター通りになるなどの課題がある。そこで、買い物支援やマルシェをはじめ、多様なサポートが実践されている。

図3-18　1階は地域拠点、2階は貸し出し

事例9　団地再生：再開発を契機に－日の里団地（福岡県宗像市）

　団地，住宅地の再生の際に，新規開発と地域の拠点になるような場の提供例として，団地の1棟を残し地域に必要なサービスの拠点とする，福岡県宗像市日の里団地がある。

　1971年に日本住宅公団（現・UR都市機構）が九州最大級の団地として開発。当時は憧れのニュータウンだった場所だが，建物の老朽化や住民の高齢化などが進み，2017年に閉鎖。10棟のうちの1棟を残し，住民，周辺エリア，市民のコミュニケーションの拠点となるように2021年3月，「ひのさと48」をオープンした。コミュニティカフェ，DIYの拠点，ワーキングスペース，地ビールの製造販売などを行う。なお，この整備費はこのエリアの9棟分の再開発から得る収入で得ている。

　このPJ（プロジェクト）は，今あるものを活かす，魅力を再発見し価値を高めることを目指す。①団地の再生ではなく，地域の再生，地域創生事業への転換を図る，②居心地のよい場所，クリエイティブが生まれる場所づくりへと挑戦，③さまざまな特技を持った人が，主体者として連携し，活躍することを目指す。よって，地域経済とのつながりを大事にし，地域産業や地域の人との連携づくりとして地ビールを。まちあるきをはじめとした地域の担い手を探す活動を行う。ベットタウンから，事業をつくるまちへと転換するために，ビジョンをつくり，多様な人が活躍をできる場に。そして多様な人が連携する関係づくりを。

図3-19　団地1棟を残し，地域の拠点に

資料2　近隣住区論

●近隣住区論
　アーサー・ペリーの「近隣住区論」の考え方は，小学校の校区を標準とする単位を設定し，住区内の生活と安全を守り，利便性と快適性を確保することを目的とするものである。
・**規模**：小学校が1つ，必要な人口に対応する戸数とする。
・**境界**：住区単位には通過交通が内部に侵入せず，迂回していけるように十分な幅員の幹線道路で周辺を囲む。
・**オープンスペース**：小公園とレクリエーションスペースを確保する。
・**公共施設用地**：住区の中央か公共用地の周辺にまとめる。
・**地区的な店舗**：1か所以上の店舗地区を住区の周辺，できれば交通の交差点が隣りの住区の店舗地区に近い位置に配置する。
・**内部街路体系**：住区内の循環交通を容易にし，通過交通を防ぐようにする。

管理不全マンションが市場のなかで再生した事例

事例10　築約45年・18戸のファミリータイプのマンション（静岡市）

近所の火事の際に消火活動のあおりで，水浸しの部屋ができ，1/3の6戸が空き家になり，管理費も修繕積立金の支払いが滞り，管理組合も管理会社も困っていた。そこで地元の不動産会社が6戸をまとめて購入し，共用部分を約400万円かけ改修した。

エントランス付近の美装，最低限の共用部分の修繕として雨漏りを修理し，廊下やポストの改修を行った。購入した住戸（3LDK）のうち2部屋を，それぞれ男性用・女性用の「大人と学生がつながるシェアハウス」とし，他の住戸も貸し出し，家賃を得ている。

事例11　築約50年・24戸のワンルームタイプのマンション（静岡市）

古くて借り手がなく，家賃収入が入らないので，管理費，修繕積立金の支払いが滞り，建物は修繕できず，水漏れ，高架水槽にも問題があった。地元の不動産会社が13戸をまとめて購入し，共用部分を約400万円かけて改修した。

廊下の美装，郵便ポスト交換，ドアポストの美装，エレベーターの美装・外壁美装，排水管修理，水漏れ修理，高架水槽の修理などである。不動産業者がまとめて買うことで専有部分のリフォームが安くでき，その住戸を貸し出して家賃収入を得ている。

事例12　築約40年・19戸のマンション（福岡市）

11戸が空き家で8戸が賃貸等で利用されていた。管理組合が実質的に機能しておらず，適正な修繕が行われておらず，危険な状態であった。

そのうち16戸を不動産会社が買い取り，管理組合を立て直し，区分所有者で規約の制定・大規模修繕の実施を行った。また，不動産会社の所有部分は，不動産特定共同事業（資料3）許可を活用し，1口100万円で160口を投資家から資金を集め任意組合となっている。16戸は賃貸住宅として利用されている。

事例13　築約40年・25戸のマンション（那覇市）

築30年頃から建物の劣化がひどく，約半数が空き家となり，地域への悪影響等を所有者は不安に感じていたが，管理組合が機能していなかった。

建物敷地売却，建物解体，敷地売却や開発事業者により建替えを検討したが，事業参加者が見つからず，コーディネータ・設計事務所・販売代理会社・施工会社の協力のもとで自主建替えを実施した。自主建替えでは事業費の調達，保留床の買取，販売などが大きな課題となった。

資料3　不動産特定共同事業

不動産特定共同事業は，出資を募って不動産を売買・賃貸等をし，その収益を分配する事業を行う事業者について，許可等の制度を実施し，業務の適正な運営の確保と投資家の利益の保護を図ることを目的としている（1994年に制定）。投資家の財産を長期間預かる業であり，その十分な財産的基礎が求められることから，許可を受けようとする者の資本金又は出資の額が不動産特定共同事業の種別ごとに金額が決められている（不動産特定共同事業法第7条第1号）。

事業は，許可を受けて行う。なお，2017年法改正により，小規模不動産特定共同事業を創設するとともに，クラウドファンディングに対応した環境を整備している。

空き家の利活用によるまちづくり事例

事例14　MYROOMの取組み（長野市）

経緯：長野市で郊外化が進むことにより，善光寺門前付近が衰退してきた。

業としての特徴：空き家を専門とする不動産業で，建設業を一体として行う。空間コーディネーターとなり，必要な業・専門家と連携する。空き家を見つけ，利用者を見つけながら使い方を提案する。契約内容を硬直的にせず，ケースバイケースで考え，使い手に応じて設定する。

空き家の利用者の決め方が従来の「家賃を決めて，物件の広告をして，利用者を決める」手法とは全く異なる。① 魅力的な空き家を見つける。② 所有者の承諾を得て，空き家見学会を行い，まちと物件の紹介をする。③ 物件が気に入った人と一緒に事業計画を作り，家主に交渉。その際に家賃を決める。不動産業とは，「不動産を通して人と人を仲介する仕事。まちの歴史や所有者がどのような使い方をしてきたのかを知り，そこに借主の人柄や，事業計画を組み合わせていくことで，お互いに変化をしていくプロセスを提供することであり，お世話をする仕事」ととらえている。

まちづくりとの連携：年12回，「長野門前暮らしのすすめ」として空き家見学会でまち歩きをする。そのなかで新たな需要をつくり出す。地域のまちなみや文脈を考慮した空き家利活用を進め，地域経済の活性化を目指す。

実績例：古い元呉服問屋の住宅・蔵などをリノベーションし，シェアオフィス（LLP参照）やカフェバー，イベントスペース，CDショップなどが入り，地域の拠点として再生させた。また，古い長屋を喫茶店に，古い家を洋菓子店やレストランとして利用する。

図3-20　古い長屋を喫茶店として利活用

図3-21　古い呉服問屋をリノベーション

資料4　LLP

● **LLP**：（Limited Liability Partnership）
　本事例では，シェアオフィスの利用者たちは家主との契約に法人格が必要となり，利用者でLLPを組織化している。LLPとは，事業を目的としてつくられた企業組織体で，すべての構成員の責任が限定される。イギリスのLLPにならい，日本では，2005年4月に「有限責任事業組合契約に関する法律」（LLP法）が成立，同年8月施行され，日本版LLP（有限責任事業組合）の設立が可能になっている。

事例15 まちづクリエイティブの取組み：MAD City（千葉県松戸市）

経緯：千葉県松戸市では，まちの中心部の弱体化，産業の空洞化，地元商店の衰退があり，たまたま，ここにたどり着いた若者たちが創造的な街にしたいと取り組む。

業としての特徴：500m圏内の範囲を対象に，空き家を利活用し，不動産を単に賃貸するのではなく，住む人のコンシェルジュとなることを目指し，入居者同士の交流，まち歩き，まちの紹介などを行い，暮らしを提案する。

まちづくりとの連携：地域の祭りの全面支援などを行いながら，自発的なアイデアやアクションを起こす。

実績例：築105年の米屋の母屋を民泊のロビーと観光案内所に，離れの建物は10組以上のアーティストやクリエーターのスタジオ，アトリエとして利用。築41年のマンションの部屋をサブリースして，DIY型賃貸住宅とする。築27年の元ホテルは，アトリエ，洋服を作る作業場などにする。もともとダーツバーであったビルのフロアーは，昼は働く場，夜は音楽イベントや近隣住民の懇親会会場など，1日に何回転もさせる。2010年のプロジェクト開始から14年間で，700人以上のクリエイティブ層を誘致した。

DIY賃貸借の取組み：空きの多い物件を借り上げてDIY可能な賃貸住宅として提供する。誰にでも貸すわけではない。アーティストやクリエーターが住むまちにしたいと考えるため，気に入った人，これから仕事で目が出ると考えられえる人に貸すようにしている。そのため，貸す際にはDIYに関するプランの企画書を提出してもらい，入居者を選定する。さらに，DIYをしている間の家賃は，最大3ヵ月は無料にする。DIYを行う作業場の提供や道具の貸し出しを行い，さらに，退去時に次の人がDIYした住戸を評価した場合は最大3ヵ月

図3-22 築105年の米屋（上）と庭に置かれたアーティストの作品（下）

図3-23 コワーキングスペース
（現在はイベント用スペースに転換）

分の家賃の返金がある。また，住戸を借りた賃借人は，24時間利用可能なコワーキングスペース（資料5）を無料で使える。部屋を貸している人の4割と共同事業をし，仕事を出すなどの関係を構築している。なお，礼金，仲介手数料をとっていない。DIYを実施した居住者は，入居者の場への思い入れや愛着，暮らしを創造する姿勢を構築し，DIYができることで縁のなかった地域への転入がある。

資料5　コワーキング

●**コワーキング**（Coworking）
仕事スペース，会議や打合せスペース，仕事に必要な設備などを共有しながら，独立した仕事を行う共働ワークスタイル。

事例16　エンジョイワークスの取組み（鎌倉市）

経緯：空き家・遊休不動産は，新しい価値を生みだすことのできる地域資源として捉え，地域・事業・事業者に共感し，事業に参加する人，地域を訪問する関係人口を増やす。お金も時間も投資する強力なファン（FAN）をつくり出す。そのツールとして，金融（Finance）を活用する。つまり，地域活性化に資する空き家・遊休不動産を活用し，その事業資金は強力なファンを増やすためにクラウドファンドを活用する。

業としての特徴：事業はワークショップ等，多くの人に係わってもらうことを大事にする。ゆえに，事業費用としてファンドを使い分けて，地域や事業の課題を解決する。

つくるファンドは，関係人口を増やすことを目的に空き家や遊休不動産の再生に，運用期間は1年未満とする。

育てるファンドは，事業者の育成発掘，地域に根差したスモールビジネスなどで運用期間は3〜5年とする。

持続させるファンドは事業の事業性を持続可能とするためで運用期間は5年以上である。地域活性ローカルファンドは40ファンドである。調達額11億円，延べ2800人が投資に参加している。

目指すは，不動産業の事業領域の拡大と民主化である。従来の不動産業から業務領域を拡大

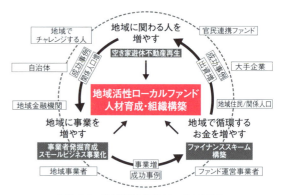

図3-24　地域活性化のエコシステム

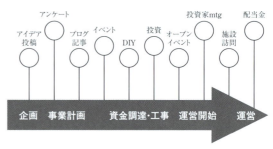

図3-25　事業フロー

すること，さらに民主化として，ファンを巻き込んだコミュニティ参加型の進め方を大事にする。

まちづくりとの連携：みんなでまちづくりを第一に，さまざまな声とニーズに向かい合ってきた。住む場とともに暮らしのスタイルを提案する〈不動産業1.0〉に始まり，自分仕様の家づくりを叶える〈不動産業2.0〉，地域の人々が

集まり，楽しめる「場」を生み出し，運営する〈不動産業3.0〉，まちを元気にする事業を投資によって応援する地域活性ローカルファンドを軸とした〈不動産業4.0〉，全国のまちづくり仲間とのネットワークをつくり，共創する〈不動産業5.0〉と，1つ1つボトムアップで，「仕掛けや機会」をつくっている。みんなで支えるまちづくりの姿勢はそのままに，地方創生へと向かい，地方が抱える課題解決に日々取り組む。魅力的な不動産の提供そのものがまちづくりの実践につながっている。また，地域の雇用や新規事業の応援，移住の促進等につながっている。

実績：

・つくるファンドで：「The Bath & Bed Hayam」

使わなくなった蔵を地主から借りてホテルにリノベーションし運営する。どんなホテルにしたいかをワークショップを重ねて検討し，実現する。必要な資金はクラウドファンディングで集める。地域の雇用にもつながっている。投資家は年4％の金利で配当を得る。稼働率60-70％で利用者がいる。この仕組みを全国に展開中である。

・育てるファンドで：「URASHIMA VILLAGE」

香川県三豊市の宿泊施設。施設を持ち，事業をしていた所有者から施設全体をファンドで取得する。事業者は資金が手に入る。そして取得した施設を事業者にサブリース契約で貸し，家賃収入を得て，それを投資家に分配する事業である。サブリース契約は，これまで施設を運営していた事業者と契約することで，いままでの実績のうえで事業を展開できる。10口以上の投資者には1泊宿泊できる無料宿泊券を，毎年1枚等の特典がある。事業者から見たら，地域ビジネスのこれまでの実績を担保に不動産をオフバランス化することで，早期の資金回収が可能となる。地域プレイヤーはこれまで同様に事業を継続しながら，次なるプロジェクトを生み出

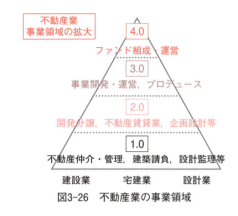

図3-26　不動産業の事業領域

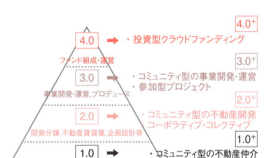

図3-27　不動産業の民主化

図3-28　The Bath & Bed Hayam

すことができる。また投資家に10年間出資してもらうことで，長期間にわたり地域に係わる仕組みをつくることができる。予定出資総額13,800万円，想定利回り2％である。

・『平野邸　Hayama』：表紙の事例

「宿泊」も「スペース利用」もできる，一棟貸しの宿泊施設。「みんなの実家」にあそびに行こうをコンセプトに古民家を改修。地域で何に使いたいかのワークショップを開催。地域が使う拠点，実家のような「みんなの家」としての利用と，改修費や運営費の演出のために宿泊施設としての利用も可能に。風呂やトイレ，台所などの改修を行い，改修費等はクラウドファンディングで78人，約1500万円分を集める。年2％の金利で還元を。宿として60％の稼働率である。

図3-29　The Bath & Bed Hayam：内観

図3-30　URASHIMA VILLAGE

事例17　吉原住宅・スペースRデザインの取組み（福岡市）

経緯：自らが古い不動産を引き継ぎ，大家となったことを契機に，自分たちの子供の世代にまちがなくなるのではないかという危機感を共有し，空き家・空きビル・空き地をまちのひとたちが活躍するための資源にしたいと，おんぼろの住宅や団地，ビルを再生し，共感から文化，そしてブランドを生み出すことを目指す。

業としての特徴：古いものを大切に，人々のつながりもブランディング，価値にしていく。地域の文脈・市場をよみ，再生にお金をかけるのではなく，DIY等の手法を大切にする。自分の好きな暮らしは自分でつくる，自分たちのすきなまちは自分たちでつくろう。

まちづくりとの連携：1つ1つの不動産を魅力的に再生することがまちの魅力につながるというスタンスである。

吉原住宅は不動産大家という業，スペースRデザインは，不動産再生企画・マーケティング・設計デザイン・リノベーション・工事監理・不動産仲介・不動産管理・プロモーション等を行う。

実績
・リノベーションミュージアム冷泉荘

博多の伝統文化が色濃く残る福岡市博多区上川端町に位置する「リノベーションミュージアム冷泉荘」は，築60年をこえる集合アトリエ。もともとは集合住宅として建てられた。年数が経ち，老朽化に伴い空室が目立つとともに建物もスラム化。そんな中，2006年に起死回生の一手として1棟まるごとオフィスビルへコンバージョン。オーナーである吉原住宅は，「福岡の古い建物を大切にする考え方の実践（ビルストック活用）」を運営の基本理念に，改修やリノベーションの際も，できるだけ使えるものは使い，工事の痕跡もあえて残す。冷泉荘が歩んできた過程を，目に見える形で建物に刻み込んで

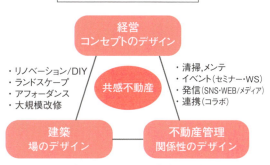

図3-31　共感不動産が目指す「ブランディング」＆「サスティナブル」

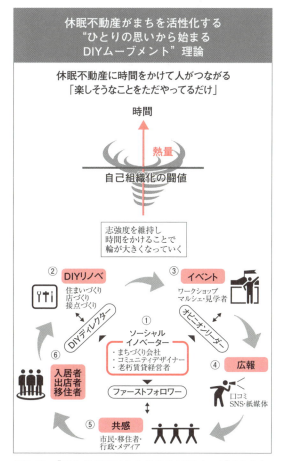

図3-32　「ひとりの思いから始まるDIYムーブメント」理論

いくので，"リノベーションミュージアム"。文化祭「れいぜん荘ピクニック」は，毎年1～2回オープンアパートイベントで，マーケットや各アトリエで開かれる入居者企画のイベント等，冷泉荘をまるごと楽しめる1日である。管理人企画の「管理人解説付き冷泉荘ぐるっと一周ツアー」！は，建物のあゆみや改修ポイント，入居者の紹介など，ぱっと見ただけではわからない，いろんな話を聞くことができる。2011年に耐震補強工事を実施。これによって，コンクリート強度的には築80年を超えうる建物になっている。2024年に文化庁民間RC集合住宅（戦後）初の国登録有形文化財に登録される。

・山王マンション：1967年（昭和42年）

　福岡市博多区博多駅南，福岡の賃貸リノベーションのパイオニア。全45室中35室がオンリーワンのリノベーション空間のライフスタイルデパートメント。誕生した当時は，エレベーターや電話交換室まで備わった6階建ての鉄筋コンクリートの建物は，大変珍しく，憧れの的だった。しかし，山王マンションも時代とともに老朽化，2000年頃には空室が目立ちはじめる。2003年，経営会社である吉原住宅は，今では福岡で初ともいわれる「賃貸リノベーション」に取り組み，これが話題を呼び，その後空室が出るたびに1室1室とリノベーションを積み重ね，リノベーション部屋の総数は35戸になる。間取りもデザインテーマも全く異なる部屋たちは，「この部屋でどう暮らす？」と住まい手の創造力を掻き立てて満室状態が続く。またスケルトンにしてのリノベーションは費用もかかることからDIYリノベーションなども活用する。

図3-33　冷泉荘

図3-34　山王マンション

図3-35　山王マンションの1部屋

・コーポ江戸屋敷

　1978年に生まれた久留米市に立地する3棟の団地。建物を壊さないで使ってほしいと依頼を受け、吉原住宅の関連会社が取得。古くなり、空き家が増加。

　そこで、2016年より、より豊かな暮らしの環境を目指し、建物や敷地全体の魅力を高めるランドスケープ計画に取り組んだ。以前は通り抜けできなかった建物西側部分に花壇のある小道をつくり、共用部の照明や掲示板、ポストを更新する。

　1階にはパン屋が入り、コーヒーショップがはいり、素敵な住戸が登場。みんなで考えたプランが実現する。H&A brothers（団地の管理人の兄弟）による「ほとめき」をテーマにした部屋、大川の職人チームによる職人メイドな部屋、久留米の職人チームによるDIYのシェアオフィス「Base」など、バリエーション豊かな部屋が誕生。

　2018年にはDIYワークショップによる部屋づくりを実施。プロの職人を講師に招き、部屋づくりの過程を学びながら参加者と一緒にリノベーション部屋を完成。部屋＋ランドスケープ＋人のつながり、部屋の中と外、ハードとソフトの両面から"豊かな暮らし"を求める。H&A brothersによる顔の見える管理の実践。

　中と外をつなぎ、快適な暮らしを体験してもらうワークショップを開催。具体的には「網戸張替えDIY」「緑のカーテンづくり」「ゴーヤ収穫祭＆流しそうめん」などを住民と実施している。

図3-36　みんなで描いた再生のイメージ

図3-37　コーポ江戸屋敷

図3-38　みんなの手で実現していく

図3-39　団地1Fはお店に

出典一覧

ページ	タイトル	出典名
89	図1・8・11	厚生労働省「各国の介護施設・ケア付き高齢者住宅の状況」 (http://www.mhlw.go.jp/shingi/2010/05/dl/s0531-13d_0023.pdf) ※1　シルバーハウジング，高齢者向け優良賃貸住宅，有料老人ホーム及び軽費老人ホーム（軽費老人ホームは2004年） ※2　介護保険3施設及びグループホーム ※3　Sweden Socialstyrelsen（スウェーデン社会省）聞き取り調査時の配布資料（2006） ※4　Denmark Socialministeriet（デンマーク社会省）聞き取り調査時の配布資料（2006） ※5　Elderly Accommodation Counsel（2004）「the older population」 ※6　医療経済研究機構「米国医療関連データ集」（2005）
89	図1・8・12	国土交通省「高齢者の住まいに関する現状と施策の動向」 第6回サービス付き高齢者向け住宅に関する懇談会資料　2022.2.22　資料1 第1号被保険者数，要支援・要介護認定者数，施設等利用者数，認知症 GH 利用者数は介護保険事業状況報告（令和3年11月末現在，暫定版） 有料老人ホーム及びサービス付き高齢者向け住宅の利用者数は，厚労省調べの定員数（令和元年6月末現在），サービス付き高齢者向け住宅情報提供システムの登録戸数（令和4年1月末現在），令和2年度老健事業「高齢者向け住まいにおける運営実態の多様化に関する実態調査研究」（令和3年3月 PwC コンサルティング合同会社）から推計

索　引

数字・英字

1物1権主義‥‥‥‥‥‥106
1棟リノベーション‥‥‥145
3本柱の政策‥‥‥‥‥‥32
DIY型賃貸借‥‥‥‥‥‥70
IS値‥‥‥‥‥‥‥‥‥129
PFI‥‥‥‥‥‥‥‥‥‥33
PPP‥‥‥‥‥‥‥‥‥‥39
UR‥‥‥‥‥‥‥‥34, 185

あ　行

空き家対策法‥‥‥‥‥173
空き家バンク‥‥‥‥‥171
明日の田園都市‥‥‥‥98
安心R住宅‥‥‥‥‥‥37
いえかるて‥‥‥‥‥‥36
移住住みかえ支援機構‥‥88
一時使用建物賃貸借契約‥68
一括借り上げ方式‥‥‥69
一括建替え‥‥‥‥‥136
一般定期借地権‥‥‥‥15
インカムアプローチ‥‥‥17
インスペクション‥‥‥37
インスペクター‥‥‥‥59
インフィル‥‥‥‥‥‥70
請負契約‥‥‥‥‥‥‥54
裏長屋‥‥‥‥‥‥‥‥95
売建て‥‥‥‥‥‥‥‥53
エベネザ・ハワード‥‥‥98
応益家賃‥‥‥‥‥‥‥33
応能家賃‥‥‥‥‥‥‥33
オクタヴィア・ヒル‥‥152
御茶ノ水文化アパート‥‥96

か　行

カーボンニュートラル‥‥39
介護保険制度‥‥‥‥‥86
解体準備金‥‥‥‥‥143
買い付け合意書‥‥‥‥60
開発‥‥‥‥‥‥‥‥‥56

開発許可‥‥‥‥‥‥161
外部不経済‥‥‥‥31, 171
環境行動論‥‥‥‥‥151
環境相互浸透論‥‥‥151
間接融資‥‥‥‥‥‥‥44
管理‥‥‥‥‥‥‥‥‥56
管理委託契約書‥‥‥115
管理規約‥‥‥‥‥‥111
管理業務主任者‥‥57, 119
管理不全‥‥‥‥‥‥142
既存住宅‥‥‥‥‥‥‥23
規約敷地‥‥‥‥‥‥110
強行規定‥‥‥‥‥65, 112
行政代執行‥‥‥‥‥142
共用部分‥‥‥‥‥25, 105
居住価値‥‥‥‥149, 151
居住権の保障‥‥‥‥‥31
居住支援協議会‥‥‥176
居住水準‥‥‥‥‥‥‥32
均等積立方式‥‥‥‥124
金利リスク‥‥‥‥‥‥43
近隣住区論‥‥‥‥‥‥99
近隣トラブル‥‥‥‥149
クーリングオフ制度‥‥‥78
区分所有‥‥‥‥‥‥105
区分所有法‥‥‥‥101, 111
クラインガルテン‥‥‥179
クラウドファンディング‥50
クラレンス・ペリー‥‥‥99
グリーンインフラ‥‥‥39
計画修繕‥‥‥‥‥‥123
景観協定‥‥‥‥‥‥164
経常修繕‥‥‥‥‥‥123
契約自由の原則‥‥‥7, 65
契約不適合責任‥‥‥‥79
ゲーテットコミュニティ‥161
原価法‥‥‥‥‥‥‥‥17
原状回復義務‥‥‥‥‥65
建設性能評価‥‥‥‥‥75
建築協定‥‥‥‥‥‥164
建築条件付き‥‥‥‥‥53
権利金‥‥‥‥‥‥‥‥18
公営住宅法‥‥‥‥‥100

公正競争規約‥‥‥‥‥74
高層住宅管理業協会‥‥102
公費解体‥‥‥‥‥‥143
コーポラティブ制度‥‥‥71
コストアプローチ‥‥‥17
固定資産税‥‥‥‥‥‥46
固定資産税路線価‥‥‥17
個別的価値‥‥‥‥‥149
コミュニティ‥‥‥‥163
コミュニティガーデン‥‥179
コモンズ協定制度‥‥‥179

さ　行

サーベーヤー‥‥‥‥‥59
債権‥‥‥‥‥‥‥‥7, 16
最低居住面積水準‥‥‥32
債務不履行‥‥‥43, 67, 78
座標面積計算‥‥‥‥‥12
サブリース方式‥‥‥‥69
三斜面積計算‥‥‥‥‥12
シェアードオーナーシップ制度
‥‥‥‥‥‥‥‥‥‥71
時価‥‥‥‥‥‥‥‥137
敷金‥‥‥‥‥‥‥‥‥18
敷地権化‥‥‥‥‥‥108
敷地分割‥‥‥‥‥‥137
敷地利用権‥‥‥‥106, 109
市場重視‥‥‥‥‥‥‥32
自治能力‥‥‥‥‥‥171
実勢価格‥‥‥‥‥‥‥17
指定管理者制度‥‥34, 162
司法書士‥‥‥‥‥‥‥58
社会的価値‥‥‥‥‥150
社会的基盤‥‥‥‥‥‥31
借地権‥‥‥‥‥‥‥‥15
賃借権‥‥‥‥‥‥‥‥15
借地権割合‥‥‥‥‥‥18
借地借家法‥‥‥‥‥8, 15
借家‥‥‥‥‥‥‥‥‥24
収益還元法‥‥‥‥‥‥17
住環境‥‥‥‥‥‥‥159
集合住宅‥‥‥‥‥‥‥95

集住体 ……………………… 95
住生活基本計画 ……………… 35
住生活基本法 ………………… 35
修繕周期 ……………………125
修繕積立金 …………………124
住宅価格 ……………………… 28
住宅金融公庫 ………………… 32
住宅金融公庫法 ……………… 99
住宅組合 ……………………… 98
住宅建設5箇年計画 ………… 32
住宅市場 ……………………… 41
住宅政策の3本柱 …………… 99
住宅セーフティーネット法 …176
住宅の品質確保の促進等に関する
　法律 ………………………… 75
住宅履歴情報 ………………… 36
重要事項説明 ………………… 75
省エネルギー性能 …………… 26
情報の非対称性 ……………… 73
食寝分離 ……………………100
所有権 ………………………… 15
所有権移転登記 ……………… 77
信用リスク …………………… 43
水平投影面積 ………………… 12
スケルトン賃貸借 …………… 70
ストック重視 ………………… 32
スプロール …………………… 99
スマートシティ ……………… 39
生活管理 ……………………149
正当事由 ……………………… 68
成年後見制度 ………………… 92
設計性能評価 ………………… 75
接道義務 ……………………… 14
善管注意義務 ………………… 67
専有部分 ……………………105
専用部分 ……………………… 25
相続税路線価 ………………… 17
相対効 ………………………… 7
損害賠償請求権 ……………… 79

た　行

大学 …………………………185
大規模修繕 …………………125
代金減額請求権 ……………… 79
耐震改修促進法 ……………130
耐震診断 ……………………129

耐震性 ………………………… 25
ダイニングキッチン …………100
諾成契約 …………………… 7, 76
宅地開発指導要綱 …………160
宅地建物取引業法 ……54, 64, 73
宅地建物取引士 ……… 4, 54, 76
宅建業法 ……………………… 73
建売住宅 ……………………… 98
建物 …………………………… 11
建物検査員 …………………… 59
建物譲渡特約付借地権 ……… 15
段階増額積立方式 …………124
団地再生 …………………185, 187
地域財 ………………………… 31
地価公示 ……………………… 17
地価調査 ……………………… 17
地区計画 ……………………164
地上権 ………………………… 15
地積 …………………………… 12
地代 …………………………… 17
地番 …………………………… 12
地盤調査 ……………………… 13
地目 ……………………… 12, 13
中古住宅 ……………………… 23
長期修繕計画 ………………124
長期マネジメント計画 ………131
長期優良住宅法 ……………… 36
超高齢社会 …………………… 83
町式目 ………………………… 95
直接融資 ……………………… 44
賃借人 ………………………… 65
賃貸 …………………………… 56
賃貸住宅の管理業務等の適正化に
　関する法律 ………………… 69
終身建物賃貸借契約 ………… 68
賃貸人 ………………………… 65
賃料 …………………………… 17
追完請求権 …………………… 79
定期借地権 …………………110
定期借地権制度 ……………… 15
定期建物賃貸借（定期借家）契約
　……………………………… 67
ディベロッパー ……………55, 99
手付金 ………………………… 77
デフォルトリスク …………… 43
デュー・ディリジェンス ……… 50
テレワーク …………………… 29

転貸方式 ……………………… 69
都市計画マスタープラン ……175
登記 …………………………… 8
登記識別情報 ………………… 77
登記簿謄本 …………………… 77
投資ビークル ………………… 49
同潤会アパート ……………… 96
道路形態 ……………………161
特定空家 ……………………142
特別法 ………………………… 15
都市計画税 …………………… 46
都市再開発法 ………………137
土地 …………………………… 11
土地家屋調査士 ……………… 58
土地区画整理事業 …………… 37
取引事例比較法 ……………… 17

な　行

長屋 …………………………… 95
ナショナル・トラスト ………152
二戸一住宅 …………………… 98
日本住宅公団 ………………32, 34
日本住宅公団法 ……………100
日本水準原点 ………………… 13
任意規定 ……………………… 65
任意的記載事項 ……………… 77

は　行

パークマネジメント …………162
売買契約 ……………………… 54
パブリックレポート ………… 60
ハンプ ………………………161
被災マンション法 …………141
必要的記載事項 ……………… 77
表示登記 ……………………… 11
標準管理委託契約書 ………115
品確法 ………………………… 75
ファンド ……………………… 50
福祉政策 ……………………175
福利厚生施設 ………………… 98
不正景品類及び不正表示防止法
　……………………………… 74
普通借地権 …………………110
普通借家契約 ………………… 67
普通税 ………………………… 46

物権 ···················· 7, 16
物件情報開示レポート ········ 60
物権法定主義 ················ 7
不動産 ····················· 4
不動産開発 ················· 2
不動産鑑定士 ··············· 58
不動産管理 ················· 2
不動産賃貸 ················· 2
不動産流通 ················· 2
平均居住面積水準 ··········· 32
法定敷地 ················· 110
保証金 ··················· 18
保全措置 ················· 77
ボンエルフ ··············· 161

ま 行

マーケットアプローチ ········ 17
町家 ····················· 95

マッチング ··············· 176
マンション ··············· 23
マンション管理業協会 ······· 102
マンション管理業者 ·········· 56
マンション管理士 ········ 57, 116
マンション管理適正化法 ······ 118
マンション建替え円滑化法 ···· 138
マンション標準管理規約 ······ 112
マンションブーム ··········· 101
民法 ···················· 7, 65
棟別建替え ··············· 134
木賃アパート ·············· 97
目的税 ··················· 46
持家 ····················· 24

や 行

用途地域 ·················· 13

ら 行

リースバック ·············· 91
リースホールド制度 ·········· 71
利益 ····················· 43
利ざや ··················· 43
立地適正化計画 ············ 175
リノベーション ············ 128
リバースモーゲージ ·········· 90
略式代執行 ··············· 142
流通 ····················· 56
流動性リスク ·············· 43
緑地協定 ················· 164
レインズ ·················· 60
劣化診断 ················· 124

わ 行

ワークショップ ············ 186

【編著者】 齊藤　広子（Hiroko SAITO）
1983年　筑波大学第3学群社会工学類都市計画専攻卒業
　　　　分譲マンション供給の不動産会社勤務を経て
1993年　大阪市立大学大学院生活科学研究科後期博士課程修了
2005年　ケンブリッジ大学土地経済学部客員研究員（〜2006年）
　　　　明海大学不動産学部　教授を経て
現　在　横浜市立大学　教授
　　　　博士（学術），博士（工学），博士（不動産学）

【著　者】 大島　祥子（Sachiko OSHIMA）
2020年　京都府立大学大学院生命環境科学研究科環境科学専攻博士後期課程修了
現　在　京都光華女子大学　キャリア形成学部　准教授，1級建築士，
　　　　技術士（建設），博士（学術），宅地建物取引士

加藤　悠介（Yusuke KATO）
2007年　大阪市立大学大学院生活科学研究科後期博士課程単位取得退学
現　在　金城学院大学生活環境学部　教授，1級建築士，博士（学術）

関川　華（Hana SEKIKAWA）
2002年　京都大学大学院工学研究科都市環境工学専攻修了
現　在　近畿大学建築学部　准教授，博士（工学）

山根　聡子（Satoko YAMANE）
2001年　大阪市立大学大学院生活科学研究科修了
現　在　摂南大学理工学部住環境デザイン学科　講師，修士（学術）

初学者の建築講座
建築のための不動産学 ―住まいやまちのマネジメント―

2025 年 2 月 10 日　初 版 印 刷
2025 年 2 月 25 日　初 版 発 行

編著者　齊　藤　広　子
著　者　大　島　祥　子
　　　　加　藤　悠　介
　　　　関　川　　　華
　　　　山　根　聡　子
発行者　澤　崎　明　治

（印　刷）星野精版印刷　　（製　本）ブロケード
（トレース）丸山図芸社　　（表紙デザイン　市ヶ谷出版社）

発行所　株式会社　市ヶ谷出版社
　　　　東京都千代田区五番町 5 番地
　　　　電話　03―3265―3711（代）
　　　　FAX　03―3265―4008
　　　　http://www.ichigayashuppan.co.jp

Ⓒ 2025 Hiroko Saito　ISBN 978-4-86797-023-2

初学者の建築講座　編修委員会

〔編修委員長〕　長澤　　泰（東京大学名誉教授，工学院大学名誉教授）
　　　　　　　　大野　隆司（東京工芸大学 名誉教授　故人）
〔編修副委員長〕　倉渕　　隆（東京理科大学 教授）
〔編修・執筆委員〕(50音順)

安孫子義彦（株式会社ジエス 顧問）

五十嵐太郎（東北大学 教授）

大塚　貴弘（名城大学 准教授）

大塚　雅之（関東学院大学 教授）

川北　　英（京都建築大学校 学校長）

河村　春美（河村建築事務所 代表）

岸野　浩太（夢・建築工房 代表取締役）

橘高　義典（東京都立大学 名誉教授）

小山　明男（明治大学 教授）

齊藤　広子（横浜市立大学 教授）

坂田　弘安（東京科学大学 教授）

佐藤　　勉（駒沢女子大学 教授）

佐藤　考一（金沢工業大学 教授）

鈴木　信弘（神奈川大学 教授）

鈴木　利美（鎌倉女子大学 教授）

鈴木　洋子（鈴木アトリエ 共同主宰）

瀬川　康秀（アーキショップ 代表）

角田　　誠（東京都立大学 教授）

戸高　太郎（京都美術工芸大学 教授）

中澤　明夫（アルマチュール研究所）

中村　成春（大阪工業大学 教授）

萩原　　浩（熊谷組）

藤田　香織（東京大学 教授）

宮下　真一（東京科学大学 副学長）

元結正次郎（東京工業大学 名誉教授）

山田　俊之（日本工学院専門学校）

〔初学者の建築講座〕

- **建築計画**(第三版)
  佐藤考一・五十嵐太郎 著
  B5判・200頁・本体価格2,800円

- **建築構造**(第四版)
  元結正次郎・坂田弘安・藤田香織・
  日浦賢治 著
  B5判・192頁・本体価格3,000円

- **建築構造力学**(第三版)
  元結正次郎・大塚貴弘 著
  B5判・184頁・本体価格2,800円

- **建築施工**(第四版)
  角田　誠 編著
  B5判・208頁・本体価格3,000円

- **建築製図**(第三版)
  瀬川康秀 著，大野隆司 監修
  A4判・152頁・本体価格2,700円

- **建築家が使うスケッチ手法**
  —自己表現・実現のためのスケッチ戦略—
  川北　英 著
  A4判・176頁・本体価格2,800円

- **建築インテリア**
  佐藤勉・山田俊之 著，長澤泰・倉渕隆 専門監修
  B5判・168頁・本体価格2,800円

- **建築法規**(第五版)
  河村春美・鈴木洋子 著
  塚田市朗 専門監修
  B5判・280頁・本体価格3,000円

- **建築設備**(第五版)
  大塚雅之 著，安孫子義彦 専門監修
  B5判・216頁・本体価格3,000円

- **建築環境工学**(第四版)
  倉渕　隆 著，安孫子義彦 専門監修
  B5判・208頁・本体価格3,000円

- **建築材料**(第三版)
  橘高義典・小山明男・中村成春 著
  B5判・224頁・本体価格3,000円

- **建築構造設計**(第二版)
  宮下真一・藤田香織 著
  B5判・216頁・本体価格3,000円

- **住宅の設計**(第二版)
  鈴木信弘 編著
  戸高太郎・岸野浩太・鈴木利美 著
  A4判・120頁・本体価格3,000円

- **建築のための不動産学**
  齊藤　広子 編著
  大島祥子・加藤悠介・関川華・山根聡子 著
  B5判・204頁・本体価格3,000円